Bill & Lynne Hybels
EHELEBEN – EHE LIEBEN

Bill & Lynn Hybels

Eheleben – Ehe lieben

*Was Sie dafür tun können,
daß Ihre Ehe ein Leben lang hält*

Titel der Originalausgabe:
Fit to be tied – Making marriage last a lifetime

© 1991 by Bill & Lynn Hybels
Published by Zondervan Publishing House,
Grand Rapids, Michigan 49530, USA

© 1997 der deutschen Ausgabe
by Gerth Medien GmbH, Asslar
6. Auflage 2003

ISBN 3-89490-220-5

Die Bibelstellen wurden der Einheitsübersetzung entnommen.

Übersetzung: Eva Weyandt
Umschlaggestaltung: Jäger & Waibel
Satz: Projektion J Verlag
Druck und Verarbeitung: Schönbach-Druck, Erzhausen

Nachdruck, auch auszugsweise, nur mit Genehmigung des Verlages.

*Wir möchten dieses Buch
Mr. und Mrs. K. K. Gregory widmen:
Eure Freundschaft bedeutet uns viel.
Und den Mitarbeitern der
Willow Creek Community Church,
die uns trotz unserer menschlichen
Schwächen gestatten, dort zu wirken.*

INHALT

Dank 9

Einführung: Eine Achterbahn-Romanze 11

Teil I   Auf dem Weg zur Ehe 23

Kapitel 1 Der Mythos der Ehe 25
Kapitel 2 Unliebsame Voraussetzungen einer Ehe 43
Kapitel 3 Charaktereigenschaften, Telefonrechnungen und
         die richtige »Chemie« 61
Kapitel 4 Zeit: der Härtetest 79

Teil II   Eine Ehe, die Bestand hat 93

Kapitel 5 Der familiäre Hintergrund 95
Kapitel 6 Unterschiedliches Temperament 111
Kapitel 7 Vorbereitung auf Konflikte 133
Kapitel 8 Friedensgespräche 143
Kapitel 9 Wo ist die Romantik geblieben? 159
Kapitel 10 Ein Streichholz für die Flamme der Ehe 177
Kapitel 11 Ein Leben im Krisenzustand 199
Kapitel 12 Unterwegs verlorengegangen 219
Kapitel 13 Zusammen durch dick und dünn 239

Diskussionsleitfaden 249

DANK

Als wir uns vertraglich verpflichteten, dieses Buch zu schreiben, glaubten wir, reichlich Zeit für die Fertigstellung des Manuskripts zu haben. Doch dann kamen uns viele Dinge dazwischen, und wir waren hoffnungslos hinter unserem Zeitplan zurück. Herzlich danken wir Jim Buick, Scott Bolinder und John Sloan von *Zondervan*. Jim und Scott hatten sehr viel Geduld mit uns, wenn wir die Termine nicht einhielten, und John war ein sehr verständnisvoller und geduldiger Verleger. Da wir wissen, wie wichtig die Beziehung zwischen Autor und Verleger ist, danken wir Gott, daß er für uns da war. Die Zusammenarbeit mit *Zondervan* vermittelte uns das Gefühl, unter Freunden zu sein.

Während des Schreibens mußten wir uns des öfteren an einen ruhigen Ort zurückziehen, an dem wir denken, reden und ungestört arbeiten konnten. Bob und Linda Buford, Rich und Helen DeVos, Jack und Clara Mains sowie Ed und Elsa Prince haben uns großzügig solche Orte zur Verfügung gestellt. Grandma und Grandpa Barry und Greg und Corinne Ferguson haben uns während unserer Abwesenheit liebevoll zu Hause vertreten. Auch Buster möchten wir für seine Hilfe danken.

Jim Dethmer, Greg und Corinne Ferguson und Russ Robinson haben uns sehr geholfen, indem sie das Manuskript gelesen und uns Mut gemacht, aber auch konstruktive Kritik geübt haben. Ihr Blick auch für Kleinigkeiten hat dieses Buch sehr viel besser gemacht.

Für den Titel des Buches sind wir leider nicht verantwortlich, obwohl wir es gern gewesen wären. Wir danken Barbara McLennan für den Vorschlag, der Predigtreihe, aus der dieses Buch entstanden ist, den Titel »Fit to be Tied« (»Eheleben – Ehe lieben«) zu geben.

In den vergangenen Monaten haben wir sehr viel über unsere Ehe geschrieben. Hinzufügen möchten wir noch, daß aus dieser Ehe zwei wundervolle Kinder hervorgegangen sind. Jeden Abend, wenn wir Todd zu Bett gebracht haben, hat er dafür gebetet, »daß Mom und Dad ein gutes Buch schreiben«. Und Shaunas vorsichtige Fragen, wie es denn vor unserer Heirat gewesen sei, hat uns vieles wieder in Erinnerung gebracht, das seinen Weg auf die folgenden Seiten gefunden hat.

EINFÜHRUNG

Eine Achterbahn-Romanze

»Für die Straßenverhältnisse fährst du viel zu schnell.«
»Ich habe alles unter Kontrolle.«
Unsere Stimmen übertönten das eintönige Geräusch des Scheibenwischers.

Seit Stunden prasselte nun schon der Regen auf das Autodach. Seit Stunden saßen wir in verbittertem Schweigen nebeneinander.

Gott sei Dank war es dunkel. Gott sei Dank schliefen die Kinder im Fond unseres blaugrauen Wagens. Gott sei Dank waren wir fast zu Hause.

Es sollten wunderschöne Weihnachtsferien werden. Unsere Unterkunft in Washington D. C., die ein großzügiger Freund für uns gebucht hatte, war geräumig und sehr behaglich. Die Kinder fühlten sich mit elf (Shauna) und acht (Todd) Jahren bereits sehr erwachsen, und sie genossen es, allein durch das alte Hotel streunen zu können, das wegen der Ferien fast leer war. Nur zu gern ließen sie Mom und Dad schlafen, während sie nach unten gingen, um ganz allein zu frühstücken. Bei der Planung unserer Ferienaktivitäten hatten wir uns ganz nach den Wünschen der Kinder gerichtet: Sie genossen es, sich nach unseren Besichtigungstouren im Pool des Hotels zu vergnügen. Die historische *Georgetown* war bequem zu Fuß zu erreichen, und jeden Abend bummelten wir an den Schaufenstern der kuriosen Geschäfte entlang und suchten uns eines dieser urigen Lokale aus, wo wir zu Abend aßen. An einem Abend »durchstreiften« die Männer die Stadt, während die Frauen sich eine Vorführung von Dickens' »Weihnachtsmärchen« im Ford-Theater ansahen. Das klingt doch sehr gut, nicht?

Für die Kinder war es das auch – so hoffen wir; wir haben uns nach Kräften bemüht, diese Ferien zu einem denkwürdigen Erlebnis werden zu lassen. Doch für uns war es eine schreckliche Woche. Das schöne Hotelzimmer und die sorgfältig geplanten Freizeitaktivitäten konnten uns nicht über unsere Eheschwierigkeiten hinweghelfen. Das einladende Bett in unserem Zimmer konnte die Kluft zwischen Entfremdung und Intimität nicht überbrücken. Enttäuschung, Einsamkeit, Hoffnungslosigkeit, Furcht, Verzweiflung, Schmerz – sie überschatteten jede mögliche Freude und behinderten alle Versuche, sie zu durchbrechen. Während die Kinder durch das Hotel streiften, redeten wir miteinander, doch jedes Gespräch brachte uns nur weiter auseinander. Wir wurden immer unzufriedener mit uns selbst und ärgerlicher aufeinander. Wir fühlten uns gefangen, wie so häufig in der Vergangenheit. Unsere Liebe zu den Kindern, zu unserer Gemeinde und zu Gott ließ uns an einer Ehe festhalten, die uns immer wieder das Herz brach.

Am ersten Tag des neuen Jahres bogen wir in die Einfahrt unseres Hauses ein.

Frohes Neues Jahr.

»Noch nie habe ich so viele Sterne gesehen.«

»Der Himmel sieht aus wie eine schwarze, mit Diamanten bestickte Samtkuppel.«

Die Wellen brachen sich sanft am Sandstrand und rollten zurück in das dunkle Meer. Wir lagen auf dem Rücken im Sand und ließen uns von dem gleichmäßigen Rauschen der Wellen einlullen. Der Abend war sehr mild. Ach, es war herrlich hier draußen in Gottes wunderbarer Schöpfung.

Das einzige, das diesem wundervollen Abend in nichts nachstand, war der Tag, der ihm vorausgegangen war. Wir waren in der feuchten Morgendämmerung aufgewacht, hatten Zitronentee in unserem gemieteten Häuschen getrunken und waren dann zum Strand gegangen, über den sich im Süden ein Regenbogen spannte. Die Farben wurden immer prächtiger und verschwanden schließlich, als die Sonne die Feuchtigkeit der Luft aufsog. Wir wateten ins Wasser und tauchten unter. Wir schwammen, bis unsere Muskeln schmerzten, dann ließen wir uns von den Wellen zum Strand zurücktragen. Winzige, silbrige

Fische tauchten unter uns hinweg, jagten sich auf dem Unterwasserspielplatz, der von Muscheln und anderen Schalentieren bevölkert wurde. Vom Schwimmen erfrischt, duschten wir uns das Salz von der Haut und zogen die einzig angemessene Freizeitkleidung an – Badeanzug und Badehose. Wir frühstückten Müsli und Obst, dann bewaffneten wir uns mit unseren Büchern, einem Handtuch und einem Strandstuhl, marschierten zum Strand und wendeten unsere mit Sonnenmilch eingecremten Gesichter der Sonne zu.

Das Wetter konnte gar nicht besser sein; wolkenloser Himmel und strahlender Sonnenschein; und, was noch wichtiger war, auch wir waren bester Laune. Die Tage der Entspannung hatten unsere rauhen Kanten geglättet und unsere Empfindlichkeiten abgemildert. Wir sprachen leise und lachten viel. Wir tauschten unsere Bücher aus und bestanden darauf, daß der andere die »wundervollen Passagen« las, die wir gerade gelesen hatten. Wir verglichen unsere Notizen und Erkenntnisse, schwelgten in der Vergangenheit und sprachen von der Zukunft. Wir offenbarten unsere Ängste, gestanden unsere Schwächen ein und sprachen über Träume und gemeinsame Geheimnisse.

Und dieser wundervolle Tag wich einer romantischen Nacht unter dem Sternenhimmel.

Verzweiflung auf dem Beifahrersitz eines Chevy? Romantik unter dem Sternenhimmel? Was trifft denn nun am ehesten auf die Ehe der Hybels zu?

Beides. Tatsächlich liegen zwischen diesen beiden Erlebnissen nur wenige Monate. Es klingt unwahrscheinlich, doch seit wir uns mit siebzehn kennengelernt haben, schwankt unsere Beziehung zwischen diesen beiden Extremen. Unsere Höhen waren herrlich; unsere Tiefen schrecklich. Wenn es uns gut ging, dachten wir, es hätte uns nichts Besseres passieren können, als den anderen kennengelernt zu haben; wenn es uns schlecht ging, bereuten wir, daß unsere Wege sich gekreuzt hatten.

Wir wollen Ihnen erzählen, wie alles begonnen hat ...

Frühling 1969. *J & D Roller Rink*, Portage, Michigan. Damenwahl. Sie beobachtet ihn, wie schon bei einigen »Jugend-für-Christus«-Veranstaltungen zuvor. Er ist blond und gutaussehend, hat blaue Augen und strahlt eine Selbstsicherheit aus, die sie fasziniert. Sie fragt sich, ob sie ihm wohl aufgefallen ist.

Sie ist es, und er fragt sich, was für ein Mensch sich hinter dem Titel der *Michigan Junior Miss* verbirgt. Während sie noch überlegt, ob sie ihn zum *Skating* auffordern soll, wirft er ihr einen schnellen Blick zu und hofft, daß sie es tun wird.

Sie tut es, und es bleibt nicht bei diesem ersten Lauf. Als die Party zu Ende ist, gehen sie getrennte Wege, doch ganz zweifellos hat es bei ihnen »gefunkt«.

»Hey Mom, ich habe diesen Jungen, Bill Hybels, kennengelernt. Er gefällt mir. Ich hoffe, daß ich ihn wiedersehe.«

Bill sagt seiner Mutter zwar nichts, doch ganz bestimmt hat er die Absicht, Lynne Barry wiederzusehen – und zwar sehr bald.

Nur wenige Tage später sammelt sich eine Gruppe von Jugendlichen, um gemeinsam zu einer Freizeit von »Jugend-für-Christus« ins *Spring Arbor College* zu fahren. Die Jugendlichen werden auf die vorhandenen Wagen verteilt, und wie durch ein Wunder landet sie auf dem Beifahrersitz seines Wagens.

Er liebt Country-music und stellt einen entsprechenden Sender ein. Sie spielt klassische Flöte und neckt ihn wegen seines schlechten Musikgeschmacks. Sie lachen über ihre kleinen Differenzen und unterhalten sich während der zweistündigen Fahrt ohne Unterbrechung. Ihre Mitfahrer auf dem Rücksitz haben sie vollkommen vergessen.

An diesem Wochenende treten sie in einen musikalischen Wettstreit – sie in einem Flötentrio, er mit einer kleinen Band, in der er singt und Gitarre und Baß spielt. Sie haben jedoch auch viel freie Zeit zur Verfügung, und sie nutzen sie gut – ernste Gespräche in der leeren Cafeteria, lange Spaziergänge durch die Felder, eine heimliche Fahrt in eine nahegelegene Stadt. Sie scheinen so viele Gemeinsamkeiten zu haben: Beide lieben Wassersport – Schwimmen, Wasserski und vor allem Segeln. Beide Väter fliegen kleine Sportmaschinen und fahren Motorrad. Sie hängt an seinen Lippen, während er ihr von einem Segeltörn über den Michigansee während eines schrecklichen Sturms erzählt. Er lacht über die komische Schilderung ihrer ersten Fahrversuche auf einem Motorrad, die mit einem Zusammenstoß mit einer Mülltonne endeten.

Doch sie unterhalten sich auch über wichtigere Dinge: ihren gemeinsamen Glauben, für den sie sich einsetzen wollen, ihre Collegepläne, ihre Wertvorstellungen, ihre Liebe zu ihren Familien. In dieser Beziehung scheint soviel Potential zu liegen – und das nicht nur, weil sie so viele Gemeinsamkeiten haben. Da ist auch noch etwas anderes.

Es zeigt sich in dem Lachen, das jedes Gespräch begleitet, in dem Spaß, den sie zusammen erleben, in der Wärme, die das ganze Wochenende umgibt. Zwischen ihnen hat es gefunkt. Ein Zauber umgibt ihre Beziehung. Die Chemie zwischen ihnen stimmt.

Doch das Wochenende geht viel zu schnell zu Ende. Am folgenden Abend ruft er sie an. Sie gibt gerade eine Flötenstunde und bittet ihn, später noch einmal anzurufen. Als er es später erneut probiert, hat sie gerade Besuch von einem jungen Mann, mit dem sie ein paarmal ausgegangen ist. Sie bittet ihn wieder, später noch einmal anzurufen. Jetzt ist er ärgerlich, und er beschließt, es nur noch ein einziges Mal zu versuchen. Wenn sie dieses Gespräch dann auch nicht annimmt …

Sie nimmt es an, und sie verabreden sich zum ersten Mal offiziell.

Es ist Freitagabend. Sie fahren auf der M-43 nach South Haven, einer kleinen Stadt am Ostufer des Michigansees. Unterwegs halten sie bei einer Versteigerung an, aus keinem bestimmten Grund, eigentlich nur, weil Country-music aus den Lautsprechern vor dem verfallenen Geschäft dröhnt. Danach fahren sie weiter zum See. Sie stellen den Wagen am Südufer ab und laufen barfuß über den Sand zum Pier. Sie setzen sich unter den roten Leuchtturm, der Leuchtsignale sendet, und beobachten die Boote, die zwischen den beiden Wellenbrechern hindurch zur Anlegestelle fahren. Im Westen heben sich die Segel der Segelschiffe scharf vom orangeroten Abendhimmel ab.

Während sie dasitzen und reden, kommt eine kühle Brise auf. Sie kuscheln sich enger aneinander, um sich vor der Kälte zu schützen, und sind dankbar, die Zurückhaltung aufgeben zu können, die sie voneinander trennt. Da sie bereits ein Wochenende miteinander verbracht haben, herrscht zwischen ihnen nicht das sonst übliche Unbehagen des ersten Treffens. Trotzdem gibt es unausweichliche Fragen: Ist sie gern mit mir zusammen? Ist er gern mit mir zusammen? Soll ich ihre Hand nehmen? Warum nimmt er meine Hand nicht?

Die Wahrheit ist, daß beide die gemeinsame Zeit genießen, und obwohl sie ein wenig enttäuscht ist, daß er keinen Gutenachtkuß von ihr möchte, wissen sie beide, daß sie sich noch häufiger sehen werden.

Den ganzen Sommer über treffen sie sich, wann immer es möglich ist. Mindestens zweimal pro Woche taucht er bei ihr auf mit dem kleinen Lieferwagen, den er immer fährt, wenn er auf den Farmen der Produktionsfirma seines Vaters arbeitet. Es ist ein sehr anstrengender Ferienjob – viele Stunden harter Arbeit in großer Hitze. Aber er hat bereits mit fünf Jahren begonnen, für seinen Vater zu arbeiten, und er nimmt es leicht. Sie ist beeindruckt von seinem Verantwortungsgefühl und seiner Hingabe an harte Arbeit und Disziplin. Er ist fähig, motiviert, zielorientiert, und das beeindruckt sie.

Für ihn sind die Verabredungen mit einigen Schwierigkeiten verbunden. Es kommt nicht selten vor, daß er von Sonnenaufgang bis Sonnenuntergang arbeitet, und wenn sie zusammensein wollen, muß er sich mit seiner Arbeit besonders beeilen, um vor Einbruch der Dunkelheit fertig zu sein. Die Fahrt von der Farm bis zu ihrem Zuhause dauert eine Stunde, und er ist erschöpft, bevor er überhaupt losgefahren ist. Häufig kommt er verschwitzt und staubig bei ihr an, geradewegs von den Feldern, und sie fährt dann mit ihm zum Haus seiner Eltern, wo er duscht und sich für den Abend umzieht. Daß er sie abholt, bevor er nach Hause fährt, spart Zeit, denn jeder Augenblick zählt. Dieses Mädchen hat etwas an sich, das in ihm den Wunsch weckt, so viel Zeit wie möglich mit ihr zu verbringen. Er ist beeindruckt von ihrer Intelligenz und Tiefe, von ihrer Freundlichkeit und Einfühlsamkeit.

Was sie mehr als alles andere zueinander zieht, ist die Tatsache, daß sie sich als gleichberechtigte Partner sehen. Keiner von beiden fühlt sich für ihre Beziehung »verantwortlich«. Zwischen ihnen herrschen gegenseitiger Respekt und Wertschätzung. Das stellt sie auf eine Stufe, und unterscheidet diese Beziehung von allen vorherigen.

Gegen Ende des Sommers wissen sie, daß es eine ernste Sache ist. Leider geht sie im September aufs *Wheaton College* in der Nähe von Chicago; er bleibt in Kalamazoo, um sein letztes Jahr der High School zu beenden. Im Laufe der folgenden fünf Jahre reduziert sich die Beziehung auf eine Reihe von erwartungsvollen Gängen zum Briefkasten, spätabendliche Telefonanrufe und Wochenendbesuche. Nun, eigentlich wird sie immer wieder abgebrochen und wieder neu begonnen – ein immer wiederkehrender Zyklus im Laufe dieser Jahre. Freiwillig werden sie zum Opfer einer »Stop-and-Go«-Romanze, die ihren »Höhepunkt« in einer gelösten Verlobung und einer anderthalbjährigen Trennungszeit findet.

Ich muß mir das nicht gefallen lassen, denkt sie, während sie seine Briefe in den Papierkorb wirft und sein Examensfoto in eine Schublade stopft.

Mit einer anderen kann ich glücklicher werden, murmelt er, während er das Verzeichnis der Studentinnen des *Dordt College* in Sioux Center, Iowa, durchblättert.

Aber sie kann die wundervollen, von keinen Unstimmigkeiten getrübten Augenblicke nicht vergessen. Und er stellt fest, daß er mit einer anderen eben nicht glücklicher wird.

Darum versuchen sie es noch einmal und merken, daß sie während ihrer achtzehnmonatigen Trennungszeit reifer geworden sind und sie diese Reife zu einer stabileren und lohnenderen Beziehung fähig macht. Sie heiraten am 18. Mai 1974.

Es wird eine großartige Feier mit dem üblichen Drum und Dran. Der einundzwanzigjährige Bräutigam ist mittlerweile Pastor eines wachsenden Jugenddienstes, dessen »Kids« die Hochzeit übernommen zu haben scheinen. In ihrem jugendlichen Überschwang verleihen sie der Feier eine Karnevals-Atmosphäre. Beim Empfang begrüßen Braut und Bräutigam ungeduldig ihre Gäste. Sie können es kaum erwarten, den Karneval hinter sich zu lassen und ihre Hochzeitsreise nach Florida anzutreten.

Sie hätten ruhig länger auf der Karnevalshochzeit bleiben sollen, denn die Flitterwochen verlaufen sehr viel weniger fröhlich. Sie schreiben ihre Reizbarkeit, ihre häufigen Auseinandersetzungen und ihre emotionale Distanziertheit ihren Sonnenbränden zu, doch das eigentliche Problem ist ihre Unfähigkeit, einen Konflikt zu lösen.

Wenige Monate später machen sie einen Campingausflug in die Berge von Michigan und verleben eine großartige Zeit. Eng umschlungen sitzen sie unter den Wasserfällen des Tahquamenon. Auf Motorrädern durchstreifen sie die Wälder des Nordens. Sie wandern über die Sandstrände des Lake Superior. Diese Zeit nennen sie ihre »eigentlichen Flitterwochen«. Das Debakel in Florida ist vergessen. Sonnige Tage liegen vor ihnen, denken sie.

Doch neue Gewitterwolken ziehen auf. Die Arbeit des jungen Mannes erweist sich als Wirbelwind, der immer schneller wird und alles mit sich fortreißt, was sich ihm in den Weg stellt – zum Beispiel sorglose Spaziergänge durch die Felder, ausgedehnte Gespräche am Frühstückstisch, Freizeitaktivitäten am Freitagabend und … zum Beispiel die Ehe.

Es gibt Kränkungen und offene Feindseligkeiten. Es gibt beleidigtes Schweigen und Zornausbrüche. Es gibt Tränen, Ängste und Ultimaten.

Und schließlich gibt es Zerbrochenheit; aber auch Entschuldigungen und das Versprechen, sich zu bessern. Neue Hoffnung flammt auf; Liebe und Romantik. Und wieder neue Höhen.

Auf die dann wieder eine Reihe von Tiefen folgen, die nicht nur beruflich bedingt sind. Im Laufe der Jahre sind ihre Differenzen sehr deutlich zutage getreten. Oh ja, sie haben immer noch dieselben Wertvorstellungen: Sie beugen sich immer noch vor demselben Gott und verfolgen dieselben Lebensziele. Aber wie unterschiedlich sehen sie die Welt. Wie unterschiedlich begegnen sie anderen Menschen. Welch unterschiedliche Erwartungen stellen sie an die Ehe und das Familienleben. Wie unterschiedlich gehen sie Konflikte an. Wie unterschiedlich zeigen sie sich ihre Liebe.

Und wie sehr mißverstehen und beurteilen sie einander. Er hat das Gefühl, daß sie einen anderen Menschen aus ihm zu machen versucht, den sie eher akzeptieren kann. Sie hat das Gefühl, um seine Anerkennung zu erlangen, müsse sie ein Mensch sein, der sie nicht ist. Beide verzweifeln, weil sie sich nicht immer geliebt und akzeptiert fühlen.

Und so geht es immer weiter. Von Höhen zu Tiefen, wieder zu Höhen und erneut in die Tiefe. Gipfel und Täler sind durch Plateaus der Sehnsucht und Furcht verbunden: der Sehnsucht nach der nächsten Höhe, der Angst vor der nächsten Tiefe.

Daß wir unsere Ehe aus der Perspektive einer dritten Person beschreiben, ist nicht nur ein schriftstellerisches Mittel. Es ist ein Versuch, Erkenntnisse über unsere Ehe zu gewinnen, indem wir uns darum bemühen, sie objektiv und aus der Ferne zu überdenken. Seit Jahren machen wir uns Gedanken über das unbeständige Wesen unserer

Beziehung. Warum fühlten wir uns während dieses heißen Sommers 1969 so zueinander hingezogen? Und warum haben wir trotz der vielen Schwierigkeiten in unserer Beziehung immer wieder beschlossen, es noch einmal miteinander zu versuchen, schon bevor wir uns durch eine Heirat aneinander gebunden haben? Auf der anderen Seite, warum ist unsere Beziehung so unbeständig? Warum sind wir so oft frustriert und landen so oft in schmerzlichen Sackgassen? Wenn wir einander so lieben, warum tun wir uns dann so oft weh?

Viele Stunden des Nachdenkens, Betens und Redens haben einige Geheimnisse gelüftet. Wir erkennen nun, daß einige sehr ausgeprägte Übereinstimmungen uns zueinander hinziehen, uns gleichzeitig aber auch einige sehr starke Gegensätze voneinander forttreiben.

Glücklicherweise herrscht bei uns in wichtigen Bereichen Übereinstimmung – in unserem Glauben, unseren Zielen, unseren Wertvorstellungen und einigen Charaktereigenschaften, die uns als Persönlichkeiten prägen; Gemeinsamkeiten, ohne die keine Beziehung gelingen kann. Das Plus in unserer Ehe ist, daß wir letztendlich immer an einem Strang ziehen, wenn wir unsere unterschiedlichen Vorstellungen ausdiskutiert haben. Wir haben uns einen Lebensgefährten ausgesucht, den wir respektieren und als gleichberechtigten Partner akzeptieren können.

Anfangs waren diese übereinstimmenden Bereiche so angenehm, daß wir die vielen Gegensätzlichkeiten unter der Oberfläche gar nicht bemerkten. Glücklicherweise waren diese Gegensätze zweitrangig – Temperamentunterschiede und unterschiedliche Erwartungen, über die man sprechen und die man bewältigen konnte. Das Problem war, daß wir das nicht getan haben. Wir haben die Zeit des Kennenlernens und der Freundschaft nicht genutzt, um unsere Unterschiede aufzuspüren und zu planen, wie sie zu bewältigen wären. Wir haben erst vor wenigen Jahren gelernt, Konflikte auszutragen, ohne den anderen dabei zu verletzen. Wir haben zugelassen, daß eine Fülle von eigentlich unwichtigen Gegensätzlichkeiten tagaus tagein unsere Ehe belastet haben.

Außerdem haben wir uns die an sich schon schwierige Aufgabe des Zusammenlebens in einer Ehe zusätzlich erschwert, indem wir unsere persönlichen Schwächen und Sünden miteinbrachten – sei es Arbeitsbesessenheit, Unsicherheit und verzerrtes Denken oder mangelnde Kommunikationsfähigkeit und ein falsches Verständnis davon, wie man als Christ leben sollte. Wir haben schließlich gelernt, daß ein wichtiges Teilchen im Ehepuzzle darin besteht, unser eigenes Leben in Ordnung zu bringen, damit wir als gesunde Menschen füreinander da sein können. Alles, was uns als Individuen kleinmacht, schränkt auch die Möglichkeiten in unserer Ehe ein. Wir beide mußten uns unserer inneren Häßlichkeit stellen und radikale Veränderungen in unserer Lebensweise vornehmen, um dem anderen ein »passender« Ehepartner zu werden. Die Jahre der Belastungen und des alltäglichen Drucks haben uns zu Menschen gemacht, mit denen zu leben recht schwierig war.

Die Ehe ist eine Reise, die uns Demut lehren kann.

Mit diesem Buch verfolgen wir zwei Ziele. Erstens möchten wir Singles helfen, ihre Ehepartner klug auszuwählen; wir möchten ihnen helfen, einen Partner zu finden, mit dem sie in wichtigen Lebensbereichen übereinstimmen. Zweitens möchten wir Ehepaaren helfen, an ihrer Ehe festzuhalten. Wir werden ihnen einen zweigleisigen Plan anbieten: Zum einen möchten wir ihnen die weniger wichtigen Gegensätzlichkeiten anzugehen helfen, die den Frieden und die gegenseitige Zufriedenheit stören; zum anderen möchten wir ihnen hilfreiche Tips für den täglichen Umgang miteinander anbieten.

Manchmal wird es für den einen oder anderen von uns beiden wichtig sein, eine Erfahrung zu schildern oder seinen persönlichen Standpunkt zu einem Thema darzulegen. Darum haben wir, um den Leser nicht zu verwirren, diese Stellen besonders gekennzeichnet.

Wir sind keine Eheexperten. Wenn uns überhaupt irgend etwas zum Schreiben dieses Buches qualifiziert, so ist es die Tatsache, daß wir in unserer Ehe gelitten haben. Mehr als einmal haben wir uns gewünscht, diese Ehe beenden zu können. Wir haben gefragt, wieso Gott zugelassen hat, daß wir einen so schrecklichen Fehler begehen. Wir fühlten uns hoffnungslos und gefangen.

Und wir waren auch tatsächlich gefangen – von unserem Versprechen. Darum taten wir das uns einzig richtig Erscheinende: Wir arbeiteten daran. Und arbeiteten. Und arbeiteten noch mehr.

Und wir arbeiten immer noch. Unsere Beziehung ist immer noch durch höchste Höhen und tiefste Tiefen gekennzeichnet, und so wird das vermutlich auch bleiben, solange wir leben. Jedoch werden die

Höhen häufiger, und wir können sie auch immer mehr genießen; die Tiefen dagegen sind nicht nur weniger zerstörerisch, sie werden auch immer seltener. Die Zeitspanne zwischen Höhen und Tiefen wird immer größer, die Zeit dazwischen wird immer angenehmer, friedlicher und befriedigender.

Teil I

Auf dem Weg zur Ehe

Kapitel 1

Der Mythos der Ehe

Bill: Als Teenager und junger Erwachsener war ich stolz auf meine Disziplin. Wie müde oder erschöpft ich nach meinem Basketballtraining auch war, ich zwang mich dazu, noch eine Runde zu laufen. Wie spät ich am Freitag abend auch ins Bett gekommen war, nie habe ich es versäumt, am Samstag morgen um sechs Uhr die Stechuhr in der Firma meines Vaters zu drücken. Wie lange ich auch die Schule versäumte, wenn ich meinen Vater auf Geschäftsreisen begleitete, immer hatte ich die Hausarbeiten rechtzeitig fertig. Was immer ich innerlich auch empfand, nach außen zeigte ich mich stark und selbstsicher. Ich war diszipliniert – im sportlichen, beruflichen, schulischen, vor allem aber im emotionalen Bereich. Nichts und niemand konnte mich erschüttern; nichts brachte mich aus der Fassung. Weder mein Gesichtsausdruck noch mein Verhalten verrieten, was in meinem Innern vorging. Ich hätte ein professioneller Pokerspieler werden können.

Ich war immer darum bemüht, einem Mädchen niemals zu zeigen, wie sehr es mir am Herzen lag. Ganz bewußt signalisierte ich ihm: »Ich habe alles in der Hand. Du kannst mir nicht weh tun.« Sogar bei Lynne, die mir sehr viel bedeutete, hielt ich den Schutzwall aufrecht. Doch in Wirklichkeit hatte das, was in unserem Leben passierte, einen sehr großen Einfluß auf mein Leben. In hohem Maße war die Qualität meines Lebens von der Qualität meiner Beziehung zu Lynne abhängig. Doch das zeigte ich den Menschen – und vor allem ihr – nicht. Ich war von einer undurchdringlichen Mauer umgeben.

Und das war auch gut. Denn an einem bitterkalten Dezemberabend im Jahre 1971 tat sie etwas, das mir noch kein Mädchen vorher angetan hatte. Sie zog mir den Boden unter den Füßen weg.

Monate zuvor hatten wir beschlossen zu heiraten. Wir hatten den Termin festgesetzt, die Kirche reserviert und mit der Planung der unzähligen Kleinigkeiten für die Hochzeit begonnen. Und dann, als wir mit meinem Wagen in der Einfahrt ihrer Eltern standen, ließ sie wie aus heiterem Himmel die Bombe platzen: »Ich kann dich nicht guten Gewissens heiraten. Ich habe keinen Frieden vor Gott. Ich denke, wir sollten uns trennen und wieder unsere eigenen Wege gehen.« Sie verließ meinen Wagen – und mein Leben.

Wie immer reagierte ich gefaßt – wenigstens äußerlich. Ich schloß die Tür hinter ihr, fuhr los und sah nicht zurück. Innerlich war ich am Boden zerstört. Einige Tage später mußte ich einen Lastwagen nach Detroit fahren. Unterwegs wurde im Radio ein Lied von Ray Price gespielt: *There Goes My Everything* (»Da geht mein Ein und Alles«), und während ich mit tränennassen Augen auf die Straße starrte, sang ich mit: »... da geht der Grund, aus dem ich lebe ... mein Ein und Alles.«

Mein glattes Äußeres zeigte immer mehr Risse, und mein Vater war der Meinung, ich brauchte eine Veränderung. Ich hatte gerade das College verlassen, um in die Firma meiner Familie einzutreten, ein günstiger Zeitpunkt also. Er schickte mich für einen Monat nach Südamerika. Dort sollte ich mehrere ihm bekannte Missionarsfamilien besuchen. In den schlaflosen Nächten auf Strohmatratzen und in den Stunden, die ich in der glühendheißen Sonne auf den träge dahinschaukelnden Booten verbrachte, hatte ich sehr viel Zeit zum Nachdenken. Ich überlegte, wodurch ich Lynne von mir fortgetrieben hatte. Ich ließ mir unsere letzten Gespräche durch den Kopf gehen und versuchte, die Ereignisse mit ihren Augen zu sehen. Ich erkannte und bedauerte meine Dummheit, daß ich mir immer den Anschein gegeben hatte, ein zäher Bursche zu sein, den nichts erschüttern konnte. Ich beschloß, daß ich mich, falls Lynne mir noch einmal eine Chance geben würde, ihr gegenüber diesmal verletzlicher, einfühlsamer und zärtlicher verhalten würde. Sollte ich diese Chance nicht bekommen, so wollte ich wenigstens das, was ich gelernt hatte, in allen künftigen Beziehungen realisieren.

Diese Zeit des Nachdenkens veränderte meine Einstellung zu Beziehungen. Die Zeit, die ich mit den Missionaren verbrachte, veränderte mein geistliches Leben grundlegend. Ich erkannte, daß Lynne mir wichtiger geworden war als meine Beziehung zu Christus. Das war nicht absichtlich geschehen, und ganz bestimmt hatte ich ihr das nicht gezeigt. Doch ganz langsam und unterschwellig hatte ich meine Blickrichtung von Gott auf sie hin verlagert.

Im Buch Exodus wird uns gesagt, daß Gott ein »eifersüchtiger« Gott ist, jedoch nicht eifersüchtig in selbstsüchtiger Weise, sondern – wenn man es genau nimmt – letztlich eifersüchtig auf unser Wohl bedacht (Ex 20,5). Er weiß, daß wir, wenn wir ihm nicht den ersten, ihm zustehenden Platz in unserem Leben einräumen, frustrierte und leere Menschen sein werden. Er weiß, daß wir, wenn wir uns nicht an ihn als denjenigen wenden, der unsere Bedürfnisse erfüllen kann, uns mit unseren Bedürfnissen fehlbaren Menschen anvertrauen, die diese nicht erfüllen können.

Nach der gelösten Verlobung mußte ich mein Leben wieder in den Griff bekommen, und dazu gehörte, daß ich mein Vertrauen wieder neu in meine Beziehung zu Jesus Christus setzte. Ich erinnere mich noch daran, wie ich zu mir sagte: »Ich kann auch allein glücklich werden. Vielleicht will Gott, daß ich für den Rest meines Lebens allein bleibe. Das ist in Ordnung. Er genügt mir.« Diese Erkenntnis war damals sehr wichtig für mich. Ich bemühte mich um geistliches Wachstum; ich begann, meine geistlichen Gaben zu entwickeln und zu gebrauchen; ich engagierte mich als Laienprediger. Und ich stellte fest, daß mein Leben durchaus bedeutungsvoll und von Freude erfüllt sein konnte.

Anderthalb Jahre später kamen Lynne und ich wieder zusammen. Ein Jahr danach waren wir verheiratet und wußten beide ganz klar, daß keinem von uns etwas jemals so wichtig sein würde wie unsere Beziehung zu Jesus Christus. Obwohl die

Tatsache, daß wir beide unser Leben auf Gott ausrichteten, nicht alle unsere Differenzen beseitigte oder unsere Beziehungsprobleme löste, so gab uns unser Glaube doch ein festes Fundament, auf das wir eine Ehe aufbauen konnten.

Was aber, wenn die Geschichte unserer Beziehung nun so zu Ende gegangen wäre? Wenn ich mein Leben lang allein geblieben wäre? Ich bin der festen Überzeugung, daß Gott mir auch dann genügt hätte. Mein Leben wäre auch dann ausgefüllt gewesen, und ich hätte auch weiterhin die Freude empfunden, die ich als Einundzwanzigjähriger kennenlernte, als ich bereit war, Gott den ersten Platz in meinem Leben einzuräumen. Gottes Versprechen, daß er uns Freude, Frieden und Zufriedenheit geben will, gelten nicht nur den Ehepaaren. Er hat nicht gesagt: »Ich bin gekommen, um denen Leben in Fülle zu geben, die verheiratet sind.« Dieses Leben bietet er jedem an, der – verheiratet oder nicht – eine Beziehung zu ihm eingegangen ist.

Gott bietet allen, ob nun verheiratet oder nicht, die eine Beziehung zu ihm eingegangen sind, Freude, Frieden und Zufriedenheit an. Vom biblischen Standpunkt aus können diese Worte nicht bestritten werden. Aber wie viele alleinstehende Menschen glauben tief in ihrem Innern wirklich daran? Freuen sie sich über dieses Versprechen? Oder äußern sie diese Worte mit einem Hauch von Resignation?

Die Erfahrung hat gezeigt, daß nur sehr wenige Menschen die Ehelosigkeit als akzeptable Möglichkeit in Betracht ziehen, geschweige denn als Beispiel für ein erfülltes Leben.

Trotz der Tatsache, daß mehr als fünfzig Prozent der Ehen in die Brüche gehen, sind die Amerikaner noch immer in die Ehe verliebt. Den Schätzungen der Experten zufolge ist für fünfundneunzig Prozent der Alleinstehenden eine Ehe erstrebenswert. Statistiken zeigen, daß nur etwa fünf Prozent der Menschen über fünfundsechzig unverheiratet geblieben sind.[1] Fast jeder möchte heiraten, schmiedet Heiratspläne und heiratet schließlich auch.

Nur leider sehr häufig aus den falschen Gründen.

Der Druck steigt

Einige geben dem äußeren Druck nach. Gewöhnlich beginnt es im zweiten oder dritten Jahr im College, wenn die Mädchen mit dem Ringfinger voran und die funkelnden Symbole ewiger Liebe schwenkend in die Schlafräume ihrer Freundinnen stürmen. Die Freundinnen, die gar nicht so freudig erregt sind wie sie scheinen, beginnen den leichten Druck zu spüren: *Wer ist als nächste dran? Warum nicht ich? Das letzte Mädchen verliert, aber ich möchte keine Verliererin sein.*

Der Druck der Eltern kann genauso stark sein wie der Druck der Altersgenossen. Die meisten meinen es nicht böse, doch die Kommentare, die in den Teenagerjahren aus Spaß gemacht werden, sind gar nicht mehr so lustig, wenn der Sohn oder die Tochter allmählich Mitte zwanzig ist. »Wann siehst du dich denn endlich nach einer Frau um?« »Anscheinend suchst du am falschen Ort nach einem Mann.« Lockere Bemerkungen zu »liegengelassenen Juwelen« rufen Angst und Schrecken in den Herzen der jungen Mädchen hervor, die doch so gern für jemanden die Richtige sein würden; junge Männer, ihrer Freiheit überdrüssig, zucken bei Witzen über unabhängige Junggesellen zusammen.

Die Überzeugung, daß alle unverheirateten Menschen verbittert sind und sich betrogen fühlen, treibt wohlmeinende Freunde dazu, jungen Erwachsenen, die so »unglücklich sind«, mit fünfundzwanzig noch nicht verheiratet zu sein, Verabredungen mit Unbekannten vorzuschlagen. Ihre gut gemeinte Besorgnis fordert die häßliche Frage heraus: *Was stimmt mit Dir nicht?*

Leider beginnen viele unverheiratete Menschen, die unausgesprochenen Fragen zu verinnerlichen und fangen an, an ihrem Wert oder ihrer Akzeptanz zu zweifeln. *Was stimmt mit mir nicht?* fragen sie sich. *Liegt es an meiner Persönlichkeit? Liegt es an meinem Aussehen? An meiner Intelligenz? Meinen Fähigkeiten? Meinem Lebensstil?* Die Werbefachleute spekulieren mit der Unsicherheit der *Singles* – und steigern sie noch. Werbespots zeigen einen verschüchterten, zurückgewiesenen Verlierer, der den Wert seiner Existenz bezweifelt. Aus Verzweiflung kauft er das richtige Deodorant – die richtige Krawatte, das richtige Hemd oder Parfüm, Haarspray oder den richtigen Wagen – und verwandelt sich über Nacht in einen Macho, in einen selbstsicheren Mittelgewichtsboxer, der sich gegen die ihn umschwärmenden Mädchen zur Wehr setzen muß. Die Aussage ist klar: *Unser Produkt kann dein Problem lösen. Dann kannst du Freundinnen haben und heiraten wie alle normalen Menschen.*

Die unterschwellige Botschaft der Gesellschaft – daß etwas mit den Menschen, die nicht verheiratet sind oder keine feste Beziehung haben, nicht stimmt – macht alleinstehenden Menschen Angst, bringt sie dazu zu flirten und sich selbst zu verkaufen. Nicht selten werfen sie sich dem Erstbesten an den Hals, der ihren Weg kreuzt.

Ellen Rothman nennt noch weitere Gründe, warum Menschen heiraten wollen: um Kinder zu zeugen, um einem ehemaligen Freund eins auszuwischen, um dem Elternhaus zu entkommen, um der Karriere willen, um einen Vater oder eine Mutter für ihre Kinder zu bekommen. Andere heiraten um des Geldes, der Macht, Sicherheit oder des Prestiges willen oder um Sex haben zu können, wann immer sie es wollen. Noch andere heiraten einfach, um verheiratet zu sein.[2]

Einsamkeit ade

Leider gibt es noch mehr falsche Gründe für eine Eheschließung. Einige dieser Gründe werden als unausweichliche Vorteile der Ehe gehandelt; in Wirklichkeit sind sie jedoch nichts weiter als Mythen. Der erste Mythos, der einige Menschen dazu treibt zu heiraten, ist folgender: Die Ehe wird meiner Einsamkeit ein Ende setzen.

Eine alleinstehende Frau schrieb über ihren Kampf mit der Einsamkeit: »Für mich gibt es nichts Schlimmeres, als allein zu sein. Wo immer ich hingehe, sehe ich Paare – im Fernsehen, in Autos, in Flugzeugen, in Restaurants. Überall werde ich daran erinnert, daß ich allein bin. Ich frage mich, ob ich jemals einen Menschen finde, der die Leere in meinem Herzen füllt.«

Ich frage mich, ob ich jemals einen Menschen finde, der die Leere in meinem Herzen füllt. Dieser Satz ist ein Warnsignal. Offensichtlich träumt diese Frau, wie viele andere, von einem Prinzen auf einem weißen Pferd, der in ihr Leben galoppiert und sie von dem nagenden

Der Mythos der Ehe 31

Schmerz in ihrer Seele befreit. Sie sehnt sich nach einem Menschen, der ihr die vollkommene Intimität bietet. Sie ruft nach jemandem, der sie voll und ganz versteht, sie bedingungslos akzeptiert und ihr das Gefühl der Isolation nimmt. Der richtige Mann, so glaubt sie, kann ihrer Einsamkeit ein für allemal ein Ende setzen – kann die Leere in ihrem Leben füllen. Hinter ihren Worten steckt der Mythos, dem sehr viele junge Männer und Frauen nachhängen: die Ehe ist ein Allheilmittel gegen die Einsamkeit des Menschen.

Die Wahrheit ist, daß es Millionen von verzweifelt einsamen, verheirateten Menschen gibt. Sie teilen vielleicht einen Tisch, ein Sofa und sogar das Bett mit ihrem Ehepartner, doch sie sind trotzdem einsam. Sie führen vielleicht sogar eine ideale Ehe – haben eine wirklich intime und liebevolle Beziehung zueinander – und fühlen sich trotzdem tief in ihrem Innern einsam.

Haben sie den falschen Partner geheiratet? Eine oberflächliche Ehe aufgebaut? Oder stellen sie einfach nur falsche Erwartungen an die Ehe? Vielleicht haben sie nicht richtig verstanden, daß Gott den Menschen mit der Sehnsucht nach zwei Formen der Intimität in einer Beziehung ausgestattet hat. Die erste Form kann durch eine tiefe, ehrliche und vertrauensvolle Beziehung zu einem Freund oder Ehepartner erreicht werden. Die zweite Form dagegen nur, indem man eine aufrichtige, wachsende Beziehung zu Gott eingeht.

Die meisten unverheirateten Menschen sind sich dieser ersten Form ihrer Sehnsucht bewußt – die Sehnsucht nach einer engen Beziehung zu einem anderen Menschen. Doch die zweite Form, ihre Sehnsucht nach Intimität mit Gott, wird häufig unter dem Offensichtlichen begraben; sie empfinden sie, verstehen sie jedoch nicht. Und so vermischt sich diese Sehnsucht nach den zwei Formen; sie verbinden sich zu einer riesigen, nagenden Notwendigkeit. Die Folge davon ist ein verstärktes Bedürfnis – manchmal sogar eine Besessenheit –, den Menschen zu finden, der alle Bedürfnisse nach Intimität befriedigen kann. Und das ist ganz eindeutig der Anfang einer großen Enttäuschung.

Einige dieser alleinstehenden Menschen finden keinen Partner und fühlen sich ständig einsam und frustriert. Andere heiraten, sind aber vielleicht sogar noch schlimmer dran. Nach sechs Monaten Ehe stellen sie fest, daß einige ihrer Bedürfnisse nach Intimität immer noch nicht befriedigt sind. Und was dann? Sie üben Druck auf ihren Partner aus, nicht nur die eine Bedürfnisform zu befriedigen, die sie bewußt empfinden, sondern auch die zweite, nur in ihrem Unterbewußtsein vorhandene. Wenn sie nicht vorsichtig sind, zerstören sie die Beziehung, indem sie zuviel Druck ausüben – indem sie von einem Menschen erwarten, ein Bedürfnis nach Intimität zu befriedigen, das tatsächlich nur Gott befriedigen kann.

Vor fünfzig Jahren noch war eine Scheidung eine Tragödie. Geschiedene taten alles, um das Gespräch von ihrem Familienstand abzulenken. Heute geben die Menschen bereitwillig zu, daß sie geschieden sind – nicht nur einmal, nicht nur zweimal, sondern sogar drei- oder viermal. Was macht das schon? Wen interessiert es überhaupt? Der Fachausdruck hierfür ist »Serien-Monogamie«. Dies trifft auf Männer und Frauen zu, die von einer Beziehung zur nächsten wandern und nach dem einen Menschen suchen, der allein ihr Bedürfnis nach Intimität erfüllt. Dies trifft auf Männer und Frauen zu, die nicht verstehen, daß ein Ehepartner bestenfalls nur einen Teil ihres Bedürfnisses nach Intimität befriedigen kann.

Wie kann eine Ehe Bestand haben, wenn wir von ihr etwas erwarten, das sie unmöglich erfüllen kann? Eine gute Ehe mit dem richtigen Menschen, geschlossen unter der Führung Gottes und sorgfältig aufgebaut, kann das menschliche Bedürfnis nach Intimität zum großen Teil zufriedenstellen; die Bibel nennt dies »Einssein«. Aber in jedem menschlichen Herzen bleibt eine Leere, die nur Gott füllen kann.

Es gibt Millionen von verheirateten und unverheirateten Menschen, die mit nagenden Sehnsüchten leben, die erfüllt werden könnten, wenn sie weniger Zeit damit verbringen würden, nach der Gesellschaft mit Menschen zu suchen, sondern sich mehr mit Gott beschäftigen würden. Jesus sagt: »Ich bin gekommen, damit sie das Leben haben und es in Fülle haben« (Joh 10,10). Ein Ehepartner ist vielleicht die Sahne auf der Torte, doch nur Gott kann durch Jesus Christus das Fundament für ein erfülltes und bedeutungsvolles Leben legen.

Im Johannesevangelium lesen wir: »Frieden hinterlasse ich euch, meinen Frieden gebe ich euch; nicht einen Frieden, wie die Welt ihn gibt, gebe ich euch. Euer Herz beunruhige sich nicht und verzage nicht« (Joh 14,27). Kein Ehepartner und kein geliebter Mensch kann das sagen. Die Flitterwochen dauern nicht lange; bevor Sie sich umsehen, bricht das reale Leben mit voller Wucht und seinen Herausforderungen über Sie herein. Wer gibt dann Frieden inmitten des Sturmes? Wer nimmt die Angst?

Jesus sagt auch: »Kommt alle zu mir, die ihr euch plagt und schwere Lasten zu tragen habt. Ich werde euch Ruhe verschaffen« (Mt 11,28). Haben Sie eine ruhelose Seele? Ist Ihnen klar, wie oft diese Ruhelosigkeit Sie antreibt? Wie oft sie Sie zu Leistung, Ehrgeiz und sogar zu Beziehungen antreibt? Kein Freund, Liebhaber oder Ehepartner kann Sie voll und ganz zufriedenstellen. Nur Jesus Christus bietet die innere Ruhe, die wahre Erfüllung des Lebens, die uns von dem rastlosen Streben nach oberflächlicher Befriedigung befreit.

Sogar der trügerische und doch immer wieder ersehnte Zustand der *Freude* ist mehr das Nebenprodukt einer geistlichen als einer menschlichen Beziehung. Paulus schreibt an die Galater, daß die Frucht des Heiligen Geistes die Freude ist (Gal 5,22). Sie ist nicht von äußeren Umständen, wie zum Beispiel Ehe oder Ehelosigkeit, abhängig, sondern vom Geist Gottes in uns.

Was bedeutet das nun für alleinstehende Menschen? Vertiefen Sie Ihre Beziehung zu Jesus Christus. Bevor Sie sich auf eine Beziehung zu einem Menschen einlassen, mit Erwartungen, die niemals erfüllt werden können, schaffen Sie sich in Christus eine solide Grundlage. Machen Sie sich seinen Frieden, seine Ruhe, seine Freude zu eigen. Lassen Sie es zu, daß er die Bedürfnisse befriedigt, die nicht einmal der vollkommenste Mensch auf der Welt jemals zufriedenstellen kann. Dann können Sie eine Beziehung zu einem anderen Menschen von einem ganz anderen Ausgangspunkt angehen. Sie führen dann ein erfülltes Leben, empfinden nicht eine Leere, die gefüllt werden muß. Sie sind zufrieden und nicht verzweifelt.

Setz mich wieder zusammen

Bei der Auswahl unseres Ehepartners hatten wir beide den großen Vorteil, daß unsere Einstellung zu uns selbst und zur Ehe im großen und ganzen positiv war. Kein Mensch wächst in einem vollkommenen Elternhaus auf, doch wir wurden in einer relativ stabilen, liebevollen und für uns gesunden Umgebung groß. Keiner von uns hatte durch Alkoholabhängigkeit, Scheidung, Vernachlässigung oder Mißbrauch Schaden erlitten. Keiner von uns fühlte sich ungeliebt oder nicht angenommen. Und unsere Eltern waren überzeugte Christen, die sich sehr stark in der Gemeinde engagierten und denen persönliche Integrität, biblische Werte und Familienleben sehr wichtig waren. Es stimmt, jeder von uns hatte seine Schwächen und falschen Sichtweisen und ist auf bestimmten Gebieten einfach noch unreif gewesen. Dadurch wurde unsere Ehe sehr kompliziert. In den nachfolgenden Kapiteln werden wir darauf noch eingehen. Doch im großen und ganzen waren wir gesunde Individuen mit realistischen Erwartungen an die Ehe.

Leider trifft das heutzutage nicht auf alle Menschen zu. Unglaublich viele junge Leute wachsen ungeliebt und in unglücklichen Elternhäusern auf. Immer mehr Familien werden durch Scheidung auseinandergerissen, durch Alkoholismus, emotionalen und körperlichen Mißbrauch zerstört. Die jungen Menschen, die in einer solchen Umgebung aufwachsen, tragen häufig Wunden davon, die niemand sehen kann; Wunden, die sie verletzlich und bedürftig machen; Wunden, die sie dazu bringen, einen Menschen zu suchen, der sie heilen kann, der ihr zerstörtes Zuhause wiederherstellt oder zumindest für eine Weile den Schmerz lindert.

Bewußt suchen diese verletzten Menschen nach einem Ehepartner. Unbewußt suchen sie nach jemandem, der sie heilen kann. Sie fallen einem zweiten Mythos zum Opfer: *Eine Ehe wird meine Zerbrochenheit heilen.* In einem Zeitalter noch nie dagewesener emotionaler Zerbrochenheit ist dies ein gefährlicher Mythos.

Ein junger Mann, der in seiner Kindheit vernachlässigt, abgewertet oder mißhandelt worden ist, hat häufig das Gefühl, emotional unterzugehen. Seine Gefühle wechseln so schnell, daß er befürchtet, in die Tiefe gezogen zu werden und niemals wieder hochkommen zu können. Und in diesem Augenblick kommt eine blonde, blauäugige Lebensretterin vorbei. Der junge Mann tut, was jeder Ertrinkende tun würde: Er hält sich an ihr fest. *Vielleicht kann sie mir helfen. Vielleicht kann sie mich vor dem Ertrinken bewahren.* Die blauäugige Blondine interpretiert den festen Griff des jungen Mannes als wahre Liebe. Wahre Liebe! Wie im Märchen. Diese Liebe wird ein Leben lang halten. Genau das hat sie gesucht.

Nach einer Predigt, in der dieses Bild verwendet wurde, sagte eine Frau namens Sheila unter Tränen: »Mir wurde beinahe übel, als ich diesen Teil mit der Lebensretterin hörte. Genau so war es bei mir, doch ich habe es erst jetzt verstanden, als es heute so beschrieben wurde. Ich bin seit wenigen Monaten verheiratet. Ich dachte, es sei die große Liebe. Niemand hat mich so oft angerufen oder ist so oft mit mir ausgegangen wie dieser Mann. Niemand schrieb mir solche Briefe wie er. Niemand hat mich so leidenschaftlich umarmt und sich so an mich geklammert wie dieser Mann. Ich war sicher, daß es die große Liebe war. Doch erst am Montag abend hat mich mein Mann verprügelt. Er hat mir vorgeworfen, ich würde mich ihm entfremden!«

Ein Mann oder eine Frau, die sich an einen Lebensretter klammern, gehen einige Monate mit dem Partner aus, heiraten dann und öffnen damit die Tür zum Unglück. Eines Tages steht der Lebensretter auf und sagt: »Bitte, kannst du mir nicht nur ein wenig Freiraum geben? Kannst du mich nicht ein wenig loslassen? Du umklammerst mich so fest, daß ich kaum Luft zum Atmen habe.« Und der ertrinkende Ehepartner wird diese Bitte um Freiraum als eine weitere Zurückweisung, Vernachlässigung oder einen Mißbrauch seiner Liebe interpretieren – und die Bedrohung wird ihm zuviel werden. Die Ehe wird in die Brüche gehen.

Bill: Mittlerweile nehme ich nur noch wenige Trauungen vor, doch früher traute ich alle Paare in unserer Gemeinde. Manchmal fanden drei oder vier Hochzeiten an einem Wochenende statt. So stand ich also mit geöffneter Bibel vor dem Brautpaar und erklärte die Richtlinien Gottes für die Ehe. Die strahlende junge Braut und der aufgeregte junge Mann standen nur wenige Zentimeter von mir entfernt. In ihren Blicken las ich Liebe, Leidenschaft und Erwartung. Unglaublich! Und dann sprachen sie ihr Treuegelöbnis und schwebten aus der Gemeinde. Sechs Monate später stürzten sie wie ein Flugzeug vom Himmel. Niedergeschmettert. Am Boden. Wieder ein zerstörter Traum.

Warum passiert so etwas? Weil die Menschen denken, sie könnten die Zerbrochenheit des anderen heilen. Vielleicht sind beide verletzt, vielleicht auch nur einer von ihnen. Aber gesunde Ehen können nicht auf dem Fundament der Zerbrochenheit aufgebaut werden. Ehepartner können einander nicht Lebensretter sein.

Zuviel Liebe

Vor kurzem kamen eine Frau mit Namen Mary und ihre Freundin nach einem Gottesdienst in unserer Gemeinde zu uns. Mary sagte: »Ich lebe mit einem Mann zusammen, und ich weiß, ich sollte es nicht. Darum werde ich ihn heiraten ... denke ich. Es gibt da allerdings ein paar Probleme. Meine Freundin sagt mir immer wieder, ich solle ihn nicht heiraten, und ich würde gern Ihre Meinung dazu hören.«

Sie erzählte uns von dem Alkoholproblem ihres Freundes, von seiner Kokainabhängigkeit, seiner häufigen Arbeitslosigkeit, seinen Wutausbrüchen und schließlich, daß er sie emotional und körperlich mißbrauchte. Sie blickte uns erwartungsvoll an.

Ich mußte nicht lange überlegen, was ich ihr sagen sollte. »Hören Sie zu, Mary. Bitte hören Sie zu. Sie leben in wilder Ehe mit einem arbeitslosen, kokainabhängigen Alkoholiker zusammen, der Sie emotional und körperlich mißbraucht. Verschwenden Sie keinen weiteren Gedanken mehr an eine Heirat. Gehen Sie nicht einmal mehr zu Ihrer Wohnung zurück. Bitten Sie Ihre Freundin, Ihre Sachen zu holen. Gehen Sie nicht mehr zurück. Und Mary, Sie brauchen Hilfe. Sie müssen mit einem Therapeuten sprechen. Sie sollten sich nie mehr von irgendeinem Menschen so behandeln lassen!«

Uns tat diese Frau sehr leid. Sie war innerlich so verletzt, daß sie ernsthaft in Betracht zog, einen Mann zu heiraten, dessen Leben zerstört war und der auch ihr Leben zu zerstören drohte. Warum tat sie das? Experten stimmen darin überein, daß Menschen wie Mary gewöhnlich aus einem nicht funktionierenden Elternhaus kommen, in dem auf ihre emotionalen Bedürfnisse nicht eingegangen worden ist. Sie suchen so verzweifelt nach Liebe und Annahme, sie haben so wenig Selbstwertgefühl und so große Angst davor, verlassen zu werden, daß sie sich an jede Beziehung klammern werden, auch wenn sie ihnen neuen Schmerz bringt. Auf der Suche nach einer Ehe, die ihre Zerbrochenheit heilen soll, wird ihre Zerbrochenheit nur noch verstärkt.

Kein Verbrechen ohne Opfer

Menschen, die der Meinung sind, eine Ehe würde ihre Zerbrochenheit heilen, werden schließlich zum Opfer, genau wie Mary, oder sie machen ihre Partner zum Opfer, wie Sheilas Ehemann es getan hat. Aber so muß es nicht kommen. Wenn Sie alleinstehend sind, bitte halten Sie sich an folgenden zweigleisigen Ansatz, um zu vermeiden, daß Sie sich auf eine zerstörerische Ehe einlassen.

Erstens, seien Sie rückhaltlos ehrlich in bezug auf Ihre eigene Zerbrochenheit. Haben Sie das Gefühl, innerlich zu ertrinken? Suchen Sie nach einem Lebensretter? Tragen Sie Kränkungen und Enttäuschungen mit sich herum, von denen Sie im geheimen hoffen, daß ein Partner sie heilen kann? Gibt es eine ungeklärte Angelegenheit mit Ihren Eltern oder einem anderen Menschen, die Sie klären müssen, bevor Sie eine gesunde Beziehung aufbauen können? Ist Ihr Selbstwertgefühl aufgrund eines vergangenen Fehlverhaltens anderer so geschwächt, daß Sie empfänglich sind für eine zerstörerische Ehe?

Wenn Sie nur eine dieser Fragen bejaht haben, stellen Sie das Thema Partnerschaft und Ehe bitte noch zurück. Gehen Sie zuerst die wichtigen Dinge an. Stellen Sie sich Ihrer Zerbrochenheit. Schenken Sie Ihrer eigenen Heilung die oberste Priorität. Gehen Sie in sich, analysieren Sie die Vergangenheit, suchen Sie Hilfe. Das einzige, was schlimmer ist als ein alleinstehender, zerbrochener Mensch zu sein, ist, mit dieser Zerbrochenheit eine Ehe einzugehen.

Zweitens, wenn Sie ernsthafte Schwierigkeiten vermeiden wollen, müssen Sie sich Ihren zukünftigen Ehepartner sehr genau ansehen. Blicken Sie unter die Oberfläche. Welche Erwartungen hat Ihr zukünftiger Partner? Welches überflüssige Gepäck trägt er mit sich herum?

Welche ungeklärte Angelegenheit muß er mit seinen Eltern vielleicht noch klären? Wie ist sein Plan? Ist er auf der Suche nach einer gesunden, partnerschaftlichen Beziehung? Oder nach einem Lebensretter? Einem, der Wunder vollbringt? Einem Heiler?

Der Schlüssel zur richtigen Beantwortung dieser Fragen ist offensichtlich: Zeit. Wenn Sie sich nicht die Zeit nehmen wollen, Ihren Partner genau kennenzulernen, dann können Sie dieses Buch gleich wieder schließen. Sehen Sie, wir haben wirklich Probleme mit Menschen, die sich überstürzt auf eine Ehe einlassen. Das ist nicht nur eine Frage des Prinzips. Wir haben einfach schon zuviel Leid gesehen.

Doppeltes Vergnügen?

Der vermutlich am weitesten verbreitete aller Mythen in bezug auf die Ehe ist die Erwartung, daß die Ehe das eigene Glück garantieren wird. Es ist beinahe als Tatsache akzeptiert, daß ein schneller Gang vor den Traualtar uns in die Hallen der Glückseligkeit führt. Das kann natürlich so sein. Es kann aber auch ganz anders kommen.

Es ist eine falsche Vorstellung, daß eine Hochzeit einen Menschen automatisch verändert. Das passiert nur selten. In den meisten Fällen wird ein unglücklicher alleinstehender Mensch auch ein unglücklicher Ehepartner sein. Ein verbitterter, zorniger alleinstehender Mensch wird auch ein verbitterter, zorniger Ehepartner sein. Ein gieriger alleinstehender Mensch wird auch ein gieriger Ehepartner sein. Ein ungeduldiger alleinstehender Mensch wird auch ein ungeduldiger Ehepartner sein. Eine Ehe kann nicht ein Leben oder einen Charakter verändern. Solche Veränderungen bringt nur das innere Wirken des Heiligen Geistes zustande, das nicht vom Familienstand abhängig ist.

Dieser Mythos erscheint tatsächlich lächerlich, wenn man sich die Mathematik der Ehe ansieht: Ein Sünder plus ein weiterer Sünder macht zwei Sünder. Doppelte Schwierigkeiten unter einem Dach. Wenn man dann noch ein, zwei »kleine Sünder« hinzufügt, gibt es vierfache Schwierigkeiten unter demselben Dach.

Im Bund der Ehe läßt Gott zwei Sünder aus freiem Willen zusammenkommen und ein Fleisch werden – nicht nur körperlich, sondern auch im Geist, in der Haltung, im Gespräch miteinander, in der Liebe. Denken wir einmal über die Auswirkungen nach. Stellen Sie sich zwei vom eigenen Willen bestimmte Sünder vor, die versuchen, sich einander unterzuordnen, wie es Gott von ihnen erwartet. Das wird ein Jahrzehnt dauern. Oder stellen Sie sich zwei vom eigenen Willen bestimmte Sünder vor, die versuchen, einander freudig zu dienen. Wieder ein Jahrzehnt. Stellen Sie sich zwei Sünder vor, die versuchen, sich zu ehren. Noch ein Jahrzehnt. Oder sich zu ermutigen. Oder sich aufzubauen. Das ist eine lebenslange Herausforderung – vielleicht die größte Herausforderung überhaupt.

Und, wie wir bereits im vorhergehenden Kapitel gesagt haben, es gibt so viele kleine Punkte, die diese Herausforderung noch verkomplizieren können. Sogar reife, gut aufeinander abgestimmte und geistererfüllte Christen müssen sich mit unzähligen Bereichen der Verschiedenheit auseinandersetzen. Da sind die Meinungsunterschiede im finanziellen Bereich: Er möchte in den Golf-Club eintreten, sie möchte lieber einen Geschirrspüler. Die Meinungsunterschiede in bezug auf die Freizeitgestaltung: Sie möchte reisen, er möchte einen Garten anlegen. Die sexuelle Verschiedenheit: Er hat heute Lust, sie hatte gestern. Die soziale Verschiedenheit: Sie möchte mit ihren Freunden zusammen sein, er mit seinen. Jedesmal, wenn Sie sich umdrehen, stehen Sie vor einem neuen Bereich möglicher Differenzen.

Mißverstehen Sie uns bitte nicht. Eine Ehe kann eine wundervolle Sache sein. Sie kann tief befriedigend und gegenseitig erfüllend sein. Aber sie kann nur so werden, wenn *beide* Partner über viele Jahre hinweg sehr viel in ihre Ehe investieren. Tausendmal werden sie sich von ihrem Egoismus abgewandt haben. Sie werden zahllose schwierige Gespräche geführt haben. Sie werden schlaflose Nächte und angespannte Tage erlebt haben. Sie werden Hunderte Gebete um Weisheit, Geduld, Mut und Verständnis gesprochen haben. Sie werden so oft um Verzeihung gebeten haben, daß sie es gar nicht mehr zählen können. Sie werden so oft am Ende ihrer Kräfte gewesen sein, daß sie gelernt haben: Die Aussichten, Zufriedenheit in der Ehe zu finden, sind sehr, sehr gering, wenn Christus nicht der Mittelpunkt beider Leben ist.

Die Ehe – eine Fahrkarte ins Glück? Nicht in Ihrem Leben. Wenn dieses Buch auch nichts anderes bewirkt, so stellt es doch hoffentlich die falsche Vorstellung richtig, daß eine Ehe leicht sei und Glück garantiere. Die meisten unverheirateten Menschen haben keine Vorstellung davon, wieviel Kraft erforderlich ist, wenn eine Ehe funktionieren soll; sie unterschätzen im großen und ganzen den Preis, den die Menschen zahlen müssen, um eine lebenslange, gegenseitig befriedigende Beziehung aufzubauen. Und sie verstehen nicht, daß nur die Menschen in der Lage sind, diesen Preis zu bezahlen, die sich auf eine Beziehung mit Gott eingelassen haben, sich ihrer eigenen Zerbrochenheit gestellt haben und auch in ihrer Ehelosigkeit glücklich sein konnten.

Nicht für jeden

Ein letzter Mythos in bezug auf die Ehe ist, daß sie der Plan Gottes für jeden Menschen ist. Sie ist es nicht. In der Bibel lesen wir, daß einige Christen beschließen, nicht zu heiraten. Jesus verteidigt die Menschen, die sich selbst zur Ehe unfähig gemacht haben »um des Himmelreiches willen« (Mt 19,12). Diesen Menschen wird Gott die Fähigkeit geben, ein Leben lang alleinstehend zu bleiben, und diesen Zustand zu genießen – man könnte es die »Gabe der Ehelosigkeit« nennen.

Jesus sagt nicht, daß diejenigen, die sich für die Ehelosigkeit entscheiden, geistlicher sind als andere, die sich für die Ehe entscheiden. Allerdings bestätigt und billigt er ihre Entscheidung. In der Bibel sind eine Menge guter Gründe für die Ehelosigkeit aufgeführt. Wir wollen uns nur zwei davon ansehen.

Erstens: Menschen, die heiraten, werden zusätzliche Schwierigkeiten im Leben haben – doppelte Schwierigkeiten, wie wir bereits bemerkt haben. Der Apostel Paulus schreibt über diese durch die Ehe verursachten Schwierigkeiten: »Ich aber möchte sie euch ersparen« (1 Kor 7,28). Angesichts des Kontextes, in dem dieser Brief des Paulus entstanden ist, macht dieser Satz Sinn. Die Christen in Korinth waren außerordentlich unreif und hatten mit Götzendienst, Verehrung von Gemeindeleitern, Spaltungen innerhalb der Gemeinde, Trunkenheit am Abendmahlstisch, Gerichtsverfahren gegeneinander und Unsicherheit in bezug auf geistliche Gaben zu kämpfen. »Das letzte, was ihr braucht, ist eine Ehe«, sagt Paulus. »Noch mehr Schwierigkeiten, und ihr werdet zusammenbrechen. Überlegt lieber noch einmal, bevor ihr es wagt.« Viele alleinstehende Menschen heutzutage sind nicht weniger in Verwirrung, Schwierigkeiten und Unreife versunken als die Korinther damals. Vielleicht ist auch für sie die Ehelosigkeit die beste Lösung – zumindest für eine gewisse Zeit.

Der zweite Grund für die Ehelosigkeit ist das Problem der ungeteilten Hingabe. Paulus erinnert die Korinther daran, daß ein unverheirateter Mann oder eine unverheiratete Frau freier ist, sich Gedanken darüber zu machen, wie er oder sie Gott gefallen kann. Ein verheirateter Mensch jedoch mache sich in erster Lienie Gedanken darum, wie er dem Partner gefallen kann. »Das sage ich zu eurem Nutzen«, schreibt er, »nicht um euch eine Fessel anzulegen, vielmehr, damit ihr in rechter Weise und ungestört immer dem Herrn dienen könnt« (1 Kor 7,35).

Bill: Ich weiß nicht, wie oft ich mitten in einer Predigtvorbereitung auf die Uhr gesehen habe und mir klar wurde, daß Lynne mit dem Abendessen auf mich wartet und die Kinder anfangen, sich zu fragen, wo ihr Dad bleibt. In der Bibel werde ich aufgefordert, ein gottesfürchtiger Ehemann und Vater zu sein, darum schließe ich die Bücher und räume die Papiere zusammen, die überall auf meinem Schreibtisch verteilt liegen, und fahre nach Hause. Ich habe nicht die Freiheit, mich dem Reich Gottes ungestört zu widmen, wie das vor meiner Eheschließung der Fall war.

Wir sprechen hier nicht über mehr oder weniger Liebe zu Christus. Ehepaare können Christus genauso sehr lieben wie unverheiratete Menschen. Hier geht es um die Zeit und Energie, die investiert werden können. Die meisten Singles haben mehr Freizeit, die sie für Gott einsetzen können als Ehepaare.

Das bedeutet aber nicht, daß jeder Alleinstehende immer alleinstehend bleiben muß. Allerdings bedeutet es, daß jeder Single seine oder ihre Ehelosigkeit Gott bringen und diese Zeit der Freiheit nutzen sollte, Gott ungehindert zu dienen, solange sie andauert.

Eine Überprüfung der Wirklichkeit

Wir beide haben eine hohe Meinung von der Ehe. Wir glauben, daß unsere Ehe von Gott gewollt war und daß Gott sie im Laufe der Jahre erhalten hat. Sie ist sowohl ein Werkzeug gewesen, das Gott gebraucht hat, um uns herauszufordern und zu formen, aber auch ein Geschenk, das er uns gemacht hat, um uns zu ermutigen und zu erfrischen. Jedes Jahr spüren wir den steigenden Wert unserer wachsenden Beziehung.

Aber wir sind auch realistisch. Wir glauben nicht, daß die Ehe für jeden der richtige Weg ist. Und obwohl sie unserem Leben eine sehr wichtige Dimension hinzugefügt hat, kann sie unsere tiefsten menschlichen Bedürfnisse doch nicht befriedigen. Sie kann unsere innere Einsamkeit nicht heilen. Sie hat unsere Zerbrochenheit nicht geheilt. Sie kann unser Glück nicht garantieren.

Und auch bei Ihnen wird das nicht so sein. Das ist uns Menschen auch gar nicht versprochen.

Anmerkungen

1 **Harold Ivan Smith**, *Single and Feeling Good*. Nashville. 1987. S. 9.
2 **Ellen K. Rothman**, *Hands and Hearts: A History of Courtship in America*. zitiert in: **Smith**, *Single and Feeling Good*. S. 14.

Kapitel 2

Unliebsame Voraussetzungen einer Ehe

Obwohl die fröhliche Atmosphäre einer *Roller-Skating*-Party die Umgebung unserer ersten romantischen Begegnung war, so wurde die Tür zu unserer Beziehung eigentlich in einer ganz anderen Umgebung geöffnet: in einer Gebetsversammlung.

Lynne: Während meiner High School-Zeit engagierte ich mich in einer Musikgruppe von »Jugend-für-Christus«, einer übergemeindlichen Jugendorganisation. Kurz bevor meine Schulzeit zu Ende ging und ich die Gruppe verließ, kam ein Neuer dazu. Er war sehr musikalisch, doch sonst wußten wir anderen nur wenig über ihn. Wie war er? Warum schloß er sich uns an? Was waren seine Motive? Wie ernst nahm er seinen Glauben? Und wer war dieser Bill Hybels überhaupt?

Er tauchte am Dienstag abend zum ersten Mal auf, als sich die Gruppe im Keller des Hauses des Direktors unseres »Jugend-für-Christus«-Werkes getroffen hatte. Wir hatten eine Reihe von Konzerten in den örtlichen Gemeinden geplant; unser großer Wunsch war es, daß die Menschen durch unsere Musik und das, was wir sagten, Gott besser kennenlernten, und dafür beteten wir. Einer nach dem anderen betete.

Als Bill an der Reihe war, wurde offensichtlich, warum er sich unserer Gruppe angeschlossen hatte. Er liebte Gott, und ihm lagen die Menschen am Herzen, die Gott nicht kannten oder sich nur oberflächlich mit ihm beschäftigten. Er war der Meinung, die Musik habe die Macht, die Menschen anzurühren, und obwohl er sich selbst für nicht besonders musikalisch hielt, wollte er tun, was er konnte. Er wollte zusammen mit diesem Team etwas bewirken.

Jahre später, als Bill und ich uns in der Jugendarbeit engagierten, konnten wir immer wieder miterleben, mit welcher Hingabe die Schüler und Studenten bei der Sache waren. An diesem Abend im Frühling 1969 waren auch wir mit diesem Eifer dabei. Während dieser kurzen Augenblicke waren wir gleichgesinnt, vollkommen engagiert und hochmotiviert. Wir fühlten uns eins – wir widmeten uns einer Sache, die wichtiger war als wir.

Nach dem Gebetstreffen ging ich zu meinem Wagen. Noch war ich ganz erfüllt von dem Bewußtsein, daß es im Leben etwas gab, das wichtiger war als ich. Gerade als Bill seine Wagentür zuschlug, kam ich an seinem Wagen vorbei. Er öffnete sie wieder und sprach mich an.

»Ich habe dein Engagement bei der Junior Miss-Wahl verfolgt. Ich bin beeindruckt davon, wie offen du deinen Glauben bekannt hast. Es erfordert Mut, ein christliches Lied beim Musikwettbewerb zu spielen. Die ganze Stadt weiß nun, daß du deinen Glauben sehr ernst nimmst.«

Wir sprachen über meine Gründe, mich an der Miss-Wahl zu beteiligen, über die Gründe für unser Engagement bei JfC, über das christliche Ferienlager in Wisconsin, bei dem er jeden Sommer mithalf und über die Pläne meiner Familie, während der Sommerferien auf einer Missionsstation im Dschungel von Ecuador zu arbeiten.

Es war nur eine freundliche Unterhaltung; damals war jeder von uns anderweitig gebunden. Doch ganz offensichtlich gab es eine geistliche Verbindung, die uns später »verfolgte«. Sie sehen, obwohl jeder von uns mit einigen aufrichtigen Christen befreundet gewesen war, hatten wir bei den anderen niemals dieses Maß an geistlicher Übereinstimmung empfunden. Als wir schließlich eine Beziehung eingingen, war diese offensichtliche Übereinstimmung von großer Bedeutung. Keiner von uns fühlte sich für das geistliche Wachstum des anderen verantwortlich. Keiner von uns mußte versuchen, dem anderen Christus nahezubringen. Ganz natürlich drehten sich unsere Gespräche um unseren Glauben. Wenn ich eine Sünde in meinem Leben bekannte, wurden Bill Sünden in seinem Leben bewußt. Wenn er mit mir über seine Erkenntnisse sprach, machte er mir Mut, eigene Erkenntnisse zu gewinnen.

Natürlich ist die geistliche Übereinstimmung, so stark sie bei uns immer gewesen ist, keine Garantie für eine problemlose Ehe. Ohne Übertreibung kann ich jedoch sagen, daß sie unsere Ehe gerettet hat. Ganz fest bin ich davon überzeugt, daß wir die Schwierigkeiten in unserer Ehe nicht hätten überwinden können, wenn einer von uns weniger fest im Glauben gestanden hätte, als es der Fall war. Wir beide mußten so vieles – von innen heraus – verändern, und nur der in uns wohnende Heilige Geist konnte solche Veränderungen bewirken. Wir beide mußten so oft sagen: »Bitte, verzeih mir«; doch nur die korrigierende Kraft unseres vollkommenen Vaters im Himmel erfüllte uns mit so viel Demut, daß wir diese Worte immer neu aussprechen konnten. Wir beide sind überwältigendem Druck von außen ausgesetzt gewesen, weil wir in der Öffentlichkeit arbeiteten, und nur eine lebendige, tägliche Verbindung zu Gott konnte uns die Kraft geben, standhaft zu bleiben. Wir beide haben herzzerreißendes Leid und schlimme Enttäuschungen erlebt, und nur die einsamen Nachtstunden in der Gegenwart Gottes haben uns hindurchgetragen.

Und auf dem ganzen Weg war es nötig – ja, wirklich *nötig* –, daß unser menschliches Wesen von Gott geformt wurde, daß Gott uns Kraft und immer wieder neuen Mut gab.

Wir beide sind persönlich von jedem Ratschlag und jedem Prinzip überzeugt, die wir in diesem Buch vorgestellt haben. Die Ehe ist eine sehr komplexe Angelegenheit und muß aus vielen Perspektiven gesehen und mit einer Vielzahl von Werkzeugen unterstützt werden. Doch alles beginnt bei der geistlichen Übereinstimmung. Überspringen Sie dieses Kapitel bitte nicht. Verharmlosen Sie dieses Thema nicht. Entscheiden Sie sich jetzt, Ihre Beziehung auf ein Fundament zu stellen, auf das Sie Ihre Zukunft bauen können.

Kaufstimmung

Insider aus der Autoindustrie wissen, daß die meisten Autokäufer einen Wagen innerhalb von achtundvierzig Stunden nach Betreten des Ausstellungsraumes kaufen. Darum stellen die Autoverkäufer ihre neuen Wagen auch so verführerisch in ihren Ausstellungsräumen aus, und darum versuchen sie, so schnell wie möglich den Handel perfekt zu machen. Sie wissen, daß nach diesen achtundvierzig Stunden die »Stimmung« nachläßt. Der Kunde wird in die Realität zurückkehren und sich von seinem gesunden Menschenverstand bestimmen lassen.

Doch bevor das passiert, läuft ein leidenschaftliches Spiel von Impuls und Aktion ab. Menschen in Kaufstimmung sind häufig von einem bestimmten Merkmal eines Wagens fasziniert, ja sogar darauf fixiert. Manchmal kaufen sie einen Wagen tatsächlich aufgrund nur dieses einen Details. Es ist vielleicht die schnittige Form des Armaturenbretts. Oder die Knöpfe und Schalter, die ihnen das Gefühl geben, im Cockpit eines Flugzeugs zu sitzen. Manchmal sind es die breiten Reifen oder die Sportfelgen. Oder die Lederausstattung. Häufig ist es auch das Radio; sie sitzen zehn Minuten im Wagen und singen die Lieder im Radio mit, dann steigen sie aus und setzen ihre Unterschrift unter den Vertrag.

Menschen in Kaufstimmung lesen nur selten die Verbraucherzeitschriften, überprüfen kaum einmal Reparaturberichte oder analysieren die Wertverluste eines Wagens. Nur wenige interessieren sich für die Garantiezeit. Sie sind in Kaufstimmung. Sie sind aufgedreht. Ihr Urteilsvermögen ist für den Augenblick außer Kraft gesetzt. Sie machen das Geschäft, sie unterschreiben die Papiere und fahren ihr funkelndes neues Spielzeug heim – alles innerhalb von achtundvierzig Stunden.

Aber wie ergeht es vielen dieser Leute zwei oder drei Tage später, wenn die Faszination abklingt und die Rechnung in ihrem Briefkasten liegt? Zweifel? Reue?

Ach, was soll's, sagen Sie, *es ist ja nur ein Wagen – zehn- oder fünfzehntausend Dollar –, vielleicht auch zwanzigtausend. Niemand würde mit einer wirklich wichtigen Entscheidung so sorglos umgehen.*

Lesen Sie, was ein Immobilienmakler über die Kaufstimmung von Hausinteressenten sagte. »Sie gibt es tatsächlich. Darum versuchen wir auch, ein Geschäft möglichst schnell abzuschließen. Wenn man den

Kunden nicht dazu bringt, einen Vertrag innerhalb von einem oder zwei Tagen zu unterzeichnen, verliert man ihn. Diese Stimmung dauert nicht lange, und wenn sie vorüber ist, ist alles vorbei.«

»Aber wenn ein Interessent in dieser Stimmung ist«, fuhr er fort, »ist es einfach unglaublich. Eine Frau kauft ein Haus, weil ihr der Wäschekeller gefällt. Ein Mann geht in die Garage und sieht vor sich, wo er seine Arbeitsbank aufstellen wird, und das Geschäft ist perfekt. Sie sehen nicht nach der Heizung, nicht nach den Leitungen, der Elektrik, dem Dachboden, dem Keller. Sie sind in Kaufstimmung, sie handeln schnell. Sie unterschreiben.«

Fragen Sie sich nicht, wie viele dieser Käufer ihre emotionale Entscheidung bereuen? Oder wünschten, sie hätten ein wenig gewartet, bevor sie eine sechsstellige Zahlungsverpflichtung eingegangen sind?

*Trotzdem, sagen Sie, es ist ja nur ein Haus. Niemand würde eine so sorglose Entscheidung in bezug auf etwas **wirklich** Wichtiges treffen. Zum Beispiel einen Lebenspartner. Niemand würde so dumm sein, sich auf ein oder zwei Charaktereigenschaften eines Menschen zu fixieren, ohne auch seine anderen Eigenschaften sorgfältig zu überprüfen; oder sich verloben und ein Hochzeitsdatum festsetzen, solange er sich von seinen Hormonen bestimmen läßt. Niemand würde das tun. Oder etwa doch?*

Oder doch? Leider tun das viel zu viele Leute. Es gibt nämlich auch eine Hochzeitsstimmung, die zeitweilig den Verstand außer Kraft setzt und normalerweise klar denkende Menschen unüberlegte Entscheidungen treffen läßt. Und viel zu viele alleinstehende Erwachsene, junge und alte, lassen sich davon einfangen.

Der falsche Wagen? Man kann ihn eintauschen. Das falsche Haus? Man kann es verkaufen. Der falsche Partner?

Unwillkommener Rat

Leuten in Autokaufstimmung gefällt es überhaupt nicht, wenn gutmeinende Freunde sagen: »Aber ich habe einen Testbericht gelesen ...« Menschen in Hauskaufstimmung mögen es überhaupt nicht, wenn wohlmeinende Nachbarn sagen: »Aber ich habe von einem Freund, der dieses Haus gebaut hat, gehört ...« Und Menschen in Heiratsstimmung gefällt es überhaupt nicht, wenn ein besorgter Pastor sagt: »Aber in der Bibel steht ...«

Absolut unbeliebt macht sich ein solcher Pastor, wenn er die Stelle zitiert, in der Paulus über das Zusammenwirken von Christen mit Nichtchristen spricht, und dies auf die Ehe bezieht: »Beugt euch nicht mit Ungläubigen unter das gleiche Joch. Was haben denn Gerechtigkeit und Gesetzwidrigkeit miteinander zu tun? Was haben Licht und Finsternis gemeinsam? Was für ein Einklang herrscht zwischen Christus und Beliar? Was hat ein Gläubiger mit einem Ungläubigen gemeinsam?« (2 Kor 6,14-15)

Dieser Vers aus der Bibel ist nicht sehr beliebt. Einige Singles behaupten, er sei sogar ausgesprochen diskriminierend – eine Art geistliche Apartheid: Die weißen Schafe dürfen nicht mit den schwarzen Schafen zusammensein; Gottes Kinder sind zu gut, um Ungläubige zu heiraten. Andere argumentieren, daß dieser Vers der Evangelisation im Wege steht: »Wie können wir Ungläubige für Gott gewinnen, wenn wir nicht mit ihnen ausgehen und sie ›ins Reich Gottes lieben‹?«

Alle diese fragenden Singles bringen eine verständliche Beschwerde vor. Der Ruf nach geistlicher Übereinstimmung schränkt die Auswahl möglicher Partner tatsächlich ein. Für viele Alleinstehende wird die Zahl der in Frage kommenden Kandidaten sogar auf eine Handvoll reduziert.

Trotzdem müssen wir nach vielen Jahren Erfahrung mit unzähligen Ehen zugeben, dass auch wir in unserer Gemeinde die oben genannte Schriftstelle auf die Ehe anwenden. Dabei erleben wir immer wieder, wie Menschen, die Gott in jedem Bereich ihres Lebens vertrauen, nur in diesem einen voller Zweifel sind, daß Gott weiß, was für sie das Beste ist. Wie oft mußte ich hören: »Er ist doch auf dem besten Weg, Christ zu werden« oder »Sie wird sich bekehren, wenn wir erst verheiratet sind.« Und wie oft mußte ich miterleben, daß genau das nicht eingetroffen ist! Ehrlich gesagt, ich bin es müde, daß wir uns immer wieder mit den Folgen zu beschäftigen haben, mit denen sich Menschen herumschlagen müssen, die den Vers aus dem zweiten Korintherbrief nicht auch auf ihre zukünftige Ehe anwenden.

Ein gemeinsamer »Schatz«

Aus diesem Grund möchte ich in diesem Kapitel mit allem Nachdruck einige mögliche Gründe nennen, warum wir als Christen aufgerufen sind, Ehepartner zu suchen, die unseren Glauben teilen. Wir hoffen, es wird klar werden, daß die oben zitierte Stelle aus dem zweiten Korintherbrief durchaus nicht diskriminierend, böswillig oder grausam ist, auch wenn man sie auf die Ehe anwendet. Ganz im Gegenteil, sie ist die liebevolle Bitte eines Vaters, der gnädig und gütig ist und seine Kinder in jeder Hinsicht beschützen möchte.

Der erste mögliche Grund für die Forderung nach geistlicher Übereinstimmung besteht darin, daß Gott sicherstellen möchte, daß die Ehepartner einen gemeinsamen »Schatz« haben, daß Mann und Frau das, was ihnen am wichtigsten ist, mit ihrem Partner teilen können. Wenn Sie der Meinung sind, das sei nicht wichtig, überlegen Sie einmal, wie es wäre, wenn Sie *alles*, was Sie lieben – auch wenn es etwas Vorübergehendes ist –, für sich behalten müßten und mit niemandem teilen könnten.

Bill: Meine liebste Freizeitbeschäftigung ist Segeln auf dem offenen Meer. Ich kann gar nicht beschreiben, wie sehr ich die Bewegung und das Geräusch der Wellen liebe, das feine Sprühen der Gischt, die Kraft des Windes. Ich wünschte, mir würde zum Beispiel Schach Spaß machen oder Gartenarbeit – etwas, das weniger teuer ist, etwas, das ich häufiger tun könnte. Aber ich kann es nicht ändern, ich *liebe* nun einmal das Segeln auf dem Meer.

Vor kurzer Zeit nahm ich fünf Männer aus meiner Gemeinde – einen Freund, zwei Vorstandsmitglieder, einen Ältesten und einen der Angestellten – auf einen einwöchigen Segeltörn mit. Die meisten hatten so etwas noch nie gemacht, und ich konnte es kaum erwarten, sie auf das Boot zu bekommen. Ich wußte, es würde der Höhepunkt ihres Lebens werden.

Der erste Tag war traumhaft schön: fünfundzwanzig Knoten Windgeschwindigkeit, klarer Himmel, hohe Wellen. Wir steuerten aufs offene Meer hinaus. Wir waren bereits einige Stunden unterwegs, und ich stand auf dem Deck und sang aus voller Kehle. Ich lachte, scherzte und war überglücklich. Auf einmal bemerkte ich, daß die anderen gar nicht so fröhlich waren. Keiner lachte oder sang mit mir. Also versuchte ich, sie aufzuheitern. »Kann es etwas Schöneres geben?« rief ich. »Wir haben doch Spaß, oder?«

Keine Reaktion. Mir fiel auf, daß einige der Männer ein wenig grün im Gesicht waren. Ein paar von ihnen gingen nach unten, um sich »auszuruhen«. Unser Navigator nahm die Karten und verschwand – für den Rest des Tages. Die anderen beiden Männer saßen an der Reling, und ich kann nur sagen, daß sie beide »ungeplante Proteinstürze« erlebten. Ich saß neben ihnen, während der eine auf der einen Seite über der Reling hing, der andere auf der gegenüberliegenden Seite. Ich versuchte, meine Euphorie, auf See zu sein, zu erhalten, doch da keiner der anderen sie teilte, ließ sie nach. Und so steuerte ich das Boot wieder in ruhigere Gewässer, obwohl der Wind einfach ideal war.

So sehr ich das Segeln auf offener See liebe, es ist kein Vergleich für meine Gefühle in bezug auf meine Beziehung zu Jesus Christus: Nach sieben Tagen Segeln hatte ich genug – wenigstens für ein halbes Jahr. Doch ich habe nie genug davon, als Christ zu wachsen. Ich werde nie müde, die Bibel zu lesen oder mit Gott zu sprechen. Ich werde nie müde, meinen Kindern von Gott zu erzählen oder ihn anzubeten.

Meine Frau mag die Dinge, die ich gern tue, nicht unbedingt genauso gern. Sie ist kein Fan von *Harley-Davidson*-Motorrädern, zweimotorigen Sportflugzeugen oder hochtechnisierten Rennwagen. Und obwohl sie gern auf offener See segelt, ist ihre Begeisterung dafür nicht so groß wie meine. Aber sie liebt Jesus Christus mit der gleichen Leidenschaft wie ich. Wir können über das sprechen, was uns bei unserem persönlichen Bibelstudium klar geworden ist. Wir können uns von unseren Gebetserhörungen erzählen. Wir können Informationen austauschen über das, was wir in christlichen Büchern gelesen haben. Wir können lange Spaziergänge machen und zusammen von dem träumen, was Gott durch uns tun kann. Wir können einander Mut machen, uns mehr und mehr Gott anzuvertrauen. Wir können offen über Sünden in unserem Leben sprechen und einander zu größerem Gehorsam gegenüber Gott auffordern.

Für mich wäre es eine Qual, wenn ich den größten »Schatz« in meinem Leben nicht mit meiner Frau teilen könnte. Und damit stehe ich nicht allein. Einen Partner zu haben, den langweilt, was einem selbst mehr bedeutet als alles andere im Leben, muß für jeden Gläubigen sehr schwer sein.

Wenn ein Mensch eine persönliche Beziehung mit Jesus Christus eingeht, wird Jesus nicht nur seine Antwort auf die Vielschichtigkeit des Lebens sein, sondern auch sein Retter, sein Freund, und letztendlich auch sein »Schatz«. Er erkennt, daß ihm vergeben worden ist, daß er gereinigt und befreit wurde, und er steht staunend vor diesem Wunder. Er beginnt, während des Tages an Gott zu denken. Er stellt fest, daß er Anbetungslieder im Wagen singt. Er freut sich auf den Gottesdienst. Gelegentlich ertappt er sich, mit anderen begeistert von dem zu sprechen, was er gefunden hat. Er treibt sich dazu nicht an. Es geschieht ganz natürlich, weil er das Bedürfnis hat, über diesen für ihn so wichtigen Bereich seines Lebens mit Freunden, Bekannten, Nachbarn, Familienmitgliedern – und vor allem mit seinem Partner – zu sprechen.

Gott liebt seine Kinder so sehr, daß er ihnen den Schmerz ersparen möchte, der entsteht, wenn sie einen Schatz haben, den sie nicht teilen können. Darum sagt er: »Stellt die Liebe doch eine Weile hintenan. Laßt die sexuelle Aufregung einmal zweitrangig sein. Plant doch auf lange Sicht. Ihr müßt euch einen Partner suchen, mit dem ihr mich teilen könnt. Einen Partner, der an eurem größten Schatz teilhat.«

Es gibt unzählige Frauen und Männer in unserer Gemeinde, die mit einem ungläubigen Partner verheiratet sind. Viele von ihnen wurden Christen, nachdem sie verheiratet waren. Andere waren Christen, als sie heirateten, ignorierten aber bewußt diese Verse aus der Bibel. Nach einem bewegenden Anbetungsabend sagte eine Frau zu mir: »Können Sie sich vorstellen, wie es ist, wenn man nach einem solchen Gottesdienst nach Hause kommt und so erfüllt ist von der Gnade Gottes, daß man meint, man würde platzen – aber man kann dieses Erlebnis nicht mit seinem Mann teilen? Es ist schrecklich. Gott hat mir meinen Ungehorsam vergeben, aber jeden Tag lebe ich mit dem Leid, das durch meinen Fehler vor so vielen Jahren entstanden ist.« Diese Frau klammert sich an die Hoffnung, daß ihr Mann eines Tages auch Christ wird. Aber er ist keine Marionette in ihrer Hand; sie hat keine Garantien. Und so wartet sie und erträgt ihr Leid.

Das ist das Leid, das zu vermeiden Gott uns helfen möchte. Ist das so unvernünftig? Ist das böswillig oder grausam?

Ein gemeinsamer Bauplan

Der zweite mögliche Grund, warum Gott auf geistlicher Übereinstimmung besteht, liegt darin, daß Gott den Ehepartnern die Möglichkeit geben will, ihre Ehe nach einem gemeinsamen Bauplan zu errichten. Stellen Sie sich den Frust zweier Bauleute vor, die versuchen, nach zwei verschiedenen Bauplänen ein Haus zu bauen. Mit sich widersprechenden Plänen, Maßen und Materialien sind ihre Bemühungen zum Scheitern verurteilt. Selbst ein zufälliger Beobachter wird die Nutzlosigkeit dieses Projektes erkennen. »Sie können doch nicht nach zwei unterschiedlichen Plänen ein Haus bauen«, wird er sagen. »Das wird nicht funktionieren!«

Dasselbe gilt für zwei naive Liebende, die mit zwei vollkommen unterschiedlichen Plänen, wie sie ihre Beziehung gestalten wollen, eine Ehe eingehen. Sie hat ihre Pläne, die sich auf ihre Erfahrungen, die Ehe ihrer Eltern und ihre Einstellung zur Welt und zum Leben stützen. Er hat seine Pläne, die sich auf seine Erfahrungen, die Ehe seiner Eltern und seine Einstellung zur Welt und zum Leben stützen. Diese beiden Baupläne werden schon bald in verbalen Aussagen zum Ausdruck gebracht.

»Ein anständiger Ehemann sollte sich so und so verhalten.«

»Eine anständige Frau sollte zu sehen, aber nicht zu hören sein.«

»Nur ein geistiger Zwerg würde eine solche Aussage machen.«

»Du siehst auf mich herab!«

Und so weiter und so fort.

Gottes Plan ist es, in einer solch verworrenen Situation einzuschreiten, die falschen Pläne zu nehmen, sie zu zerreißen und in den Müll werfen. Dann sagt er: »Hier, ihr beiden, nehmt meinen Bauplan. In der Bibel habe ich sehr deutlich beschrieben, wie eine Ehe gebaut werden sollte. Ich habe deutlich gesagt, was du tun mußt, um eine gottesfürchtige Frau zu sein, und du, um ein gottesfürchtiger Mann zu sein. Ich habe euch Pläne in die Hand gegeben, wie ihr mit der Wut umgehen könnt. Pläne für die Konfliktlösung. Pläne, wie ihr euch gegenseitig ermutigen, lieben und inspirieren könnt. Pläne, wie ihr einander dienen könnt, wie ihr Kompromisse schließen könnt. Es ist der perfekte Bauplan, darum benutzt ihn! Teilt ihn! Gehorcht ihm! Ohne ihn könnt ihr keine erfolgreiche Ehe aufbauen.«

Wir können sagen, daß neunzig Prozent der Auseinandersetzungen, die wir in unserer eigenen Ehe gehabt haben, entstanden sind, weil einer von uns oder wir alle beide unseren eigenen Bauplan dem anderen aufdrücken wollten oder wir einfach nur Gottes Plan nicht gehorcht hatten. Zum Glück können wir beide uns an ihn wenden und seinem Bauplan vertrauen, wenn unser Zorn abklingt und wir wieder bei Verstand sind. Wir nehmen unsere Bibeln, ziehen uns in eine Ecke zurück und nehmen uns einige Minuten Zeit, um uns an seinen Plan zu erinnern. Dann kommen wir wieder zusammen und sind bereit, konstruktiv weiterzumachen.

Viele Leute wundern sich über die hohe Scheidungsrate in den Vereinigten Staaten. Wir dagegen fragen uns, warum sie nicht noch höher ist. Was können Ehepaare schon erwarten, wenn sie sich weigern, ihre eigenen Vorstellungen gegen Gottes Bauplan einzutauschen?

Eine gemeinsame Kraft

In dieser unvollkommenen Welt gibt es Probleme, Schmerz, Leid, Enttäuschung, Krankheit, Verlust und Trauer. Es gibt finanzielle Rückschläge, emotionalen Aufruhr, Autounfälle, Kinderlosigkeit und den Tod von lieben Menschen. Die Liste der möglichen Versuchungen und Rückschläge setzt sich unendlich fort. Kein Mensch bleibt vor den

Auswirkungen des Sündenfalls verschont. Rauhe Winde werden dann und wann jede Ehe einmal erschüttern.

Als dritter Grund für Gottes Forderung nach geistlicher Übereinstimmung in der Ehe ist anzuführen, daß beide Partner durch das Gebet die Kraft bekommen, sich diesen unausweichlichen Problemen und Nöten zu stellen.

Gott möchte nicht, daß sich einer der Partner Tabletten, Drogen oder der Flasche zuwendet. Er möchte nicht, daß einer der Partner im Bett eines Fremden der Realität entflieht. Er möchte nicht, daß einer der Partner schreit: »Ich kann das nicht mehr ertragen. Ich gebe auf. Ich gehe.«

Eine Frau sagte einmal: »Mein Mann ist stumm geworden. Er will nicht mehr reden. Er teilt mir seine Gefühle nicht mehr mit. Er will nicht mehr mit unseren Töchtern zusammen sein. Er will keinen Sex mehr mit mir haben. Unser Sohn ist gestorben, und nun stirbt er innerlich. Ich sage ihm, er soll beten. Ich sage ihm, er soll Christus um Hilfe bitten. Aber er hört nicht. Ich kann ihn nicht erreichen. Ich kann ihn einfach nicht erreichen!«

Wie anders sieht eine Ehe aus, wenn beide Partner sich an Gott wenden können und feststellen, daß er eine »Zuflucht und Burg, eine Hilfe in Zeiten der Not« ist. Das befreit jeden der Partner von der Frage, wie der andere die Stürme des Lebens meistern soll.

Bill: Vor einiger Zeit war Lynne sehr im Druck mit einem Buch, das sie herausgeben wollte. Eines Morgens kam ich in ihr Büro und sah, daß sie das Manuskript auf den Boden geworfen hatte. Sie hatte die Nacht durchgearbeitet, und ganz offensichtlich war es nicht so gut gelaufen. Ich wußte, ich konnte nicht viel tun, doch ich bot ihr trotzdem meine Hilfe an. »Nein, nein«, sagte sie. »Das kommt schon in Ordnung.« Sie nahm sich das Buch, in das sie ihre Gebete schreibt, und verschwand nach draußen.

Etwa eine Stunde später kam sie wieder herein. »Jetzt geht es mir wieder gut. Ich mußte das alles nur mal wieder zurechtrücken und Gott vertrauen. Ich weiß, er wird mir die Kraft geben, das zu Ende zu bringen, wenn ich mich an ihn halte.«

Ich dachte: Wow! Wie froh bin ich, daß diese Frau Zugang zu einer übernatürlichen Kraftquelle hat. Ich habe gesehen, wie sie sich von zwei Fehlgeburten und dem Verlust geliebter Menschen erholt hat. Ich habe erlebt, wie sie sich Herausforderungen gestellt hat. Ich habe gesehen, wie sie äußerst schwierige Situationen gemeistert hat. Ich bin so dankbar dafür, daß sie weiß, wohin sie sich wenden kann, wenn Schwierigkeiten auftauchen.

Wie anders würde unser Leben aussehen, wenn wir uns allein auf die menschliche Kraft verlassen müßten. Wie frustrierend würde es für uns sein, wenn wir zusehen müßten, wie der andere im Abgrund der Verzweiflung versinkt oder innerlich zerrissen wird, wo die übernatürliche Hilfe doch nur ein Gebet entfernt ist. Die Fähigkeit, sich auf Gottes Kraft zu verlassen, ist ein Geschenk, das die Ehepartner einander machen können.

Lynne: Als Bills Vater starb, wußte ich, wie sehr er trauerte, doch ich brauchte mir keine Gedanken darum zu machen, ob er die Trauer würde überwinden können. Wenn er ungewöhnlichem Druck bei seiner Arbeit ausgesetzt war, brauchte ich mich nicht zu fragen, ob er darunter zusammenbrechen würde. Wenn ich ihn mit dem Gesicht auf dem Wohnzimmerboden liegen sah, weil er eine schwere Entscheidung zu treffen hatte, brauchte ich den Ausgang nicht in Frage zu stellen. Ich weiß, daß er im Gebet den Trost, die Kraft und die Führung bekommt, die er braucht.

Vor einiger Zeit erfuhr ein junges Ehepaar in unserer Gemeinde, daß ihre süße, lebhafte, energiegeladene zehnjährige Tochter einen inoperablen Gehirntumor hatte. Sie konnten absolut nichts für sie tun. Einer ihrer engsten Freunde sagte: »Inmitten ihres schrecklichen Schmerzes leben sie die Art von Glauben aus, von dem wir anderen nur sprechen.« Wieso sind sie dazu in der Lage? Weil sie als Individuen gelernt haben, sich auf Gottes Kraft zu verlassen. Und inmitten ihres Schmerzes geben sie einander diese göttliche Kraft, sie teilen sie und finden in ihr den Willen und Mut, weiterzumachen. Welch eine Tragödie wäre es, wenn nur *einer* von ihnen wüßte, daß er sich auf Gottes Trost und Kraft verlassen kann; ihr Fundament wäre nur halb so sicher.

Jede Ehe wird irgendwann einmal von den Stürmen des Lebens erschüttert werden. Wenn das passiert, möchte Gott beiden Partnern helfen. Sie sollen bei ihm Kraft und Hilfe suchen.

Gemeinsame Wertvorstellungen

Es hat noch nie ein Zeitalter gegeben wie das, in dem wir gerade leben. Es ist das Zeitalter des Atomkrieges, der Ichbezogenheit, des Relativismus, der Abtreibung auf Antrag und der Promiskuität. Es ist ein Zeitalter, in dem Erwachsene Kinder sexuell mißbrauchen und Drogen schon in Grundschulen verteilt werden. Es ist ein Zeitalter der Verwirrung und des Konfliktes – vor allem für die Kinder.

Der vierte Grund, warum Gott geistliche Übereinstimmung in der Ehe fordert, ist, daß die Kinder in Familien aufwachsen sollen, in denen die Eltern dieselben Wertvorstellungen haben. Es ist nicht gut, wenn der kleine Bobby sich wundern muß, warum Mami sagt, Jesus sei der Weg, die Wahrheit und das Leben, während Papi seinen Namen als Fluch verwendet. Es geht nicht an, daß die Kinder von ihren Eltern keinerlei Maßstäbe mehr an die Hand bekommen, weil diese sich nicht auf gemeinsame Wertvorstellungen einigen können. Das ist es nicht, was die Kinder in unserer heutigen Zeit brauchen.

Unsere Kinder brauchen eine einheitliche Linie. Die Eltern müssen Wertmaßstäbe setzen und ihre Kinder moralisch und geistlich erziehen. Sowohl die Mutter als auch der Vater sollten ihren Kindern die Wahrheit lehren, die Wahrheit vorleben, auf die Einhaltung der Wahrheit achten und ihre Kinder zur Wahrheit »hinlieben«.

Wir leben in einer grausamen, gottlosen Welt, die unsere Kinder verschlingen möchte. Unserem Sohn wurden Drogen angeboten, als er erst zehn Jahre alt war, und Freunde wollten ihn überreden, mit einem Mädchen des vierten Schuljahres zu schlafen. Unsere Tochter wird in der High School täglich mit Fluchen und sexuellen Andeutungen konfrontiert, mit unmoralischem Lebensstil und verlockenden Versuchungen. Nie zuvor war es nötiger, unseren Kindern Wertmaßstäbe zu vermitteln, die von beiden Elternteilen geteilt werden; eine einheitliche Linie hat mehr Durchsetzungskraft. Aber so etwas kann man nicht vortäuschen. Kinder spüren Differenzen. Was tun sie also, wenn sie merken, daß die beiden wichtigsten Autoritätspersonen in ihrem Leben in den grundlegenden Dingen nicht einer Meinung sind? Was sollen sie glauben? Woran können sie sich festhalten und sagen: »Das muß wahr sein?« Wie können sie richtig von falsch unterscheiden?

Der einzige Weg, ihnen eine einheitliche Linie zu bieten, ist, einen Partner zu heiraten, der an denselben Gott glaubt – jemand, der denselben »Schatz« hat, demselben Bauplan vertraut und sich auf dieselbe Kraft verläßt. Nur dann kann man dieselben Wertmaßstäbe haben und den Kindern ein Heim schaffen, in dem sie die Anleitung bekommen, die sie brauchen. Wir lieben unsere Kinder mehr, als wir uns jemals hätten vorstellen können. Es würde uns das Herz brechen, wenn wir uns jedesmal, wenn einer von uns das Haus verläßt, um zur Arbeit oder auf Reisen zu gehen, fragen müßten, was der andere ihnen in der Zwischenzeit beibringt. Wie muß das sein, wenn man sich fragt, welche Wertmaßstäbe der Partner an die Kinder weitergibt? Oder wenn man Angst hat, daß er dem, was man gesagt hat, widerspricht? Oder wenn man hört, daß die Wertmaßstäbe in Frage gestellt werden, die man zu vermitteln versucht hat?

Eine mutige Entscheidung

Der Vers aus dem zweiten Korintherbrief, Kapitel 6, ist keine Diskriminierung; er ist keine Launenhaftigkeit. Er ist souveräne Weisheit. Er steht zu unserem Besten in der Bibel. Er dient dem zukünftigen Wohl eines jeden Menschen. Er zeugt von Gottes beschützender Liebe, die sich in praktischer Form zeigt. Wir sind uns jedoch bewußt, daß die Konsequenzen, die sich aus diesem Vers ergeben, auf viele alleinstehende Menschen sehr erschreckend wirken müssen. Einige von Ihnen haben vielleicht eine Beziehung zu einem Menschen, der Ihren Glauben nicht teilt. Was tun Sie jetzt? Wir schlagen in unserer Gemeinde solchen Menschen vor, diese Beziehung zu beenden. Wir sagen das nicht leichthin, weil wir wissen, daß es nicht leicht sein wird. Wir verstehen diese Schriftstelle nun einmal vor allem in Hinblick auf die Ehe, obwohl es einige Auslegungen gibt, die sie auf ein allgemeines Zusammenwirken mit Nichtgläubigen beziehen. Wir raten deshalb jedem: Richten Sie Ihren Blick auf die Zukunft. Fragen Sie sich, ob Sie in einer Beziehung leben wollen, die Ihnen vielleicht Ihr Leben lang nur Schmerz und Enttäuschung bereiten wird.

Einmal im Monat setzen sich die Ältesten unserer Gemeinde mit Menschen zusammen, die krank, traurig oder in irgendeiner Weise bedürftig sind. Einmal saß eine Frau Mitte Zwanzig in diesem Kreis und weinte leise, während sie ihre Geschichte erzählte. »Ich bin mit einem jungen Mann befreundet gewesen, der kein Christ ist«, stammelte sie. »Nach Bills Predigt über die geistliche Übereinstimmung wußte ich, daß ich die Beziehung zu ihm abbrechen mußte, und ich tat es auch. Aber es ist so schwer. Ich liebe ihn. Ich weiß, daß ich eines Tages froh sein werde, das getan zu haben, aber im Augenblick tut es einfach nur weh. Bitte betet für mich.« Im folgenden Monat war sie wieder da. Sie vermißte ihn immer noch; sie trauerte immer noch um ihre zerbrochenen Träume. Aber sie sagte: »Ich weiß, daß es richtig war. Ich weiß, daß Gott diese Entscheidung segnen wird. Es tut mir nicht leid, daß ich es getan habe.«

Gott kann Ihnen denselben Mut geben, den diese junge Frau hatte. Wenn Sie mit einem Menschen befreundet sind, der Ihren Glauben nicht teilt, lassen Sie sich von Gott die Kraft schenken, sich aus dieser Beziehung zurückzuziehen. Umgeben Sie sich mit Menschen, die für Sie beten, Ihnen Mut machen und Sie aufheitern. Wir sind der Überzeugung, daß in den meisten Fällen das Unglück vorprogrammiert ist, wenn man über die Frage des ungläubigen Ehepartners leichtfertig hinweggehen. Aber wir haben oft erlebt, daß uns Frieden und Segen erwarten, wenn wir eine schwierige Entscheidung treffen und dabei dem Wort Gottes vertrauen.

Auf die richtige Abstimmung kommt es an

Wenn man ein zweimotoriges Flugzeug fliegen will, muß man darauf achten, daß beide Motoren synchron laufen. Läuft der eine Motor nur ein klein wenig zu hochtourig, wird das Flugzeug vibrieren und nach einer Seite ziehen. Man muß sehr sorgfältig die Instrumente im Auge behalten und ein geschultes Ohr haben, um zu entscheiden – und zu hören –, welcher der Motoren angepaßt werden muß.

Bill: Als ich mit den Flugstunden auf einer mehrmotorigen Maschine begann, war ich immer sehr frustriert, wenn ich dieses leichte Vibrieren spürte, das anzeigte, daß einer der Motoren beschleunigt oder gedrosselt werden mußte. Welchen muß ich anpassen? Und um wieviel? Es war ein großartiges Gefühl, als ich schließlich den Punkt erreichte, an dem die Anpassung mir nicht mehr so schwerfiel. Ich konnte meine Hände auf den Kontrollhebel legen und es fühlen. Es war so erhebend, die Maschine mit zwei perfekt aufeinander abgestimmten Motoren zu landen. Es paßte dann einfach alles ...

Dieses Gefühl des perfekten Aufeinander-Abgestimmtseins ist der Grund, warum wir so sicher sind, daß Gott viel daran liegt, daß Christen nur einen Menschen heiraten, der auch Christ ist. Er möchte, daß die Ehepartner vollkommen aufeinander abgestimmt sind. Er möchte, daß sie gleich viel Kraft haben, daß sie gleich empfindsam sind für den Willen Gottes und ihre Ohren gleich sensibel sind für die Führung des Heiligen Geistes.

Diese Art der Übereinstimmung erfordert mehr als nur denselben Glauben. Wirkliche geistliche Übereinstimmung erfordert letztlich dieselbe Intensität des Glaubens und ein gleiches Maß an Hingabe. Mit anderen Worten: Eine lebendige, geisterfüllte, überzeugte Christin sollte demnach niemals einen Mann heiraten, der gerade mal eine Anstecknadel trägt und den christlichen Jargon nachahmt. Was passiert, wenn der Heilige Geist sie führt, Zeit oder Geld zu opfern, ein Glaubenswagnis einzugehen, den Beruf oder die Gemeinde zu wechseln oder den Lebensstil zu ändern? Was passiert, wenn sie diesen neuen Weg einschlagen will, ihr weniger engagierter Partner aber sagt: »Jetzt werde nicht fanatisch. Warum mußt du soviel Wind machen? Ich mag kein Wagnis eingehen. Mir gefällt unser Leben so, wie es ist. Keine Veränderungen.« Diese Reaktion wird der tiefgläubigen Partnerin regelrecht seelische Nöte und immer wieder Enttäuschungen bereiten.

Bill: Wenn ich zurückschaue, wird mir klar, wie unbedingt notwendig es war, eine Partnerin zu haben, die Jesus Christus leidenschaftlich liebte. Kurz nach unserer Hochzeit spürte ich, daß Gott mich rief, unsere erfolgreiche Jugendarbeit aufzugeben und eine Gemeinde zu gründen, ohne Leute, ohne Gebäude und ohne Geld. Ganz klar, es war eine von Gott gewollte »Degradierung«. Es bedeutete Opfer, den Verlust der Sicherheit, weniger Geld, größere Herausforderungen und härtere Arbeit. Als ich Lynne davon erzählte, sagte sie: »Ich werde darüber beten.« Ein paar Tage später meinte sie zu mir: »Du hast recht. Er ruft uns. Laß uns gehen.«

Bei anderen Gelegenheiten hatten wir das Gefühl, wir sollten etwas von unserem Besitz oder Geld weggeben. Jedesmal haben wir um Gottes Führung gebetet und waren in der Lage, uns auf den richtigen Plan oder die richtige Summe zu einigen. Wenn Entscheidungen bezüglich eines Hauskaufs oder der Ausbildung der Kinder anstanden, haben unsere Gebete uns zu übereinstimmenden Entscheidungen geführt. Wenn wir Terminprobleme hatten, konnten wir sie lösen, indem wir sie Gott vorlegten.

Das heißt es, aufeinander abgestimmt zu sein. Das heißt es, am gleichen Strang zu ziehen. Das ist die Art der geistlichen Übereinstimmung, die Gott sich für alle Ehepaare wünscht.

Kapitel 3

Charaktereigenschaften, Telefonrechnungen und die richtige »Chemie«

Bill: Romantik war noch nie meine starke Seite. In der Garage ihrer Eltern habe ich Lynne einen Heiratsantrag gemacht; für unsere Hochzeitsreise nahm ich meine *Harley-Davidson*, und der schönste Hochzeitstag war für mich, wenn wir uns ein Video mit dem Film »Rocky III« ansehen konnten. Doch nach einigen Jahren Ehe erkannte ich, daß nicht nur der Gehaltsscheck am Ende des Monats und dann und wann ein Gesprächsabend mit Lynne einen guten Ehemann ausmachten. Ich mußte die zarte Kunst der Romantik erlernen.

Für den Anfang versuchte ich es mit Blumen. Darüber hinaus hatte ich keine Ahnung, was sonst noch dazu gehörte, doch ich dachte, das mit den Blumen würde ich schon hinkriegen. Quasi als Bestätigung von Gott, daß ich in die richtige Richtung marschierte, baute ein Blumenverkäufer unmittelbar der Gemeinde gegenüber seinen Stand auf.

So hielt ich von nun an sehr häufig auf dem Heimweg von der Gemeinde bei ihm an, kaufte einen Strauß Rosen oder Nelken und brachte sie Lynne nach Hause mit. Was für ein guter Ehemann du doch bist, dachte ich, wenn ich dem Blumenmann meine drei Dollar reichte. Hunderte Männer fahren an diesem Blumenstand vorbei, aber kaufen sie Blumen für ihre Frauen? Nein. Tue ich das? Natürlich. Ich erinnere mich noch, wie ich alle diese anderen unsensiblen Männer angesehen und gedacht habe: Wie können sie eine solche Gelegenheit ungenutzt lassen?

Doch wenn ich Lynne stolz meine Blumen überreichte und erwartete, daß sie in Jubelrufe ausbrach, war ihre Reaktion eher lauwarm.

»Hey, danke«, sagte sie. »Wo hast du die denn her?«

»Woher schon? Von meinem Blumenmann, du weißt schon, der Bursche mit dem Stand auf der Kreuzung Barrington und Algonquin Straße. Ich bin Stammkunde bei ihm. Er gibt mir schon Rabatt, weil ich so oft bei ihm kaufe, und wenn die Blumen schon ein wenig verwelkt sind, läßt er sie mir sogar zwei Dollar billiger. Aber ich denke, sie werden sich wieder erholen, wenn du sie ins Wasser stellst.«

»Natürlich«, erwiderte sie.

Das tat ich regelmäßig über einen bestimmten Zeitraum hinweg, bis Lynnes mangelnde Begeisterung über das Geschenk auch meinen Enthusiasmus schließlich dämpfte. Wenn ich nun die Gemeinde verließ, den Blumenmann sah und versucht war anzuhalten, dachte ich: Auf keinen Fall. Ich mag es nicht, wenn das alles als Selbstverständlichkeit hingenommen wird. Also winkte ich nur und fuhr ohne Blumen nach Hause.

Einige Zeit später, an unserem »Eheabend«, beschlossen Lynne und ich, die Luft zwischen uns zu reinigen. Wir nehmen uns regelmäßig einen Abend Zeit, gehen in ein billiges Restaurant – denn ich bin nicht nur unromantisch, sondern auch geizig – und fragen uns: »Was ist los? Gibt es etwas, über das wir sprechen müssen? Fehlt etwas in unserer Beziehung?« An diesem bestimmten Abend nahm Lynne ihre Liste heraus und las die Punkte vor, und ich sagte: »Oooh, da hast du recht. Es tut mir leid. Ja, das stimmt auch. Bekenne mich schuldig. Schuldig. Schuldig. Du hast wieder einmal recht.« Sie beendete ihre Liste, und ich war ganz klein mit Hut. Ich sagte: »Es tut mir wirklich leid. Aber vertrau mir. Ich werde mich bessern.«

Darauf sagte sie: »Und was ist mit dir?« Ich hatte eigentlich nichts, worüber ich mich beklagen konnte, doch nachdem ich mir ihre Liste angehört hatte, war ich der Meinung, daß ich doch wenigstens etwas vorbringen sollte. »Also, ich habe tatsächlich ein kleines Problem«, sagte ich. »Hast du bemerkt, daß ich dir in letzter Zeit keine Blumen mehr mitgebracht habe?«

»Nein«, erwiderte sie. »Das ist mir gar nicht aufgefallen.« Wie konnte sie so etwas sagen?

»Wir haben ein Problem. Ich verstehe das nicht. Hunderttausende Männer gehen an dieser Ecke vorbei. Bleiben sie stehen, um Blumen für ihre Frauen zu kaufen? Nein! Halte ich an? Ja! Freust du dich, wenn ich mit den Blumen nach Hause komme? Nein! Was soll das? Wieso reagierst du so anders?«

Ihre Antwort erschütterte mich. Sie sah mir in die Augen und sagte ruhig: »Die Wahrheit ist, Bill, daß ich nicht besonders beeindruckt bin, wenn du mir halbverwelkte Blumen von einem Blumenstand schenkst, an dem du zufällig auf dem Heimweg vorbeikommst. Die Blumen sind billig und der Aufwand minimal. So wie ich es sehe, investierst du nicht genügend Zeit oder Energie, um eine überschwengliche Reaktion von mir erwarten zu können. Du fragst dich nicht, was mich glücklich machen könnte; du tust nur, was dir gerade in den Kram paßt.«

Ich erwiderte: »In Ordnung, wir wollen das mal klären. Du wärst also glücklicher, wenn ich mitten in der Arbeit aufstehen, meinen Studienplan in den Wind schreiben, den ganzen Weg bis zum Parkplatz laufen, in meinen Wagen steigen und bis zur Barrington Straße fahren würde, wo ich viermal soviel für die Blumen bezahlen müßte? Und dir würde es nichts ausmachen, wenn diese Fahrt mich in meinem Terminplan zurückwirft? Du weißt doch sicher, Lynne, daß hoher Blutdruck und Herzkrankheiten in meiner Familie keine Seltenheit sind. Und es würde dir nichts ausmachen, wenn ich wegen der zusätzlichen Lauferei, um dir teure Blumen zu besorgen, später nach Hause käme? Willst du mir das sagen? Das würde dich glücklich machen?«

Ich war stolz auf mich. Ich habe meinen Beruf verfehlt. Ich hätte Rechtsanwalt werden sollen. Die Geschworenen wären sprachlos gewesen. Ich hätte sie sofort überzeugt.

Ohne mit der Wimper zu zucken, erwiderte Lynne: »Ja, das würde mich glücklich machen.«

Ich konnte es nicht glauben! »Wovon sprichst du überhaupt? Was du erwartest, ist weder praktisch, wirtschaftlich noch eine effektive Ausnutzung der Zeit.«

»Das ist eine großartige Definition von Romantik, Bill. Du lernst dazu!«

Warum erzählen wir Ihnen diese Geschichte? Weil solche Dinge in einer Ehe immer wieder geschehen. Eine Sache nach der anderen. Manchmal fragen wir uns, wie überhaupt jemand diese Institution, genannt Ehe, überleben kann. Sie erschüttert unser Denken. Sie krempelt unsere Erwartungen um. Sie streckt uns bis zu dem Punkt, wo es nicht mehr weiter geht – und dann noch ein Stückchen weiter. Es stimmt! In einer solchen intimen Nähe mit einem anderen Menschen zusammenzuleben, ist die größte Herausforderung der Welt. Wir sind nun bald zwanzig Jahre verheiratet und staunen immer noch darüber, was alles nötig ist, um die Beziehung zum Partner aufzubauen und zu nähren.

Es hat tatsächlich Zeiten gegeben, in denen wir uns gefragt haben, ob es klug gewesen ist zu heiraten. Manchmal dauerten die schwierigen Phasen so lange, waren die Schwierigkeiten so groß und unsere Auseinandersetzungen so schmerzlich, daß wir uns gefragt haben, wie lange wir das noch aushalten können. Doch wenn die Probleme dann gelöst waren und die Spannungen nachließen, konnten wir eine lange Liste aufzählen, warum wir füreinander geschaffen waren. Das tun zu können, ist überaus wichtig. Es hat uns motiviert zu kämpfen, welchen Schwierigkeiten wir uns auch zu stellen hatten. Das gab uns die Hoffnung zu sagen: »Am Ende dieses Tunnels ist das Licht. Wenn wir weiterarbeiten, werden wir etwas Großartiges bekommen. Es ist der Mühe wert.«

Checkliste

Das Leben in einer unvollkommenen Welt stellt uns vor so viele Hindernisse und Wegbiegungen, daß eine Ehe selbst mit einem idealen Partner schwer zu bewältigen ist. Stellen Sie sich vor, wie es sein würde, sich diesen Herausforderungen mit jemandem stellen zu müssen, bei dem Sie erkannt haben, daß es nicht der richtige Ehepartner für Sie war. Wir möchten es noch einmal betonen: Nicht die alleinstehenden Menschen, die gern heiraten würden, sind arm dran, sondern eher die verheirateten Menschen, die erkannt haben, daß ihre Ehe ein Fehler war. Durch Gottes Gnade können selbst solche Ehen erneuert und gerettet werden. Doch das geht nicht ohne harte Arbeit.

Darum können es sich alleinstehende Menschen nicht leisten, aufgrund von guten Gefühlen in eine Ehe hineinzuschlittern. Sie sollten vor ihrer Eheschließung sorgfältig eine Checkliste durchgehen, um festzustellen, ob eine geistliche Übereinstimmung da ist. Sie müssen sich die Zeit nehmen, den Partner genau kennenzulernen, um sicher zu sein, daß sie wirklich einen gemeinsamen »Schatz« haben, einen gemeinsamen Bauplan, eine gemeinsame Kraftquelle und übereinstimmende Wertmaßstäbe.

Doch selbst das reicht noch nicht aus. Nach einer Predigt über geistliche Übereinstimmung sagte mir eine junge Frau: »Wichtig ist also, daß ich mir einen ernsthaften, überzeugten Christen zum Partner nehme, richtig? Ich meine, solange er überzeugter Christ ist, kann nichts schiefgehen, richtig?« Falsch. Eine Ehe zwischen zwei Christen kann eine Katastrophe sein. Daß zwei Leute eine Beziehung zu Gott haben, bedeutet nicht gleichzeitig, daß sie füreinander bestimmt sind. Jeder von uns hätte eine Reihe von sehr ernsthaften Christen heiraten können, und die Ehe wäre schrecklich schiefgegangen. So wichtig unsere geistliche Übereinstimmung auch ist, sie ist nicht der einzige Grund, warum wir einander gewählt haben.

Respekt

»Ich liebe Beth. Ich weiß nur nicht so genau, ob ich sie auch mag!« Der junge Mann lachte, als er von seinem letzten Ehekonflikt erzählte, doch es schien ein nervöses Lachen zu sein. Vielleicht steckte mehr Wahrheit hinter seinen Worten, als er zeigen wollte.

»Es ist gut, daß wir uns lieben. Denn ich glaube, eine Freundschaft würde nicht lange halten!« *Warum nicht?* fragt man sich. *Und was wird passieren, wenn diese naiven Liebenden herausfinden, daß es in einer Ehe mehr um Freundschaft als um Liebe geht?*

Beziehungen können Gewitterstürmen trotzen, solange ein sehr wichtiges Element vorhanden ist: Respekt. Das beginnt natürlich damit, daß man in der Lage ist, den anderen auf geistlichem Gebiet zu respektieren, aber es geht auch noch weiter. Es bedeutet auch, den anderen aufgrund seiner Charaktereigenschaften zu respektieren.

Lassen wir nur für einen Augenblick die geistliche Dimension des Lebens außer acht! Welche respektablen Charaktereigenschaften sehen Sie an Ihrem zukünftigen Partner? Respektieren Sie seine Reife? Seine Entscheidungsfreudigkeit? Seine Prioritäten? Seine Selbstdisziplin? Respektieren Sie ihre Hingabe an ihre Berufung? Ihre Beständigkeit? Ihre Loyalität? Ihre Beziehungsfähigkeit? Können Sie Ihren zukünftigen Partner ansehen und sagen: »Ich bewundere diesen Menschen. Es gibt so vieles an ihm, was mir gefällt, und ich entdecke immer mehr. Dieser Mensch verfügt über Integrität und Charakter. Auch wenn wir keine Beziehung hätten, würde ich gern sein Freund sein.« Das ist ein Zeichen einer gesunden Charakterübereinstimmung.

Immer nur die Schokoladenseite

Leider haben Menschen, die miteinander befreundet sind, nur wenig Gelegenheit, ihre Charakterübereinstimmung zu überprüfen, weil sie sich, wenn sie zusammen sind, immer nur von ihrer besten Seite zeigen. Sie putzen sich heraus und folgen einem wohldurchdachten Weg: Sie gehen zu einem Konzert, in einen Film oder ein Theaterstück. Sie gehen zum Abendessen aus. Sie sitzen im Wagen und unterhalten sich. Und dann gehen sie getrennte Wege und warten auf die nächste wohldurchdachte Begegnung. Es macht vielleicht Spaß und ist aufregend, doch bei diesen gut geplanten Treffen kann man nur schlecht die Charaktereigenschaften des anderen kennenlernen. Dies ist kein guter Weg für junge Paare, sich auf eine Ehe vorzubereiten. Sie erleben vielleicht Glanz, Drama und Aufregung, aber was erfahren sie voneinander? Was passiert wirklich in ihrer Beziehung?

Bill: Als Lynne und ich miteinander auszugehen begannen, wählten wir einen anderen Weg. Der Grund dafür war vielleicht eher, daß ich so beschäftigt war, doch letztendlich war es zu unserem Besten. Ich fuhr direkt nach der Arbeit auf der Farm zu Lynne und sagte: »Ich muß noch einmal zurück und die Ausrüstung wegräumen. Komm doch mit und leiste mir Gesellschaft dabei.« Manchmal mußte ich einen Lastwagen von Kalamazoo zur oberen Halbinsel Michigans fahren, um eine Ladung Kartoffeln abzuholen. Lynne begleitete mich auf der zwölfstündigen Fahrt. Und was tut man, während man die Ackergeräte säubert oder einen Lastwagen fährt? Man redet. Man spricht über sein Leben. Man erzählt sich seine Träume von der Zukunft. Man findet heraus, wie viele Gemeinsamkeiten man wirklich hat. Man erfährt, was dem anderen wichtig ist. Man entdeckt, wie es ist, den Alltag mit dem anderen zu erleben.

Das heißt, man entdeckt, wie eine Ehe ist. Eine Ehe bedeutet, den Alltag gemeinsam zu erleben, die tägliche Routine. Natürlich gibt es Ausnahmen: Abende in der Stadt. Gelegentliche freie Tage. Höhepunkte. Doch die meiste Zeit ist Alltag: Man sieht den anderen so, wie er wirklich ist; man muß der Realität ins Auge blicken. Da ist es schon besser, man hat das gern, was man Tag für Tag sieht. Man respektiert dann den Menschen, der einem jeden Abend am Tisch gegenübersitzt und jede Nacht das Bett mit einem teilt.

Alles ist jetzt in Ordnung

Bei einer Umfrage wurden Leute gefragt, was sie am meisten an anderen Menschen stört. Was stand oben auf der Liste? Unehrlichkeit.

»Ich kann es nicht ertragen, wenn jemand etwas sagt und etwas ganz anderes tut.«

»Ich hasse es, wenn die Leute mich täuschen.«

»Ich kann Menschen, die mich anlügen, nicht ausstehen.«

Ganz offensichtlich ist die Unehrlichkeit in Beziehungen der Feind Nummer eins.

Vor kurzem erzählte uns eine junge Frau aus unserer Gemeinde überglücklich, daß sie eine ernsthafte Beziehung eingegangen sei. Etwas düsterer fügte sie hinzu: »Aber wir hatten neulich eine kleine Auseinandersetzung. Ich fand heraus, daß er sich noch mit einer anderen Frau traf. Ich war schrecklich aufgebracht. Er hat die Beziehung zu ihr jedoch beendet, und wir haben die Sache ausgeräumt. Jetzt ist alles in Ordnung.«

Wir hatten den Eindruck, daß die Dinge ein wenig zu schnell in Ordnung gekommen waren, darum fragten wir nach. »Wie lange hat er sich mit ihr getroffen?« Sie antwortete, das wüßte sie nicht, sie hätte nicht gefragt. »Sie haben nicht gefragt? Sie wollten nicht wissen, wie lange er Sie hintergangen hat? Das ist doch ein ganz wichtiges Thema, das Sie klären müssen. Sie sollten ihm die Leviten lesen! Wenn er Sie schon vor der Ehe hintergeht, was passiert dann Ihrer Meinung nach, wenn Sie erst einmal miteinander verheiratet sind? Bekommt ein Leopard etwa eine andere Zeichnung, nur weil er zum Traualtar geht? Sie versuchen besser herauszufinden, wer dieser Mann wirklich ist.«

»Ich schätze, genau davor habe ich Angst«, erwiderte sie.

Leider ist das nur zu häufig das Problem. Viele Leute beschließen, die Wahrheit zu ignorieren, anstatt das Risiko einzugehen, herauszufinden, daß es mit dem Charakter ihres zukünftigen Partners nicht zum Besten bestellt ist. Doch die Wahrheit kommt irgendwann immer ans Tageslicht. Darum stellen Sie die schwierigen Fragen, bevor es zu spät ist. Geht dieser Mensch sorglos mit der Wahrheit um? Gebraucht er Notlügen? Übertreibt er? Verzerrt sie die Wahrheit ein wenig? Haben Sie manchmal das Gefühl, nicht die ganze Geschichte gehört zu haben?

Im Epheserbrief lesen wir: »Legt deshalb die Lüge ab und redet untereinander die Wahrheit; denn wir sind als Glieder miteinander verbunden« (Eph 4,25). In einer Beziehung ist kein Raum für Unehrlichkeit. Bei einem zukünftigen Ehepartner sollte man auch nicht die kleinste Unehrlichkeit dulden. Können Sie sich vorstellen, wie es ist, sich immer fragen zu müssen, was wirklich geschehen ist? Mit wem Ihr Mann tatsächlich zum Abendessen ausgegangen ist? Wo Ihre Frau wirklich hingegangen ist?

Vorsicht vor der »Blockade«

Ein weiterer guter Indikator für den Charakter eines Menschen ist sein Verantwortungsgefühl.

Ein junger Mann, der sich kurz zuvor verlobt hatte, erklärte, warum er seine Verlobte so liebte. »Sie ist ein Freigeist«, sagte er. »Sie ist unberechenbar, spontan und sorglos. Bei ihr erlebt man eine Überraschung nach der anderen. Es macht soviel Spaß, mit ihr zusammen zu sein!« Mehrere Monate später sagte er, nachdem er gerade ihre Hochzeit abgesagt hatte: »Sie hat mich verrückt gemacht. Sie war undiszipliniert, sorglos, unverantwortlich. Sie fuhr den Tank leer, vergaß, Rechnungen zu bezahlen und machte ungeplante Einkaufstouren. Wenn ich bedenke, daß ich sie beinahe geheiratet hätte. Wer weiß, was passiert wäre!«

Eine andere Aussage haben wir mehr als einmal gehört: »Ich liebe ihn so sehr. Und er ist so talentiert. Ich weiß, daß er eines Tages seine Bilder verkaufen wird. Er wird auch Entwürfe anfertigen und Gedichte schreiben, um unseren Lebensunterhalt zu verdienen.« Sechs Monate später stöhnt sie über die Tatsache, daß der »freischaffende Künstler keine richtige Stelle findet!«

Warum beschreiben Menschen, die miteinander befreundet sind, ihre möglichen Partner mit Ausdrücken wie »bezaubernde Veranlagungen« und »herrlich spontan«, wenn sie sie eigentlich unverantwortlich nennen sollten? Der Grund dafür ist die, wie die Psychologen es nennen, »Blockade«, das heißt die Tendenz, die Realität aufgrund des Überschwanges der Liebe auszuschließen.

Eine Freundin von uns beschrieb, wie sie selbst zum Opfer dieser Blockade geworden ist. »Ich bin ein sehr ordentlicher Mensch. Als ich in die Wohnung meines zukünftigen Mannes kam, stand ich knöcheltief in Socken, Unterwäsche und schmutzigen Hemden, und überall lagen Pizzakartons und Dosen herum. Ich sah mir das Chaos an und lachte, doch mir ist dabei nicht aufgegangen, daß dieses Chaos in meine Wohnung kommen würde. Daran dachte ich nicht im Traum.« Ihr Mann sagte: »Mir ging es ähnlich. Nie ist mir in den Sinn gekommen, daß ich würde aufräumen müssen, um in Frieden mit ihr zu leben.« Er hätte sich nie träumen lassen, daß sich das ändern würde, und sie hätte sich nie träumen lassen, daß sich das nicht ändern würde.

Vor einiger Zeit sprachen wir mit einer geschiedenen Frau, die endgültig genug hatte von der Unfähigkeit ihres Ex-Mannes, mit Geld umzugehen. Diese Eigenschaft hatte schließlich ihre Ehe zerstört. Vor kurzem erfuhren wir, daß diese Frau sich in einen Mann verliebt hat, der seit zehn Jahren keiner geregelten Arbeit mehr nachging und sehr stark verschuldet ist. Sie will ihn heiraten. Als wir sie darauf ansprachen, sagte sie: »Aber er ist doch Christ; er liebt Gott.« Obwohl niemand das leugnen kann, bleibt die Tatsache bestehen, daß er ein sehr unfertiger Mensch mit gravierenden Charaktermängeln ist, die aufgearbeitet werden müßten.

Blockade. So etwas passiert, und das ist eine sehr ernste Sache. Man kann sie nur vermeiden, wenn man in bezug auf seinen zukünftigen Partner rückhaltlos ehrlich ist. Wie verantwortlich ist dieser Mensch gegenüber seinem Beruf? Wechselt er die Stellen wie seine Hemden? Ist sie gewissenhaft und verläßlich? Wie verantwortungsbewußt geht dieser Mensch mit Beziehungen um? Ist er seinen Freunden gegenüber loyal? Haben diese Freundschaften die Prüfungen der Zeit überdauert? Wie sieht es mit den Finanzen aus? Hat sie ein Sparkonto und spart sie für die Zukunft? Bezahlt er pünktlich seine Rechnungen? Was ist mit der äußeren Erscheinung? Achtet sie auf ihre Gesundheit? Hält er sich in Form? Oder was ist mit den häuslichen Eigenschaften? Hält sie ihre Wohnung in Ordnung? Ist er angemessen organisiert? Wie sieht es mit dem Gerechtigkeitsempfinden aus? Nimmt sie Abkürzungen? Äußert er im Spaß, Gesetze seien dazu da, um gebrochen zu werden?

Wenn solche Fragen Ihnen ein wenig zu schwierig erscheinen, dann Vorsicht. Was aus der Ferne wie ein kleiner Fehler aussieht, kann sich aus der Nähe als eine grobe Verunstaltung erweisen. Enttäuschungen, die bei wöchentlichen Verabredungen ganz gut weggesteckt werden können, erweisen sich im Alltag manchmal als unerträglich. Keine Frage ist zu heikel, um sie nicht zu stellen. Keine Bedenken sind zu unbedeutend, um sie nicht zu äußern.

Jesus sagte: »Seid klug wie die Schlangen und arglos wie die Tauben« (Mt 10,16). Für befreundete Paare bedeutet das: *Verlieren Sie* nicht Ihre Fähigkeit zu unterscheiden. *Schalten Sie Ihren Verstand nicht aus. Engagieren Sie sich emotional nicht so stark, daß Sie vergessen, auch die heiklen Fragen zu stellen. Wenden Sie sich nicht von kleinen Täuschungen, Notlügen und Unverantwortlichkeit ab.* Wenn Sie das jetzt tun, werden Sie später dafür bezahlen.

Respektieren Sie den Charakter Ihres zukünftigen Partners wirklich genug, daß Sie Ihr Leben mit ihm verbringen können?

Halten Sie die Liebe frisch

Charakterstärke zeigt sich in einem hohen Maß an Ehrlichkeit und Verantwortlichkeit, aber auch an einer unantastbaren Eigenschaft, die wir den »Vitalitätsquotienten« nennen. Der Vitalitätsquotient verhindert, daß der Alltag zur Langeweile wird. Zwar wird selten darüber gesprochen, doch er ist sehr wichtig für eine gesunde Ehe.

Experten stimmen darin überein, daß die Langeweile viele Ehen zerstört. In der Zeit des Kennenlernens ist das Leben aufregend. Auf dem Marktplatz ist das Leben stimulierend. In den Ferien macht das Leben Spaß. Aber zu Hause kann es leicht zur langweiligen Routine werden. Kochen, Saubermachen, Wäsche, Fernsehen, Rasenmähen, Kinder zu Veranstaltungen fahren, Geschirr spülen, Fernsehen, Post beantworten, Einkaufen, Botengänge erledigen, Fernsehen, über den Müll sprechen, den Wagen waschen, den Flur anstreichen, Fernsehen. So sieht die Realität aus, und sie kann einer Ehe jedes Leben entziehen ... es sei denn, die Ehepartner lassen nicht zu, daß die Routine sie stumpf macht, die Langeweile sie auffrißt; es sei denn, sie beschließen, auch weiterhin zu wachsen, zu erforschen und zu lernen.

Menschen mit Charakterstärke suchen neue Ebenen geistlicher Reife, die eine positive Veränderung bewirken. Sie suchen nach Herausforderungen, die sie zwingen, ihre Fähigkeiten auszubauen. Sie probieren neue Freizeitaktivitäten aus, die ihre körperlichen Grenzen verschieben. Sie erweitern ihren Horizont auch innerhalb der Beziehung. Sie experimentieren mit der Liebe. Und das erhält eine Beziehung frisch, auch inmitten des Alltags.

Bill: Was mir an Lynne so gut gefällt, ist ihre Lebendigkeit; sie hat viele Interessen und Fähigkeiten. Ihre Lieblingsbeschäftigungen sind Lesen und Schreiben, und sie spricht gern über Literatur, Schriftsteller, Bücher und Gedanken – aber sie ist keinesfalls ein stereotyper Bücherwurm. Sie joggt, macht Aerobic, surft, segelt, fährt Ski und hat im Alter von achtunddreißig Jahren noch gelernt, barfuß Wasserski zu fahren! Sie liebt Musik, von Klassik bis hin zur Rockmusik, und spielt sehr gut Flöte. Vor mehreren Jahren kam ich von einer Versammlung nach Hause und hörte ein schreckliches Geräusch aus dem Arbeitszimmer. Es klang wie der Schrei eines verletzten Tieres. Ich rannte hinein und entdeckte Lynne, die Oboe spielte. »Ich habe gerade meine erste Stunde hinter mir«, erklärte sie. Sie versuchte es erneut und wurde immer besser.

Sehen Sie sich den Menschen, den Sie heiraten wollen, kritisch an. Welche Interessen hat er? Was tut sie gern? Ist er offen für neue Abenteuer? Hat sie neue Ideen? Wenn Sie einen Menschen sehen, der keine Energie hat, der zufrieden ist mit einer engen Welt, der Veränderungen nicht mag – Vorsicht! Ein Leben kann sehr lang werden, wenn die Langeweile regiert.

Telefonrechnungen

»Vertrauen Sie uns. Wir reden miteinander. Wir wissen, wie wir miteinander umgehen müssen. Wir sind Stammkunden bei der Telecom! Wir faxen uns sogar Liebesgedichte auf die Arbeit. Wir ersticken abends beinahe, weil wir so lange im Wagen sitzen und uns unterhalten. Wir kommunizieren miteinander!«

Die meisten Paare sind der Meinung, sie hätten die dritte wichtige Voraussetzung für eine erfolgreiche Ehe gepachtet: Übereinstimmung in der Fähigkeit zur Kommunikation. »Wir reden miteinander«, sagen sie. »Wir reden sehr viel.« Aber hier geht es nicht um Quantität, sondern um Qualität – um die Tiefe der Kommunikation, ob man ehrlich

Charaktereigenschaften, Telefonrechnungen und die richtige »Chemie« 73

miteinander ist, sich Geheimnisse anvertraut, die Wahrheit sagt und die Wahrheit vertragen kann.

Bill: Wenn es hier um Quantität ginge, würde ich den Kommunikationspreis gewinnen. Als geübter Redner mit der Neigung zur Extrovertiertheit verbringe ich viel Zeit mit Reden. Doch die größte Hürde in unserer Ehe ist die Kommunikation.

Stellen Sie sich folgendes vor: Es ist Mitternacht, Vollmond. Eine Nacht wie aus dem Bilderbuch. Lynne und ich sitzen auf einer Parkbank in einem Freizeitlager in Wisconsin. Wir sind zwanzig Jahre alt. Wir meinen es ernst mit unserer Beziehung. Kein Mensch in der Nähe. Sie ist mir halb zugewandt, hat den Arm um meine Schulter gelegt, ihren Kopf gegen meinen gedrückt. Ich lege meine Arme um sie. So muß es sein, denke ich. Lynne hebt den Kopf und blickt mir tief in die Augen. »Bill, ich fühle mich dir im Augenblick nicht nahe.« Mir kommen Gedanken, wie wir uns näherkommen können, doch ich weigere mich, diesen Gedanken nachzuhängen. »Wie kannst du sagen, du fühlst dich mir nicht nahe? Um Himmels willen, Liebling, was willst du denn?« Ich nehme sie noch ein wenig fester in den Arm, lache über ihre Bemerkung und verscheuche sie aus meinen Gedanken.

Ein großer Fehler! Wenn ich diese Situation wiederholen könnte, würde ich es anders machen. Ich würde ihre Hände von meinen Schultern nehmen, ein wenig von ihr abrücken, ihr in die Augen sehen und sagen: »Warum fühlst du dich mir nicht nahe? Was ist los? Was empfindest du? Habe ich etwas getan, das dich von mir fortgetrieben hat? Habe ich dich verletzt? Ich bleibe, wenn es nötig ist, die ganze Nacht hier sitzen, um herauszufinden, warum du das gesagt hast. Wenn du nicht genau weißt, warum du es gesagt hast, dann sprich einfach über deine Gefühle. Vielleicht können wir es zusammen herausfinden.«

Eine solche Reaktion würde die Voraussetzungen für eine ehrliche Kommunikationsform geschaffen haben, die unsere Ehe vermutlich sehr erleichtert hätte. Statt dessen sind wir einander ausgewichen, haben Gefühle unterdrückt, unbequeme Gedanken verdrängt.

Obwohl ehrliche Kommunikation sehr schwierig sein kann, ist sie für das Gelingen einer Ehe unerläßlich. Die Ehepartner müssen einander kennenlernen. Sie müssen miteinander über ihren Kummer, ihre Ängste, ihr Versagen, ihre Enttäuschungen sprechen. Sie müssen harte Wahrheiten aussprechen und vertragen können.

Eheberater sind übereinstimmend der Meinung, daß der Grund für das Scheitern der meisten Ehen in einer ungenügenden Kommunikation zu finden ist. Die Ehepartner können die tieferen Ebenen des Verständnisses nicht erreichen und wachsen nicht zusammen, wenn sie nicht effektiv miteinander kommunizieren. Wenn wir einen jungen Mann sagen hören: »Ich liebe meine Freundin. Sie ist mir zwar ein Geheimnis, aber ich liebe sie«, würden wir darum am liebsten erwidern: *Sie sollte aber kein Geheimnis für Sie sein! Graben Sie tiefer. Finden Sie heraus, was für ein Mensch sie ist.* Und darum zucken wir zusammen, wenn wir eine junge Frau sagen hören: »Ich liebe ihn sehr, aber er ist ein sehr starker, schweigsamer Mensch. Es ist schwer zu erkennen, was in seinem Innern vorgeht.« Wir haben kein Problem mit seiner Stärke. Aber die Schweigsamkeit macht uns zu schaffen. Partner müssen sie durchbrechen können.

Eines der Ziele der Ehe ist die Intimität – emotionale und körperliche. Der Schlüssel zu beidem ist die Kommunikation. Ehepartner können keine Seelenverwandtschaft oder die Freuden der körperlichen Liebe erfahren, ohne den anderen genau und auf einer tieferen Ebene zu kennen. Sie können auch ohne Kommunikation Geschlechtsverkehr miteinander haben, aber nicht das wahre Einssein erleben, das aus geteilten Gefühlen, Gedanken, Enttäuschungen, Hoffnungen und Träumen entsteht.

Kommunikation ist auch der Schlüssel zur Konfliktbewältigung. Immer wieder gibt es selbst bei den Ehepaaren, die ein hohes Maß an Übereinstimmung besitzen, Hunderte – möglicherweise sogar Tausende – Gelegenheiten, in eine Sackgasse zu geraten. Jede einzelne kann der Beziehung sehr schaden, wenn die Partner nicht wissen, wie sie Unstimmigkeiten ausräumen können.

Charaktereigenschaften, Telefonrechnungen und die richtige »Chemie«

Auch zur Erziehung gesunder Kinder ist die Kommunikation zwischen den Ehepartnern unerläßlich. Kinder sollten mitbekommen, wie ihre Eltern am Abendbrottisch offen über das sprechen, was in ihrer Beziehung, in der Familie und auf der Arbeit los ist. Sie müssen hören, wie Gefühle und Enttäuschungen angesprochen, diskutiert, akzeptiert und manchmal auch kritisiert werden.

Als wir noch miteinander befreundet waren, überschätzten wir beide unsere Kommunikationsfähigkeiten. Wir gingen davon aus, daß wir als relativ intelligente und redegewandte Menschen wüßten, wie man sich mitteilt. Darum war uns das Wachstum im Bereich der Kommunikation nicht so wichtig. Wir hatten keine Bücher gelesen oder uns Vorträge zu diesem Thema angehört, die uns hätten helfen können. Wir wursteltn herum und schufen ein Mißverständnis nach dem anderen, die später unserer Beziehung sehr schadeten.

Lynne: Ich erinnere mich, daß ich vor unserer Ehe bei vielen Gelegenheiten gespürt habe, daß Bill nicht richtig verstanden hatte, was ich meinte oder was ich fühlte; er begriff einfach nicht, was ich sagen wollte. Ich hätte einfach noch einmal erklären sollen, was ich meinte; ich hätte mich mehr bemühen müssen, weiterzugeben, was in meinem Inneren vorging. Aber mir fällt es schwer, mich verbal mitzuteilen; meine Gedanken in Worte zu fassen, kann mich sogar ausgesprochen ermüden. Darum ließ ich ein Mißverständnis häufig so stehen. Ich dachte: Ach, das ist doch keine große Sache. Es ist unwichtig, und ich schwieg. Das war ein großer Fehler. Es war eine zerstörerische Eigenart, die ich auch in unserer Ehe noch lange beibehielt und die uns unnötigen Kummer bereitet hat.

Bitte lernen Sie aus unseren Fehlern. Die Zeit der Freundschaft ist eine Zeit, in der man mit der Kommunikation ernst machen kann. Fallen Sie nicht dem falschen Glauben zum Opfer, daß Quantität automatisch Qualität produziert. Geben Sie nicht mit einer oberflächlichen Kommunikation zufrieden. Akzeptieren Sie keine Geheimnisse. Fragen Sie nach. Sprechen Sie Ihre Gefühle aus. Gehen Sie Probleme an. Wenn Ihr Freund oder Ihre Freundin von Natur aus schweigsam ist, gehen Sie sanft, aber bestimmt vor. Gehen Sie einfühlsam auf diesen Menschen ein. Wenn er oder sie sich weigert, sich auf eine tiefere Ebene der Kommunikation einzulassen, nehmen Sie sich zurück. Überdenken Sie die Beziehung noch einmal oder suchen Sie Rat von außen. Sie werden niemals zu echter Intimität finden, wenn Ihr Partner nicht kommunikationsbereit ist.

Die »Chemie«

Und nun das eine, auf das Sie gewartet haben. Die Chemie. Der Zauber. Das, was Sie zu dem anderen hinzieht.

Die Bibel erzählt eine faszinierende Geschichte von einem Mann namens Jakob, der sich in eine Frau mit Namen Rahel verliebte. Er fühlte sich so stark zu ihr hingezogen, daß er vor Freude weinte, weil er sie gefunden hatte. Ihr Vater Laban sagte ihm, er müsse erst sieben Jahre für ihn arbeiten, bevor er sie heiraten könne. Jakob war einverstanden, und in Genesis lesen wir, daß ihm die Zeit wie wenige Tage erschien, weil er sie so liebte (Gen 29,20). Der Hochzeitstag nahte heran, und Jakob mußte bestürzt feststellen, daß der unaufrichtige Vater ihm Rahels Schwester zur Frau gegeben hatte. Um Rahel zu bekommen, mußte er weitere sieben Jahre für Laban arbeiten. So unglaublich das auch erscheint, er tat es.

Jakob und Rahel fühlten sich offensichtlich sehr stark zueinander hingezogen. Eine solche Anziehungskraft konnten jedoch nicht nur sie erleben. Gott hat jedem von uns die Fähigkeit gegeben, sich sehr stark zu einem Partner hingezogen zu fühlen. Das Hohelied beschreibt sehr schön, wie diese Anziehungskraft in die sexuelle Intimität in der Ehe übergeht. Die Art der Anziehungskraft, die die Bibel beschreibt, ist jedoch nicht nur eine sexuelle Anziehungskraft oder eine vorübergehende Verliebtheit.

Während sich die sexuelle Anziehungskraft und die flüchtige Verliebtheit fast ausschließlich auf die körperlichen Aspekte – Gesicht und Figur – konzentrieren, konzentriert sich eine gesündere und reifere Anziehungskraft auf den Menschen in seiner Ganzheit. Man sagt vielleicht: »Ich bewundere die Liebe dieses Menschen zu Christus. Ich respektiere den Eifer, mit dem sie sich um geistliches Wachstum bemüht.« Oder: »Ich bewundere ihre Charakterstärke. Ich respektiere ihre Wertmaßstäbe und Überzeugungen, ihren Mut, ihre Ehrlichkeit und Integrität.« Oder: »Ich bewundere an ihr, daß ich mit ihr so tiefgehende Gespräche führen kann. Ich finde gut, daß wir uns einander öffnen und über Dinge sprechen können, die im Leben wirklich zählen.« Oder auch: »Ich staune über die Intensität der körperlichen Anziehungskraft, die sie auf mich ausübt. Mir gefällt ihre äußere Erscheinung. Mir gefallen ihr Körper, ihr Gesicht und ihr Haar. Es ist unglaublich, wie sehr ich sie liebe.«

Leider ist es so, daß die Menschen sich nur zu leicht oberflächlich zu einem anderen Menschen hingezogen fühlen. Sie fixieren sich sehr schnell auf einen Aspekt eines anderen Menschen und steigern sich in eine sehr starke emotionale Reaktion hinein. Es kann nicht falsch sein, wenn es so richtig erscheint, beruhigen sie sich. Aber es kann trotzdem falsch sein. Schrecklich falsch.

Darum sollten Männer und Frauen, die sich stark zu einem anderen hingezogen fühlen, sich ein wenig zurücknehmen und sich ein paar wichtige Fragen stellen. Bevor sie sich auf eine Beziehung einlassen, aus der sie so schnell nicht wieder entfliehen können, müssen sie rückhaltlos ehrlich mit sich sein. Gibt es bei uns eine geistliche Übereinstimmung? Respektieren wir den Charakter des anderen? Sind wir ehrlich, verantwortungsbewußt und lebensbejahend? Kommunizieren wir offen miteinander? Kennen wir einander auf einer tieferen Ebene wirklich? Wenn die Antwort auf alle diese Fragen nicht ein klares *Ja!* ist, stimmt etwas nicht. Die Beziehung ist nicht gesund, es interessiert nicht die ganze Person, und dann ist eine dauerhafte Bindung mehr als unwahrscheinlich.

Reife Menschen lernen, sich vor den Feuerwerken in acht zu nehmen, die ihr Leben von Zeit zu Zeit erhellen. Sie wissen, daß nicht jeder kleine Funke, der aufflackert, sich wirklich zu einer dauerhaften Liebe entwickelt. Sie lassen sich nicht auf sorglose Schlußfolgerungen ein. Sie handeln nicht übereilt. Sie stellen auch schwierige Fragen.

Und sie machen keine Fehler, die sie später bereuen.

Kapitel 4

Zeit: der Härtetest

Las Vegas. Das *Kentucky Derby*. Die *Illinois State*-Lotterie. *Publishers Clearinghouse Sweepstakes*. Bingo. Kalkuliertes Risiko: Das ist der Name des Spiels. Man setzt etwas und bekommt etwas ... vielleicht. Gewinnen kann man nur, wenn man weiß, welche Zahlen man setzen muß.

Dasselbe gilt für das Spiel des Lebens, in dem man täglich Entscheidungen treffen muß, die ein kalkuliertes Risiko enthalten.

Es zahlt sich aus, sich ein wenig umzusehen – Fragen zu stellen, Informationen einzuholen, die Teilnehmer kennenzulernen, bevor man auf ein Pferd setzt. Es zahlt sich aus, sich darüber zu informieren, wie die Chancen stehen.

Die harte Wahrheit

Der Statistik zufolge stehen die Chancen in der heutigen westlichen Kultur fünf zu zehn, daß eine Ehe mit einer Scheidung endet. Werfen Sie eine Münze. Fünf von zehn Ehen werden scheitern.

Und wenn einer der Partner noch ein Teenager ist, oder sogar beide, sind die Aussichten für eine erfolgreiche Ehe sogar noch schlechter. Wenn die Ehe der Eltern von einem der Partner schlecht war, sinken die Chancen auf ein Gelingen der Ehe noch mehr. Wenn einer der Partner oder alle beide aus einem zerrütteten Elternhaus kommen, wird es noch schwieriger. Wenn einer der Partner bereits geschieden ist, wenn regelmäßig sexuelle Beziehungen vor der Ehe bestanden haben, wenn einer oder beide Partner drogen- oder alkoholabhängig sind, besteht kaum eine Aussicht auf eine erfolgreiche Ehe.

Damit wollen wir sagen, daß die Aussichten nicht gut sind. Sie sind sogar sehr erschreckend. Und für jede traurige Statistik steht ein Ehepaar, das gedacht hat: Uns kann das nicht passieren. Aber es ist passiert.

Wir leben in einem Zeitalter der Beschönigung; wir mögen keine harte Sprache oder offene Analysen. Wir umschreiben Eheprobleme mit Worten wie auseinanderleben, eine Veränderung brauchen, Bruch, Verzicht und Neuanfang. Aber die Realität trotzt den Worten. Scheidung wird nicht beschönigend erlebt. Die einzigen Worte, die ihr gerecht werden, sind Begriffe wie Schmerz, gebrochene Herzen, Zerstörung, Trauer und Wunden.

Darum haben wir schonungslos die Weisheit Gottes dargestellt. Sie ist die einzige Hoffnung, den Statistiken entgegenzuwirken. Warum sollten wir den leeren Spekulationen einer Kultur vertrauen, die keine Ahnung hat, wie man dauerhafte Beziehungen aufbaut, wenn Gott uns den Plan zum Aufbau einer Ehe gegeben hat, die Bestand haben wird?

Eine sichere Wette

Bisher haben wir über das gesprochen, was zum Erfolg einer Ehe unbedingt nötig ist: geistliche Übereinstimmung, Übereinstimmung des Charakters, kommunikative Übereinstimmung und gegenseitige Anziehung. Niemand sollte sich auf eine Beziehung einlassen, in der einer dieser vier Bereiche zu kurz kommt.

Aber selbst wenn diese vier Voraussetzungen erfüllt sind, bleibt Raum für Irrtümer; Irrtümer, die erst im Laufe der Zeit sichtbar werden. Der Alltag wird die Wahrheit ans Licht bringen. Eine kurze Freundschaftszeit macht eine impulsive Entscheidung in bezug auf das ganze Leben erforderlich. Das ist bestenfalls sehr riskant – und keinesfalls ein Weg, den Statistiken entgegenzuwirken.

Bill: Nach dem Gottesdienst erzählen mir junge Leute häufig von ihren Heiratsplänen. Nachdem ich ihnen gratuliert habe, sage ich ihnen immer: »Handelt nicht überstürzt!« Wenn das nicht stark genug scheint, bekräftige ich es noch: »Laßt euch doch noch mehr Zeit!« Und wenn ich dann gebeten werde, die Trauung vorzunehmen, sage ich: »Gebt mir doch ein Jahr Zeit, darüber nachzudenken.«

Überstürzt nichts. Laßt euch doch mehr Zeit. Es gibt nur wenige Ratschläge, die bei so vielen Situationen und Schwierigkeiten zu solch großartigen Ergebnissen führen. Nichts stellt eine Beziehung so auf den Prüfstein wie die Zeit. Zwar gibt es unzählige Gründe dafür, eine Beziehung der Prüfung der Zeit zu unterwerfen, doch in diesem Kapitel wollen wir nur auf drei von ihnen eingehen.

Ist es ... real?

Stellen Sie sich vor, Sie sitzen in der eleganten, eichenholzgetäfelten Bibliothek eines riesigen Hauses im Kolonialstil. Sie haben sich gemütlich in einem grünen Ledersessel niedergelassen, der von zwei kleinen, polierten, achteckigen Tischen eingerahmt ist. Auf den beiden Tischen stehen zwei Lampen, die Ihnen perfekte Lichtverhältnisse bieten. Sie lesen eine Zeitlang und merken plötzlich, daß Sie unbewußt näher zu der Lampe auf Ihrer Linken gerückt sind. Das Licht der Lampe rechts von Ihnen ist dunkler geworden, so daß Sie auf die linke angewiesen waren. Sie gehen diesem Phänomen nach und finden heraus, daß die linke Lampe von der Elektrizitätsversorgung des Hauses gespeist wird, die rechte jedoch nur von einer Neun-Volt-Batterie – sie konnte der Prüfung der Zeit nicht standhalten.

Verliebtheit und Liebe leuchten zuerst hell, doch die Zuneigung wird von einer Neun-Volt-Batterie gespeist. Im Laufe der Zeit wird sie immer schwächer. Die Intensität der Anziehungskraft wird geringer. Die Romantik nimmt ab. Der Pulsschlag wird wieder normal. Objektivität und gesunder Menschenverstand kehren zurück. Die junge Frau sieht den jungen Mann an, in den sie sich einen Monat zuvor verliebt hat, und denkt: Was sollte das alles? Warum habe ich mich Hals über Kopf in ihn verliebt? Der vernünftig gewordene junge Mann sieht seine Beinahe-Braut an und denkt: Mit ihr wollte ich zum Traualtar marschieren? Ich habe gedacht, ich könnte es ein Leben lang mit einem Menschen wie ihr aushalten? Und dann seufzen beide vor Erleichterung auf und danken Gott, daß er ihre gegenseitige Verliebtheit der Prüfung der Zeit unterworfen hat.

Jemand definierte Liebe einmal als »Freundschaft, die Feuer gefangen hat«. Das ist etwas ganz anderes als das augenblickliche Verlangen, das die Verliebtheit charakterisiert. Natürlich gibt es so etwas wie sofortige Zuneigung. Zweifellos können beim ersten Kennenlernen sehr intensive Emotionen vorhanden sein, und manchmal reifen diese chemischen Reaktionen zu wirklicher Liebe. Aber nicht immer; es gibt keine Garantie. Nur die Zeit kann den Unterschied zwischen Verliebtheit und dauerhafter Liebe offenbaren.

Bill: Mehrere Monate, nachdem wir unsere Verlobung gelöst hatten, dachte ich, der beste Weg, die Trauer über den Verlust Lynnes zu überwinden, sei eine neue Freundschaft. Ich begann eine Beziehung mit einem blonden holländischen Mädchen, das sich in meiner Gemeinde sehr stark engagierte. Ich glaube nicht, daß diese Frau es mit Lynne aufnehmen konnte, doch sie war ganz bestimmt die Zweitbeste.

Wir waren drei oder vier Monate miteinander befreundet, und nach einer besonders schönen Verabredung dachte ich, daß ich es mit ihr vielleicht wagen könnte. Es war ein wunderschöner Abend, der Mond schien hell, und wir fuhren den Highway entlang; Lynnes Diamantring lag noch immer im Handschuhfach meines Wagens (wo sie ihn liegengelassen hatte, als sie damals gegangen war), und ich dachte: Dieses Mädchen ist bestimmt die Richtige. Sie ist sehr attraktiv. Sie ist eine engagierte Christin. Sie gehört derselben Glaubensgemeinschaft an wie ich (was bei Lynne übrigens nicht der Fall war). Ich könnte ihr eigentlich gleich jetzt diesen Ring geben.

Der Abend war ideal. Die Atmosphäre stimmte. Die Gefühle stimmten. Alles paßte. Ich fuhr in Richtung Kalamazoo, meine Hand lag auf dem Schaltknüppel, nur wenige Zentimeter von dem Handschuhfach entfernt ...

... und diese wenigen Zentimeter würden über den Rest meines Lebens entscheiden! Ich dachte darüber nach, wie greifbar nah die Zukunft auf einmal war, und mir kamen Bedenken. Im Augenblick scheint alles richtig zu sein, aber wenn dieses Gefühl nun nicht dauerhaft ist? Wenn sie nicht die Richtige ist? Wenn ich dem Ganzen einfach nicht genügend Zeit gegeben habe? Wie sich herausstellte, war es genau so.

Vier oder fünf Wochen später dachte ich: Sie ist in Ordnung, aber sie ist nicht Lynne. Sie ist kein Mensch, mit dem ich den Rest meines Lebens verbringen möchte. Wir beide hatten ein hohes Maß an Übereinstimmung, und ich fühlte mich zu ihr hingezogen. Aber Zuneigung reicht für eine Ehe eben nicht aus.

Verliebtheit ist ein Gefühl, das kommt und geht. Nur wenn aus Verliebtheit echte Liebe wird, kann man eine Ehe darauf aufbauen. Und ganz allgemein sind vier oder fünf Monate nicht lange genug, um zu entscheiden, ob eine Verliebtheit nicht nur vorübergehender Natur ist.

Wenn aus der Verliebtheit wirklich Liebe wird, so wird sie leicht der Prüfung der Zeit standhalten. Jakob war bereit, vierzehn Jahre auf seine Rahel zu warten. In dieser Prüfungszeit verlangsamt sich der Pulsschlag vielleicht ein wenig, aber wenn die Liebe echt ist, wird die Tiefe des Gefühls nicht verschwinden. Der Wunsch, mit dem anderen Menschen zusammen zu sein, wird stärker werden. Die Wertschätzung für den anderen wird wachsen. Das Gefühl des Friedens, der Ruhe, der Zuversicht, Sicherheit und Freude in der Beziehung wird sich vertiefen.

Wenn junge Paare nicht bereit sind, ihre Verliebtheit dem Härtetest der Zeit zu unterwerfen, muß man sich fragen, wovor sie Angst haben. Was kann es schaden, die Hochzeit sechs Monate, ein Jahr oder sogar noch länger aufzuschieben? Wovor haben sie Angst? Vor der Wahrheit? Haben sie Angst vor dem, was sie herausfinden könnten, wenn sie länger warten?

Wir haben mehreren Paaren genau diese Fragen vorgelegt. Manchmal zeigt der Blick in ihren Augen, daß sie tatsächlich vor der Wahrheit Angst haben. Wir verspüren den Drang, sie zu schütteln und zu sagen: »Seid doch nicht so dumm. Wollt ihr die Wahrheit lieber nach der Hochzeit herausfinden? Was meint ihr, wie euer Leben aussehen wird, wenn ihr feststellt, daß eure Verliebtheit geschwunden ist?«

Wir waren fünf Jahre miteinander befreundet. In dieser Zeit haben wir verschiedentlich Schluß gemacht und wieder neu angefangen, doch die Anziehungskraft ist nie geschwunden. Sie wurde sogar immer stärker. Jedesmal wenn wir ein Hindernis überwunden oder einen Konflikt gelöst hatten, entdeckten wir mehr an dem anderen, das wir respektierten; mehr Aktivitäten, die uns beiden Spaß machten, mehr gemeinsame Wertvorstellungen, mehr gemeinsame Ziele und mehr ergänzende Aspekte unserer Persönlichkeit – kurz, mehr Gründe, einander zu lieben. Die Anziehungskraft, die uns zu Beginn zueinander hingezogen hatte, war zu einer dauerhaften Liebe geworden. Sie hatte sich als das Richtige erwiesen.

Nicht jedes Paar braucht seine Beziehung fünf Jahre auf die Probe zu stellen; aber ganz sicher ist das besser als eine fünfmonatige Zeit des Kennenlernens. Wir schlagen ein Minimum von einem Jahr als Freundschaftszeit vor, bevor ein Paar ernsthaft von einer Ehe spricht. Achtzehn Monate oder zwei Jahre sind noch besser.

Bestätigen Sie die Übereinstimmung

Die Zeit entscheidet nicht nur über das Wesen der körperlichen Anziehungskraft zwischen zwei Menschen, sie bestätigt oder untergräbt auch die anderen Aspekte der Übereinstimmung in einer Beziehung.

In einem früheren Kapitel haben wir von der Bedeutung der geistlichen Übereinstimmung gesprochen. Es ist unbedingt wichtig, daß die Ehepartner einen gemeinsamen »Schatz«, einen gemeinsamen Bauplan für die Ehe haben, bei derselben Quelle Kraft suchen und dieselben Wertvorstellungen haben. Geistliche Unverträglichkeit führt immer zu Frustration, Konflikten und Enttäuschung in der Ehe. Darum sollten junge Paare in dieser Hinsicht auf Nummer sicher gehen. Aber wie können sie die Aussichten zu ihren Gunsten bestimmen? Wie können sie ganz sicher sein? Müssen sie sich allein auf das Wort des anderen verlassen?

Lynne: Ich ging mit einem Jungen aus, von dem ich mir so sehr wünschte, daß wir geistlich übereinstimmten. Er war freundlich, einfühlsam, verantwortungsbewußt und reif; ich mochte ihn wirklich. Doch schließlich mußte ich mich den Tatsachen stellen: Obwohl er meine Gemeinde besuchte und Gott auch mit den Lippen ehrte, hatte er offensichtlich keine persönliche Beziehung zu ihm. Ich wußte, wir konnten über den Glauben sprechen, doch mir war auch klar, daß wir keinen gemeinsamen Schatz teilen konnten. Darum beendete ich die Beziehung. Ich sagte ihm, ich würde ihn mögen, könnte aber keine ernsthafte Beziehung zu einem Menschen in Betracht ziehen, der nicht das mit mir teilte, was mir am allerwichtigsten war: eine Beziehung zu Jesus Christus.

Beim Abendgottesdienst forderte der Pastor die Menschen auf, nach vorne zu kommen, die öffentlich ihr Leben Jesus neu übergeben wollten. Und wer war der erste, der nach vorne ging und sich vor den Altar stellte? Der Junge, mit dem ich gerade Schluß gemacht hatte. Nach dem Gottesdienst kam er mir nach. Ganz offensichtlich erwartete er, daß unsere Beziehung nun wieder von vorne beginnen würde.

War seine Bekehrung echt? Ich hoffe es. Doch ich hatte nicht genügend Zutrauen dazu, so daß ich mich erneut mit ihm eingelassen hätte. Jeder Mensch kann sehr leicht behaupten, Christ zu sein und sich auch eine Zeitlang als Christ verhalten. Viele Menschen tun das; es gibt zahllose Geschichten von Männern und Frauen, die von ihren Partnern getäuscht worden sind und schließlich eine Ehe mit einem Menschen eingegangen sind, dessen Leben eine geistliche Lüge war. Doch diese Lüge kann nur über einen gewissen Zeitraum hinweg ausgelebt werden – einen Monat, drei Monate, vielleicht sogar sechs Monate. Und schließlich wird die Täuschung offensichtlich. Es ist schwer, über einen Zeitraum von achtzehn Monaten oder zwei oder drei Jahren hinweg so zu tun, als habe man eine echte Beziehung zu Jesus Christus. Darum ist es so wichtig, sich Zeit zu lassen, bevor man eine Ehe eingeht.

Das Gleichnis vom Sämann im Matthäus-Evangelium, Kapitel 13 warnt uns vor Samen, der auf felsigen Grund gesät worden ist. Er geht schnell auf, weil der Boden nicht tief genug ist. Doch wenn die Sonne aufgeht, verdorrt die Pflanze und verwelkt, weil sie keine Wurzeln hat. Zuerst sieht die Pflanze sehr gut aus – so als sei sie stark, gesund und tief verwurzelt. Doch man braucht sie bloß zu beobachten, um die Wahrheit herauszufinden. Man muß bloß abwarten und sehen, was passiert, wenn die Sonne auf sie herabbrennt und sie unter Druck gerät.

Reichen die geistlichen Wurzeln Ihres Partners tief in das Erdreich hinab? Haben sie die Quelle des lebendigen Wassers erreicht? Das können Sie nur herausfinden, wenn Sie Ihrer Beziehung Zeit geben. Über einen längeren Zeitraum hinweg kann man die Liebe zu allem, was mit Gott zusammenhängt, nicht spielen. Es mag Höhen und Tiefen auch in der Beziehung zu Gott geben, auf die Dauer aber wird sich zeigen, ob jemand so von Gott erfaßt wurde, daß er nicht mehr von ihm lassen kann. Das zeigt sich dann ganz selbstverständlich in einer gewissen Treue und Beständigkeit, mit der jemand auch dann noch in der Gemeinde oder in einer Gruppe mit anderen Christen engagiert bleibt, wenn der zukünftige Partner es nicht mitbekommt.

Wenn die Partner sehen, daß der Glaube des anderen echt ist und nicht einfach nur vorgespielt wird, können sie auch ganz anders Vertrauen in ihre Beziehung zueinander haben. Aber wenn die Zeit zeigt, daß der geistliche Eifer oder die Hingabe an geistliche Dinge nur angeklebt war – wenn sich die ganze »Geistlichkeit« nur als ebenso schickes wie notwendiges Outfit erweist –, dann sollte die Beziehung beendet werden. So schwierig und schmerzlich das vielleicht ist: Es ist viel besser, eine solche Täuschung vor der endgültigen Bindung zu erkennen, als in der Illusion, es mit einem wirklichen Christen zu tun zu haben, den Schritt in die gemeinsame Zukunft zu wagen.

Dasselbe gilt für die Übereinstimmung des Charakters. Traurigerweise können Ehrlichkeit, Verantwortungsbewußtsein und Vitalität sehr viel länger vorgetäuscht werden, als man denkt. Monatelang können unehrliche Menschen ihre Spuren verwischen und verantwortungslose Menschen ihren Charme einsetzen, um oberflächlich verantwortungsbewußt zu erscheinen. Und beinahe jeder kann anderen gegenüber, die sie nur kurze Zeit kennen, vortäuschen, offen zu sein und persönliches

Wachstum zu erfahren. Wir haben erlebt, daß Menschen beinahe alles vortäuschen können, um eine Heirat zu erreichen. Der einzige Weg, die Täuschung herauszufinden, ist die Zeit.

Das Warten ist keine verlorene Zeit. Wenn sich die Charakterübereinstimmung im Laufe der Zeit bestätigt hat, kann das Paar mit sehr viel größerer Sicherheit und sehr viel beruhigter eine Ehe eingehen. Wenn die Zeit Charakterschwächen und Täuschung offenbart, können Sie trotz Enttäuschung und Schmerz froh sein, daß Sie die Entdeckung gemacht haben, bevor Sie die Bindung eingegangen sind.

Sogar die Übereinstimmung im Bereich der Kommunikation muß im Laufe der Zeit erprobt werden. Ein Paar muß eine Vielzahl von Lebenserfahrungen teilen, über die es sprechen und die es gemeinsam analysieren kann. Die Partner müssen gemeinsam alltägliche Beziehungskonflikte lösen, um zu sehen, ob sie auf einer Ebene kommunizieren, die tief genug ist, diese Konflikte zu lösen – nicht nur kleinere Konflikte, sondern auch große. Sie müssen die ganze Bandbreite der Gefühle erkennen und sich mehr und mehr zutrauen, sie ans Licht zu bringen. Wenn sie im Laufe der Zeit feststellen, daß das Gespräch kühler wird und sich immer mehr Feindschaft hineinschleicht, wenn immer mehr zugedeckt und immer weniger aufgedeckt wird, dann ist das ein deutliches Warnsignal. Immer mit der Ruhe! Nicht so hastig!

»Mars an Erde ... Landeerlaubnis erteilt«

Unser dritter Grund, warum wir für eine lange Zeit des Kennenlernens eintreten, erscheint vor allem jungen Erwachsenen sehr abwegig. Wir haben gehört, wie sie gestöhnt haben, oder gesehen, wie sie die Augen verdrehten. Aber was wahr ist, ist wahr, egal, wie seltsam es klingt.

Also ... hier ist der dritte Grund. Freundschaften sollten der Prüfung der Zeit unterworfen werden, damit sie von Eltern und christlichen Freunden bestätigt werden können. Sie haben richtig gehört. *Von Eltern und christlichen Freunden bestätigt.*

Der Fluch unserer Kultur kann mit vielen Namen benannt werden – das »Einsame-Reiter«-Syndrom, die »Marlboro-Mann«-Mentalität, die

»Mein-Weg-ist-die-Autobahn«-Krankheit. Wie immer Sie ihn nennen, diese Individualitätsbesessenheit erstreckt sich bis hinein in die Beziehungen. Ein Paar umarmt sich und ruft den Zuschauern herausfordernd zu: »Wir sind jetzt erwachsen. Wir wissen, daß wir richtig füreinander sind. Wir brauchen und wollen eure Billigung nicht. Also hört auf, euch in unser Leben einzumischen!« Mit dieser Einstellung schließen sie sich systematisch von dem Einfluß jener aus, die vielleicht die liebevollsten und einsichtigsten Menschen in ihrer Umgebung sind – ihre Eltern und Freunde. Auch wenn manche es kaum glauben: Eltern lieben ihre Kinder auch im Heiratsalter und machen sich viele Gedanken um sie. Kann ihre Einschätzung, ihr Rat nicht auch eine große Hilfe sein? Und wer freut sich über ihr Glück mehr als ihre engsten Freunde?

Die Bibel fordert die krassen Individualisten mit Worten wie den folgenden heraus: »Unterwerft euch einer dem anderen.« Und: »In der Fülle der Ratgeber liegt viel Weisheit.« Jungen Paaren, die in einem Strudel von Liebe Isolation genießen, fällt es besonders schwer, solche Worte zu hören. Doch sehr häufig kann ein liebevoller Rat eine Katastrophe abwenden.

Bill: Als wir ernst machten und von Heirat sprachen, fragte ich meinen Vater um Rat. Ich ging in sein Arbeitszimmer, schloß die Tür hinter mir und sagte: »Dad, was hältst du von Lynne? Denkst du, daß wir gut füreinander sind?« Er sah mich an und sagte: »Heirate sie, Bill. Du bist wahrhaftig kein guter Fang!« Da ich seinen Sinn für Humor kannte, wußte ich, daß er unsere Beziehung guthieß.

Leider waren Lynnes Eltern nicht so schnell mit ihrer Billigung. Mehrere Monate nach meinem Gespräch mit meinem Vater sprach Lynne mit ihren Eltern über unsere Beziehung. »Was haltet ihr von unserer Beziehung?« fragte sie. »Wie sollen wir vorgehen?« Ihre Analyse war eindeutig: Schwierigkeiten. Große Schwierigkeiten – buchstabiert: B I L L. Und sie hatten recht. Damals war ich ein Mensch, mit dem man nicht gut auskommen konnte. Ich meinte es ernst mit meinem Christentum, doch ich hatte noch eine Menge Ecken und Kanten –

scharfe Ecken wie Arroganz und Gefühllosigkeit. Sie sahen alle möglichen Probleme in unserer Beziehung voraus und wollten Lynne beschützen.

Sie schlugen uns vor, unsere Beziehung für ein Jahr zu unterbrechen. Sie sagten: »Wenn ihr ein Jahr getrennte Wege geht und als Individuen reift, dann könnt ihr es ja noch einmal miteinander versuchen. Wenn ihr eine gute Beziehung aufbauen könnt, werden wir euch unseren Segen geben.«

Den Rest der Geschichte kennen Sie ja. Lynne sagte die Hochzeit ab, und wir sahen uns achtzehn Monate nicht. Das war für uns beide eine sehr schmerzliche Zeit.

Aber wir können ohne Übertreibung sagen, daß diese Zeit der Trennung unsere Beziehung gerettet hat. Wenn wir ohne diese Reife, die wir uns in diesen anderthalb Jahren erworben haben, unsere Ehe eingegangen wären, hätten wir einander vielleicht so tief verletzt, daß unsere Beziehung das vermutlich nicht überlebt hätte.

Vor mehreren Jahren rief uns eine Frau aus unserer Gemeinde an und fragte uns hinsichtlich ihrer bevorstehenden Hochzeit um Rat. Sie fragte auch einen unserer Ältesten um Rat. Unabhängig voneinander rieten wir ihr alle, den Mann nicht zu heiraten. Die Frau war fünfundvierzig Jahre alt und liebte ihn sehr. Sie wußte, daß sie vermutlich keine zweite Gelegenheit für eine Heirat bekommen würde. Der Hochzeitstermin stand fest, und alles war geplant. Doch sie wußte, daß wir recht hatten, darum ließ sie die Hochzeit platzen. Seither hat sie uns immer wieder überschwenglich gedankt, daß wir sie vor einer Katastrophe bewahrt haben.

In einer Kultur, in der Verantwortlichkeit nichts mehr zählt, gilt die Vorstellung, sich der Überprüfung durch andere zu unterziehen, als unvernünftig und unnötig. Aber wir Christen müssen lernen, daß es klug ist, Rat bei gottesfürchtigen Christen zu suchen. Eine Beziehung der Überprüfung zu öffnen, bedeutet, die Risiken zu verkleinern. Sich Zeit für eine Beziehung zu nehmen, damit andere Zeit haben, zu beobachten und zu kommentieren, gehört zur Risikokalkulation.

Wir wollen nicht sagen, daß man dem Rat, den man bekommt, blind folgen sollte. Er sollte jedoch ernst genommen und sorgfältig durchgesprochen werden; und man sollte ernsthaft darüber beten. In der Bibel wird gesagt, daß der Heilige Geist mit einer Stimme spricht. Er wird unterschiedlichen Personen keine unterschiedliche Botschaft geben. Verliebten jungen Menschen in der Vorfreude auf die Hochzeit fällt es jedoch häufig schwer, die Botschaft zu entschlüsseln. Vielleicht weigern sie sich im Unterbewußtsein auch, sie überhaupt zu empfangen. Darum gibt der Heilige Geist Erkenntnisse häufig durch gottesfürchtige Menschen weiter, die das junge Paar kennen und lieben.

Manchmal können Eltern aufgrund von emotionaler Instabilität oder persönlicher Unreife keine verläßlichen Erkenntnisse weitergeben. In solchen Fällen sollte der Rat eines Elternersatzes wie zum Beispiel eines Gemeindeältesten gesucht werden. Der Rat von Christen ist auch zu empfehlen, wenn die Eltern selbst keine Christen sind. Jedoch sollte nicht aus den Augen verloren werden, daß auch ungläubige Eltern hilfreiche Erkenntnisse weitergeben können, weil sie ihre Kinder kennen und letztlich nur ihr Bestes wollen.

Und was nun?

Nehmen wir an, die Zeit hat die Qualität der Zuneigung und die Übereinstimmung bestätigt. Nehmen wir an, alle Beteiligten – das Paar, die Eltern und Freunde – haben den Eindruck, daß der Heilige Geist die Verbindung billigt. Was nun?

Lassen Sie die Hochzeitsglocken läuten! Feiern Sie. Lassen Sie das glückliche Paar im Beisein von bestätigenden und ermutigenden Eltern und Freunden in einen heiligen Bund mit Gott eintreten. Sagen Sie *Ja* zu Lachen, Freude, Romantik und Flitterwochen an exotischen Orten. Freuen Sie sich an dem Werk Gottes, der zwei seiner Kinder zusammengeführt hat.

Aber wenn nicht vollkommene Übereinstimmung darüber herrscht, daß diese Verbindung von Gott gewollt ist, wenn einer der Partner zögert, wenn Eltern oder Freunde ernsthafte Bedenken haben, wenn bestimmte Bereiche der Übereinstimmung sich unbefriedigend gestalten – dann halten Sie sich zurück. Um Gottes willen, um der Eltern und Freunde willen, um der zukünftigen Kinder willen, um Ihretwillen, treten Sie nicht vor den Altar. Nehmen Sie sich in der Beziehung ein wenig zurück. Trennen Sie sich für eine gewisse Zeit. Kommen Sie überein, noch ein Jahr zu warten. Was ist ein Jahr des Wartens im Vergleich zu vierzig Jahren des Schmerzes? Sagen Sie nicht, das könnten Sie nicht. Sie können es. Sagen Sie nicht, es sei zu spät. Es ist nie zu spät.

Lynne: Es waren noch drei Monate bis zur Hochzeit, als ich sie platzen ließ; und das geschah nicht in einem luftleeren Raum. Kalamazoo hat einen ausgesprochenen Kleinstadtcharakter, und wir beide waren in unserer christlichen Gemeinde sehr stark engagiert. Viele Leute hielten unser Zerwürfnis für eine große Neuigkeit. Für uns war es mehr als peinlich.

Sich der Peinlichkeit zu stellen, war jedoch der leichtere Teil. Das Schwierige war, den anderen zu verlieren. Obwohl ich diejenige war, die die Trennung herbeiführte, fiel es mir unglaublich schwer, Bill aufzugeben. Sicher, wir hatten unsere Probleme – ernste Probleme – und ich wußte, daß wir uns trennen mußten. Aber ganz sicher wollte ich das nicht. Ich war mit anderen Jungen ausgegangen, wundervollen, sehr liebevollen Jungen, aber nie hatte ich für einen von ihnen auch nur einen Bruchteil dessen empfunden, was ich für Bill empfand. Meine Gefühle hatten sich nie zuvor so auf einen Menschen konzentriert, und es war schrecklich, diese Bindung abzubrechen. Es war das Schwerste, was ich je tun mußte. Tagelang weinte ich. Wann immer sein Name fiel, weinte ich. Wann immer ich an ihn dachte, weinte ich. Monate später, als ich von ihm einen unerwarteten Brief aus Südamerika bekam, weinte ich.

Aber ich habe meine Entscheidung nie bereut, obwohl ich der Meinung war, daß unsere Trennung für immer war. Sie war schmerzlich, aber richtig. Ich wußte, daß eine unglückliche Ehe sehr viel schmerzlicher sein würde, und ich zog es vor, eine kurze Zeit der Schmerzen zu erleben als ein Leben voller Unglück.

Noch einmal, die unglücklichsten Menschen auf der Welt sind nicht die Singles. Es sind die Ehepaare, die erkennen müssen, daß ihre Ehe ein großer Fehler war. Denken Sie nur, wie frustrierend es sein muß, Jahre damit zu verbringen, eine unmögliche Beziehung einigermaßen erträglich zu gestalten.

Lassen Sie nicht zu, daß Ihnen so etwas passiert. Unterwerfen Sie Ihre Beziehung der Prüfung der Zeit. Finden Sie heraus, ob Ihre Gefühle Verliebtheit oder dauerhafte Liebe sind. Prüfen Sie die geistliche Einstellung Ihres Partners und seinen Charakter. Sehen Sie zu, ob Ihre kommunikativen Fähigkeiten Sie einander näher bringen. Geben Sie Eltern und vertrauenswürdigen Freunden Zeit, Ihre Beziehung zu beobachten, und nehmen Sie ihren Rat ernst.

Bitte gehen Sie kein Risiko ein. Seien Sie geduldig. Seien Sie klug. Geben Sie sich Zeit, damit Sie, wenn die Zeit gekommen ist, voller Vertrauen eine Ehe eingehen können.

Wenn Sie all dies beherzigen, können Sie der Statistik trotzen.

Teil II

Eine Ehe, die Bestand hat

Kapitel 5

Der familiäre Hintergrund

Weil unsere beiden Väter Piloten waren, verbrachten wir viel Zeit in der Nähe von Flughäfen und Flugzeugen. Wir beide nahmen als Teenager Flugstunden (einer von uns bekam seinen Pilotenschein, der andere eine Verabredung mit dem Fluglehrer). Beide haben wir gelernt, daß das Fliegen von Privatmaschinen ein gefährlicher Sport ist.

Um den Privatpiloten ein höheres Maß an Sicherheit zu garantieren, haben die *FAA (Federal Aviation Agency* – die amerikanische Luftfahrt-Aufsichtsbehörde) und Beauftragte der Privatflugzeugindustrie gemeinsam eine Reihe von Regeln und Beschränkungen erstellt. An erster Stelle steht die genaue Überprüfung des Flugzeugs in mehreren Situationen anhand der Sicherheitschecklisten.

Es fängt an mit der Checkliste vor dem Start. Die Piloten überprüfen die Maschine – den Propeller, die Flügeloberfläche, Reifen, Ölstand, Tankverschluß, Ventile, Querruder. Im Cockpit überprüfen sie die Bremse, die Karten und Tabellen, Funkfrequenzen und andere Details. Endlich können sie auf den Startknopf drücken, doch das bedeutet nicht, daß sie starten können. Zuerst müssen sie die Checkliste vor dem Start durchgehen und die Meßgeräte, die Instrumente, die Navigationsanzeigen und die Trimmung überprüfen. Vor der Landung gibt es noch eine Checkliste, bei der die Funktionstüchtigkeit der Geschwindigkeitsregulierung, die Klappen und die Tankanzeige überprüft werden. Flugschüler brauchen beinahe eine Checkliste für das Durchgehen der Checklisten.

So ermüdend diese Checklisten auch sein können, sie hindern übereifrige Piloten daran, in ein Flugzeug zu steigen, zu starten und dann festzustellen, daß sie in ernsten Schwierigkeiten sind. Es ist sehr viel leichter, ein Problem auf der Erde zu lösen als in fünfzehnhundert Metern Höhe über einem Ozean oder einem Gebirge.

Das Checklistensystem ist offensichtlich zu wichtig, um es zu ignorieren. Trotzdem geben viele Piloten von Privatflugzeugen zu, es gelegentlich nicht so ernst damit zu nehmen.

»Ich konnte es kaum erwarten, in die Luft zu kommen, darum bin ich in das Flugzeug geklettert und gestartet.«

»Der Tag war zu schön, um ihn mit den Checklisten zu vergeuden.«

»Ich war so aufgeregt, daß ich meine sorgfältige Ausbildung vergessen habe.«

Sie alle wissen, daß sie es nicht tun sollten. Sie alle sind sich der möglichen Konsequenzen einer Nachlässigkeit bewußt. Und sie alle beschließen ihre Geständnisse mit guten Vorsätzen für die Zukunft. Einige von ihnen jedoch lernen ihre Lektionen auf die harte Weise ...

Bill: An einem sonnigen Nachmittag, kurz nachdem ich meinen Pilotenschein gemacht hatte, ließ ich das Flugzeug meines Vaters zur Benzinpumpe rollen und blieb im Cockpit, während ein Junge auf eine Stehleiter stieg und die Tanks füllte. Nachdem ich ihn bezahlt und mich zum Start bereit gemacht hatte, fiel mir ein, daß ich nach der Forderung der Checkliste aussteigen, auf die Stehleiter steigen und den Tankverschluß überprüfen mußte. Doch ich wußte, daß der Junge an der Zapfsäule sehr verläßlich war, darum startete ich, ohne noch einmal nachzusehen.

Ein großer Fehler. Kurz nach dem Start hörte ich ein lautes Krachen über mir. In einem Auto ist das keine große Sache – man fährt einfach an die Seite und sieht nach. Doch im Flugzeug geht das nicht so leicht.

Ich versuchte, meine Panik unter Kontrolle zu behalten, so daß ich herausfinden konnte, was los war. Ich überprüfte die Instrumente und fand die Antwort. Die Tanks waren zwar gerade gefüllt worden, doch sie waren bereits wieder halbleer. Offensichtlich hatte der Junge an der Zapfsäule den Tankverschluß nicht richtig geschlossen. Das Krachen wurde von dem Verschluß verursacht, der an seiner Sicherheitskette hängend gegen den Tragflügel knallte. Und das Benzin lief aus.

Ich kann nicht sagen, wie wütend ich auf mich war. Immer wieder mußte ich denken: Das ist ein überaus peinlicher Grund für eine Bruchlandung. Ein Kampfflieger stürzte vielleicht ab, weil er von einer feindlichen MIG getroffen worden war. Wenigstens würde er ehrenvoll abstürzen. Aber hier saß ich, besprengte die Rasenflächen der Vorstadt mit Flugzeugbenzin und stürzte aus einem überaus demütigenden Grund ab. Ich konnte es bereits hören: *Mayday, Mayday. Ich habe den Tankverschluß nicht überprüft.*

Glücklicherweise entdeckte ich das Problem so früh (dank des lauten Krachens), daß ich schnell umkehren und landen konnte, bevor der Tank leer war. Ich entkam sowohl der Demütigung als auch dem Tod, und ich habe meine Lektion gelernt. Nie wieder ließ ich meinen Drang, in die Luft zu kommen, über meinen gesunden Menschenverstand siegen. Von diesem Tag an hielt ich mich mit größter Genauigkeit an die Checklisten.

Schutz vor »Mayday« in der Ehe

Was ist mit Ihnen? Haben Sie den Wert von Checklisten eingesehen? Haben Sie sich den in diesem Buch vorgestellten, vorehelichen Checklisten unterzogen? Sind Sie bereit, nach möglichen Problemen zu suchen, während Sie noch auf dem Boden sind?

Die ersten vier Kapitel dieses Buches waren ein Versuch, die Liebesvögel daran zu hindern, sich zu früh in die Lüfte zu erheben und dann größere Probleme zu entdecken, die einen Absturz verursachen könnten. Zuerst haben wir über die verschiedenen Mythen in bezug auf die Ehe gesprochen. Haben Sie das auf Ihrer Checkliste abgehakt? Sind Sie sicher, daß Sie von der Ehe nicht erwarten, Ihre Einsamkeit zu beenden, Ihre Zerbrochenheit zu heilen oder Ihr Glück zu garantieren?

Und was ist mit der Checkliste, mittels der die Übereinstimmungen überprüft werden? Gibt es tatsächlich eine geistliche Übereinstimmung zwischen Ihnen und Ihrem zukünftigen Partner? Empfinden Sie Respekt vor dem Charakter des anderen? Kommunizieren Sie auf einer tieferen Ebene miteinander? Basiert Ihre Zuneigung auf der Wertschätzung der ganzen Person?

Und schließlich die Zeit-Checkliste. Sind Sie lange genug zusammen, um die eben gestellten Fragen beantworten zu können? Haben Eltern und Freunde Ihre Beziehung bestätigt?

Wenn alle diese Punkte überprüft sind, haben Sie vermutlich eine ernste Beziehung oder sind möglicherweise sogar verlobt. In den folgenden Kapiteln möchten wir Ihre Aufmerksamkeit auf einige schwierige Themen lenken, die der Grund für viele Eheprobleme sind. In diesem Kapitel möchten wir uns mit den Unterschieden im familiären Hintergrund beschäftigen, ein Thema, das häufig ignoriert wird, das jedoch mehr mögliche Probleme in sich birgt, als vielen Leuten klar ist.

Bei uns war das zweifellos ein sehr wichtiger Punkt. Vor unserer Heirat gingen wir davon aus, daß wir in diesem Bereich wenig Schwierigkeiten haben würden; wir beide wuchsen in einem gesunden, glücklichen und stabilen christlichen Elternhaus auf. Außerdem heirateten wir uns gegenseitig, nicht unsere Familien. Worum sollten wir uns also Gedanken machen?

So viele Gemeinsamkeiten?

Lynne: Als Bill und ich unsere Freundschaft begannen, fanden wir es höchst außergewöhnlich, daß unsere beiden Väter Motorrad fuhren, gerne segelten und Flugzeuge flogen. Sie haben wirklich viele Gemeinsamkeiten, dachten wir. Das war uns sehr wichtig, weil wir beide unsere Väter vergötterten. Sowohl Bill als auch ich waren der Meinung, alle Väter sollten so sein wie unsere. Darum waren wir hocherfreut, daß diese beiden wirklich wundervollen Männer offensichtlich so viele Gemeinsamkeiten hatten.

Uns war aber nicht klar, daß diese beiden wundervollen Männer trotz ihrer gemeinsamen Interessen so gegensätzlich waren, wie man es sich kaum vorstellen konnte. Sogar ihre Art, Motorrad zu fahren, zu segeln und zu fliegen war gegensätzlich. Bills Vater liebte die Betriebsamkeit und achtete wenig auf Details, beispielsweise seine Sachen in Ordnung zu halten. Wenn sein Motorrad gerade eben ansprang, wenn sein Boot dicht genug war, um zu segeln, wenn sein Flugzeug sich in die Lüfte erhob, war er glücklich. Mein Vater dagegen war mit aller Begeisterung dabei, wenn es darum ging, seine Maschinen in Ordnung zu halten. Sein Motorrad glänzte und funkelte, sein Boot war gepflegt, und sein Flugzeug immer in bestem Zustand.

Auch ihre Einstellung zu Haushaltsdingen war unterschiedlich. Mein Vater war der geborene Handwerker. Ich kann mich nicht erinnern, daß Dad jemals auch nur einen Pfennig für eine Reparatur ausgegeben hat. Wenn in unserem Haus etwas kaputt ging, brachte er es in Ordnung. Kühlschrank? Trockner? Heizung? Elektroleitungen? Telefon? Kein Problem. Er hatte alles, was er brauchte; unsere Garage glich einer kompletten Eisenwarenhandlung.

Bills Vater war ganz anders. Er reparierte nie etwas im Haus. Wenn eine Glühbirne durchbrannte, ließ er einen Elektriker kommen, um sie auswechseln zu lassen. Wenn der Griff einer Schublade abging, ließ er einen Schreiner kommen, um ihn wieder anzuschrauben. Das einzige Werkzeug im Haus oder in der Garage war ein Buttermesser. Als ich einmal zum Abendessen dort war, bemerkte ich, daß alle Buttermesser einen verzogenen Griff hatten.

So ausgeprägt dieses Instandhaltungsthema auch war, es war einer ihrer weniger bedeutungsvollen Unterschiede. Wichtiger war ihre unterschiedliche Einstellung zum Familienleben. Mein Vater war extrem familienorientiert. Er bevorzugte Freizeitaktivitäten, bei denen die ganze Familie beteiligt war, und nie reiste er ohne seine Familie irgendwohin. Mit Ende Zwanzig wechselte er seinen Beruf. Er verließ den Beruf, den er liebte, um Abendarbeit zu vermeiden, die sich negativ auf sein Familienleben ausüben würde.

Bills Vater war sehr unabhängig und hatte viele Interessen außerhalb der Familie. Er machte allein weite Reisen, manchmal zum Vergnügen, manchmal auch geschäftlich. Manchmal war er wochenlang unterwegs, ein Vorbild, das Bill sich zu eigen machte.

Unsere Väter hatten auch verschiedene Ziele in ihrer Eigenschaft als Vater. Mein Vater wuchs auf ohne das Privileg, einen starken, liebevollen und interessierten Vater zu haben. Er war daher entschlossen, seinen Kindern das zu geben, was ihm selbst in seiner Kindheit verweigert worden war. Und das gelang ihm auch. Er war ein sehr liebevoller, einfühlsamer und fürsorgender Vater. Vielleicht waren diese Eigenschaften sogar ein wenig zu stark ausgeprägt. Ich zweifle nicht daran, daß er viele schlaflose Nächte wegen mir hatte, in denen er für mich gebetet hat. Er zeigte seine Liebe, indem er Zeit für uns hatte, sich emotional engagierte und uns Ermutigung und Zuneigung gab. Als ich mein erstes Fahrrad bekam, brachte er Stunden damit zu, neben mir herzulaufen, mir Mut zu machen und dafür zu sorgen, daß ich nicht zu oft hinfiel.

Bills Vater wuchs in einer Familie mit sechs Söhnen auf, und obwohl er der jüngste war, wurde ihm das Familienunternehmen übertragen. Er war stark und stellte sich der Herausforderung, und mehr als alles andere wollte er seinen Kindern beibringen, sich den Herausforderungen des Lebens zu stellen. Nur selten gab er körperliche oder verbale Zuneigung weiter, doch seine Liebe zeigte sich darin, daß er seinen Kindern Gelegenheiten bot, die sie herausforderten und ihnen halfen, das Beste aus sich herauszuholen. Als Bill sein erstes Fahrrad bekam, schickte sein Vater ihn damit auf die Straße und sagte beiläufig: »Steig auf. Du kannst es.« Er wußte, ein paar Stürze würden seinem Sohn helfen, sich auf die wirkliche Welt vorzubereiten.

Bills Vater war ein Mensch, der das Ganze sah. Mein Vater liebt die Details. Bills Vater liebte das Risiko; mein Vater kalkuliert ein Risiko sehr viel sorgfältiger. Ich könnte noch endlos fortfahren ...

Aber vielleicht fragen Sie sich, was wir damit sagen wollen. Was macht das schon, wenn unsere Väter unterschiedlich mit ihrem Spielzeug umgehen und ihr Haus unterschiedlich in Ordnung halten. Was soll's, wenn sie eine andere Einstellung zu Arbeit, Reisen und Familienleben haben. Ist es nicht egal, wenn sie ihre Liebe auf unterschiedliche Weise zeigen? Beides waren gute Männer und gute Väter. Warum sich also auf die Unterschiede konzentrieren?

Der Grund ist folgender.

Große Erwartungen

Bill: Es war im Sommer 1974. Lynne und ich waren gerade zwei Monate verheiratet. Sie sagte mir, die Müllzerkleinerungsanlage sei kaputt, und ich erwiderte ihr, sie solle jemanden holen, der sie repariert. Der Kampf begann.

»Was meinst du damit? Warum sollen wir fünfzig Dollar für eine Reparatur ausgeben, die du doch selbst machen kannst?«

»Du erwartest von mir, daß ich so etwas mache? Ich kenne mich mit diesen Müllzerkleinerungsanlagen nicht aus. Vermutlich würde ich einen elektrischen Schlag bekommen, wenn ich mich daran machte. Außerdem haben wir nicht genügend Buttermesser, um das Ding reparieren zu können.«

»Du könntest es, wenn du es nur versuchen würdest. Aber du hast eben kein Interesse.«

Das Problem war, daß Lynnes Vater bisher alles selbst repariert hatte, daß Lynnes Bruder, ihre Onkel, ihre Cousins alles selbst reparierten, und Lynne der Meinung war, alle Männer würden Reparaturen selbst ausführen. Es sei denn, sie interessierten sich nicht für das, was im Haus vorging. Es sei denn, sie waren zu beschäftigt mit den Vorgängen außerhalb des Hauses, um sich eine halbe Stunde den Dingen innerhalb des Hauses zu widmen.

Ich dagegen hatte noch nie viel Geschick im Umgang mit mechanischen Dingen gehabt. Mir war klar, daß ich Stunden brauchen und vermutlich viel Geld verlieren würde, wenn ich mich daran machte, den Müllzerkleinerer oder irgend etwas anderes zu reparieren. Wie mein Vater war ich der Meinung, daß ich bei dem bleiben sollte, was ich konnte, und jemanden anderen mit dem beauftragen sollte, was ich nicht konnte.

Rückblickend wird uns klar, daß wir beide unrecht hatten. Da Lynnes Dad so ungewöhnlich fähig auf diesem Gebiet war, hatte sie sehr unrealistische Erwartungen an mich gestellt. Es gab keinen Weg, ihr in diesem Punkt zu gefallen. Ich hatte einfach nicht die Fähigkeiten dazu. Auch hatte sie das Engagement ihres Vaters im Haushalt immer als eine Art betrachtet, seine Liebe zu zeigen und daher meine mangelnde Bereitschaft, Dinge zu reparieren fälschlicherweise als Zeichen gewertet, daß mir unser Haushalt egal war. Da mein Vater nie etwas selbst repariert hatte, würde auch ich nichts reparieren – nicht einmal Dinge, die ich wirklich hätte reparieren können. Und weil Lynne unsere Finanzen verwaltete, wußte sie, daß wir es uns häufig nicht leisten konnten, einen Handwerker kommen zu lassen. Also würden die Dinge entweder nicht repariert werden, oder sie würde sie selbst reparieren müssen. Tatsächlich hatte Lynne erstaunliches Talent auf diesem Gebiet, doch aufgrund meiner Arbeitsbesessenheit trug sie bereits mehr als ihren Teil der Verantwortung für den Haushalt. Sie wollte nicht auch noch für die Reparaturen verantwortlich sein.

Wir brauchten lange, bis wir den Grund für unsere extremen Positionen erkannten. Wir hätten sehr viele Konflikte und Enttäuschungen vermeiden können, wenn wir dieses Thema vor unserer Hochzeit durchgesprochen hätten. Für mich wäre es sehr hilfreich gewesen zu wissen, daß Lynnes Vater in seiner Freizeit Fernsehgeräte, Häuser und Autos reparierte. Und Lynne hätte es geholfen zu wissen, daß mein Vater nicht einmal wußte, wie man den Schlauch halten mußte, um den Wagen zu waschen. Wäre es so gewesen, hätten wir unsere Erwartungen entsprechend angepaßt.

Zwar waren die Reparaturen im Haus ein Problem für uns, doch sie waren nichts im Vergleich zum Thema Reisen. Kurz vor unserem ersten Hochzeitstag verkündete ich, daß ich in Urlaub fahren würde.

»Oh prima, wohin fahren wir?«

»Nein, du hast mich falsch verstanden. Ich sagte, ich würde in Urlaub fahren.«

»Ohne mich wirst du nicht fahren.«

Ich traute meinen Ohren nicht. Warum war sie so besitzergreifend, so klammernd, unsicher, eigensinnig und selbstsüchtig? Wo lag ihr Problem? Hatte sie Angst, mich aus den Augen zu lassen? War sie der Meinung, wir müßten alles zusammen tun? Keinesfalls würde ich in diesem Punkt nachgeben. Mein Vater brachte es fertig, meine Mutter vom Flughafen aus anzurufen und ihr mitzuteilen, daß er für fünf Wochen nach Südafrika flog. Warum sollte ich nicht dieselbe Freiheit haben?

Doch als ich allein verreisen wollte (wenn auch nur für ein paar Tage), war Lynne davon überzeugt, daß ich sie nicht liebte. »Willst du denn nicht mit mir zusammen sein?« fragte sie. »Versuchst du, von mir fortzukommen?« Ihr Vater mochte nicht auch nur eine Nacht von seiner Frau getrennt sein. Sie konnte nicht verstehen, warum ich die Freiheit brauchte, gelegentlich für mich allein zu sein.

Schließlich einigten wir uns auf einen Kompromiß, der uns beiden gefällt – ein Kompromiß, der in gewisser Weise zwischen den Extremen unserer Eltern liegt. Eigentlich haben wir sogar die Rollen vertauscht. Lynne gefällt es, allein fortzufahren, während ich sie häufig bitte, mich auf meinen Reisen zu begleiten. Aber wir hätten viel Schmerz und viele Mißverständnisse vermeiden können, wenn wir bereits vor der Hochzeit dieses unterschiedliche Verständnis erkannt und uns auf einen Kompromiß geeinigt hätten.

Wir hatten auch unsere Probleme damit, dem anderen die eigene Zuneigung zu zeigen.

Zu Beginn unserer Ehe sagte Lynne zu mir: »Warum berühren wir uns nicht häufiger und zeigen unsere Liebe offener?«

Ich erwiderte: »Warum sollten wir? Ich bin zweiundzwanzig Jahre ohne das ausgekommen, und ich brauche es auch jetzt nicht.«

Sie hielt dagegen: »Und ich habe es zweiundzwanzig Jahre bekommen, und ich brauche das auch jetzt.«

Bereits während unserer Freundschaft hatten wir diese Unterschiede erkannt, doch anstatt darüber zu reden, gingen wir von Annahmen aus: Ich nahm an, sie würde das überwinden, und sie nahm an, ich würde meine Einstellung ändern, wenn wir erst einmal verheiratet waren. Aber keiner von uns änderte sich, und das Problem wurde schlimmer. Ich hielt sie für übersensibel, sentimental und unsicher. Sie hielt mich für hart, distanziert und wenig liebevoll.

Wie wünschten wir, wir hätten uns unseren familiären Hintergrund sorgfältiger angesehen. Wenn Lynne bemerkt hätte, daß Umarmungen und Küsse in meiner Familie eine Seltenheit waren, hätte sie meine Zurückhaltung nicht als mangelnde Liebe interpretiert. Wenn ich bemerkt hätte, welch hohen Stellenwert dies in ihrer Familie einnahm, hätte ich ihre Bitte nicht als Zeichen der Unsicherheit gewertet. Und vermutlich hätten wir uns viele Jahre früher in der Mitte getroffen.

Im Laufe der Zeit unserer Freundschaft kam es häufig vor, daß wir uns auf Vermutungen bezüglich familiärer Gewohnheiten des Partners verließen, über die wir eigentlich hätten sprechen müssen. Und in unserer Ehe haben wir dafür bezahlt.

Kritische Fragen

Wir wissen jetzt, daß unsere Entwicklung sehr stark durch die Persönlichkeit unserer Väter und Mütter beeinflußt wurde, durch die Art, wie sie miteinander umgingen und wie unsere Familien funktionierten. Und das gilt für jeden Menschen. Zwei Jahrzehnte engster Gemeinschaft mit einer kleinen Gruppe von Menschen formen unsere Persönlichkeitsstruktur. Wir sind, wer wir sind, vor allem wegen der Erfahrungen, die wir im Zusammenleben mit unserer Familie gemacht haben.

Familiendynamiken bestimmen unser Selbstwertgefühl und Selbstvertrauen. Familienwerte formen unseren Charakter. Familiäre Erfah-

Der familiäre Hintergrund 105

rungen beeinflussen unsere Vorstellungen von Ehe und Kindererziehung; unsere Einstellung zu Arbeit, Freizeit, Erziehung, Geld, Politik und Religion. Wir alle sehen auf unsere Familien und beschließen, das Muster entweder zu wiederholen, wenn unsere Erfahrungen überwiegend positiv verlaufen sind, oder alles ganz anders zu machen, wenn unsere Erfahrungen überwiegend negativ waren. Aber wie immer wir uns auch entscheiden, wir werden von der Einstellung und der Handlungsweise der Familie, in der wir aufgewachsen sind, sehr stark beeinflußt.

Wollen Sie, daß die Zeit der Freundschaft Ihnen etwas bringt? Dann sprechen Sie miteinander über Ihre Familien. Beschreiben Sie Ihre Mutter und Ihren Vater. Sprechen Sie über ihre Persönlichkeiten, ihre Stärken und Schwächen, ihre Talente und Fähigkeiten, ihre Hobbys, ihre Arbeitsstellen und ihre Freundschaften. Sprechen Sie über ihre Ehen. Sehen Sie sich an, wie sie miteinander umgehen, wie sie sich ihre Liebe zeigen, Konflikte lösen und Entscheidungen treffen. Beobachten Sie, wie sie die Geldangelegenheiten regeln und die Verantwortung für den Haushalt aufteilen; wie sie die Kindererziehung handhaben.

Beschreiben Sie die Atmosphäre in Ihrem Zuhause. Sprechen Sie darüber, wie mit Gefühlen umgegangen wurde. Untersuchen Sie die Wertvorstellungen, die in Ihrer Familie erste Priorität hatten, und die Verhaltensweisen, die belohnt wurden. Beschreiben Sie das Haus, in dem Sie aufgewachsen sind, und sprechen Sie über den Lebensstandard Ihrer Familie. Sprechen Sie über die Art der Freizeitgestaltung in Ihrer Familie und über Ihren schönsten Familienurlaub. Erzählen Sie Ihrem Partner von den Erfahrungen, die Ihr Selbstwertgefühl geformt und Ihr Selbstvertrauen gestärkt haben.

Erzählen Sie, wie Geburtstage und Feiertage begangen wurden. Sprechen Sie darüber, wie es in Ihrer Familie mit den Geschenken gehandhabt wurde. Erzählen Sie, wie es war, wenn Sie als Kind krank waren. Beschreiben Sie die Unterhaltungen am Eßtisch. Erzählen Sie, wie Ihre Eltern Sie früher zu Bett gebracht haben. Zählen Sie die Arbeiten auf, für die Sie verantwortlich waren. Sprechen Sie über Ihr Verhältnis zu Großeltern, Tanten, Onkeln und Cousins.

Solche Gespräche dienen nicht nur dazu, mögliche Mißverständnisse auszuräumen, sondern sie können auch Hoffnungen und Träume für die Zukunft anfachen. Angenehme Erinnerungen und geliebte Traditionen können Bausteine sein, auf die ein junges Paar seine eigene Ehe und sein eigenes Familienleben aufbauen kann.

Die Kehrseite der Medaille

Leider gibt es aber nicht nur angenehme Erinnerungen. Die Familie prägt nicht nur die Persönlichkeit eines Menschen, häufig ist sie auch die Ursache großen Schmerzes. Niemand wächst schmerzfrei auf. Der Apostel Paulus sagt uns, daß niemand vollkommen gerecht sein kann (Röm 3,23), und dazu gehören auch die Eltern. Es gibt keine vollkommene Mutter. Keinen vollkommenen Vater. Wir alle sind Produkte von Eltern, die Sünder sind. Auch sie sind Produkte von Eltern, die Sünder waren, genauso wie unsere Kinder das auch sind. Und unvollkommene Eltern fügen ihren Kindern immer ein gewisses Maß an Schmerz zu. Das Holz, das von einer Generation an die nächste weitergegeben wird, wird immer rissiger, bekommt immer mehr Kerben.

Es ist zwar sehr wichtig, über die Höhepunkte des Familienlebens zu sprechen, doch noch wichtiger ist es, sich mit der negativen Seite auseinanderzusetzen. Über die Probleme nachzudenken, die schmerzlichen Erinnerungen, die Enttäuschungen; eben die Dinge, die sich im eigenen Heim hoffentlich nie wiederholen werden.

Ein Gespräch über die negative Seite des familiären Hintergrundes kann sehr schwierig sein. Die meisten von uns haben den überwältigenden Drang, die Familien, in denen wir aufgewachsen sind, zu verteidigen. Wir fühlen uns undankbar, wenn wir Außenstehenden gegenüber von negativen Familieneigenschaften sprechen. Es hilft vielleicht, sich ins Gedächtnis zu rufen, daß jede Familie auch eine Schattenseite hat. Jeder junge Mann und jede junge Frau hat notwendigerweise ein gewisses Maß an Schmerz erlebt, einige kleine Enttäuschungen, eine Narbe, die auch noch lange, nachdem er oder sie das Elternhaus verlassen hat, sichtbar ist. Diese Dinge müssen besprochen werden, weil sie immer – immer – eine heftige Reaktion auslösen. Und je größer das Problem, desto heftiger die Reaktion.

Der familiäre Hintergrund 107

Einer unserer Freunde wuchs in einem extrem schlechten Elternhaus auf. Sein Vater war ein Tyrann, der seine Kinder herumkommandierte und sie schlug, um sie zu unterwerfen. Nach außen hin duckten sich die Kinder angstvoll; innerlich kochten sie vor Wut. Nie durften sie ihre Angst oder ihre Wut in Worte fassen. Nach fünf Jahren Ehe stellte die Frau unseres Freundes schockiert eine plötzliche Veränderung bei ihrem Mann fest. Er wurde distanziert, eigensinnig, aufrührerisch. Sie gingen zu einem Therapeuten und stellten fest, daß die Angst und Wut, die seine Kindheitsjahre vergiftet hatten, sich nun auf sein Leben als Erwachsener auswirkten. Zusammen arbeiteten sie daran, doch es war nicht leicht.

Eine Bekannte war frustriert, daß sie sowenig sexuelles Verlangen nach ihrem Mann hatte. Sie liebte und respektierte ihn, fand ihn körperlich attraktiv und wünschte sich verzweifelt, sexuell mit ihm eins sein zu können. Doch sie konnte immer nur auf seine körperlichen Bedürfnisse reagieren, nie selbst die Initiative ergreifen. Ihre Gefühle stimmten nicht mit ihrem Verhalten überein. Schließlich ging sie zu einem Therapeuten, der eine Geschichte sexuellen Mißbrauchs aufdeckte. Sie war zwar nie vergewaltigt worden, doch wiederholte unangemessene Berührungen seitens eines Familienmitglieds hatten ihre Spuren hinterlassen. Um den emotionalen Schmerz des Mißbrauchs zu umgehen, hatte sie gelernt, ihre sexuellen Gefühle zu verdrängen. Jahre später war dies zu einem Automatismus geworden, der die intimen Begegnungen mit ihrem Mann belastete. Es war ein langer und schwerer Weg, sich diesen Gefühlen zu stellen.

Eine andere Bekannte war eine aufrichtige und engagierte Christin, doch sie hatte nicht das Gefühl, Gottes Erwartungen gerecht werden zu können. Sie war überzeugt, nicht genügend zu tun, nicht oft genug zu beten, nicht genug zu geben und nicht zu wachsen. Darum stellte sie so hohe Anforderungen an sich, daß sie bald chronisch überlastet, gestreßt, negativ und unglücklich war. Als sie erkannte, daß ihr Gemütszustand ihre Beziehung zu ihrem Mann zerstörte, kam sie in das Beratungszentrum unserer Gemeinde. Ihr Problem war das vieler Christen. Sie war in einem strengen Elternhaus aufgewachsen und sah Gott als einen befehlshabenden Offizier, der lange Listen unmißverständlicher Befehle herausgab und niemals lobte. Ihren Gott konnte man fürchten, aber nicht lieben. Unserer Therapeut überzeugte sie davon, daß der fordernde Gott ihrer Eltern nicht der gebende Gott der Bibel war. Nach einiger Zeit konnte sie ihre Last abgeben und lernte, Gott mit einem fröhlichen Herzen zu lieben. Sie begann, ihm auf gesunde, konstruktive Art zu dienen. Ihr Mann freute sich an den Veränderungen, die ihre neue Sichtweise in ihrer Ehe bewirkte.

Welches ist der gemeinsame Punkt aller dieser unterschiedlichen Beispiele? Ganz einfach der, daß der Schatten unserer Erfahrungen in der Familie – seien es nun falsche Wertvorstellungen, fehlgeleitete Glaubensüberzeugungen, hartes Verhalten, Mißbrauch, Mißverständnisse oder Enttäuschungen – einen sehr starken Einfluß auf uns selbst als Erwachsene und unseren Ehepartner haben. Darum ist es ungeheuer wichtig, daß wir einander auch von den Schattenseiten erzählen, daß wir Fragen stellen und auch die schwierigen Fragen beantworten. Welches sind Ihre schmerzlichsten Kindheitserinnerungen? Welches war Ihre größte Enttäuschung? Haben Sie sich jemals ungeliebt oder vernachlässigt gefühlt? Haben Sie emotionalen, körperlichen oder sexuellen Mißbrauch erlebt? War einer Ihrer Eltern Alkoholiker? Waren Ihre Eltern geschieden?

Ein ganz offensichtlicher Vorteil eines Gesprächs über diese Fragen liegt darin, daß die Partner sich einander besser verstehen lernen. Es hilft ihnen aber auch, sich selbst besser zu verstehen. Wenn wir unsere Vergangenheit offen mit einem Menschen besprechen, bei dem wir uns sicher und geborgen fühlen, hilft uns das, Dinge an uns zu entdecken – manchmal auch unangenehme oder negative –, die wir vorher nicht erkannt hatten. Wenn die Probleme erst einmal angesprochen sind, können sie bewältigt werden und belasten eine spätere Ehe nicht mehr.

Vor kurzem aßen wir mit einem jungen Paar zu Abend. Der junge Mann sprach offen über den Schmerz, den er dadurch erlebte, daß sein Vater nie guthieß, was sein Sohn tat. »Meinem Vater war nie etwas gut genug«, erzählte der junge Mann. »Eine Eins Minus hätte eine glatte Eins sein sollen. Ein Tor beim Fußball war nicht genug, es hätten zwei sein sollen. Stellvertretender Klassensprecher zu sein, war nicht gut genug, ich hätte erster Klassensprecher werden sollen.« Tränen traten in seine Augen, als er die Hand seiner Verlobten ergriff. Stundenlang hatten sie bereits über diese Wunde gesprochen. Gemeinsam waren sie in eine Therapie gegangen, damit sie besser verstehen konnte, wie diese Erfahrung sein Verhalten und damit auch ihre Beziehung zueinander beeinflußte. Er wollte lernen, konstruktiv mit seinem Schmerz umzugehen. Wir waren sehr beeindruckt von dem Weitblick dieses Paares. Sie benutzten ihre Verlobungszeit dazu, eine Grundlage für eine emotional gesunde Zukunft zu schaffen.

Wir kennen ein anderes junges Paar, beides Kinder von Alkoholikern. Da sie sich der Narben bewußt waren, die sie davongetragen hatten, begannen sie schon lange, bevor sie eine Verlobung überhaupt in Betracht gezogen hatten, eine Therapie. Als sie schließlich heirateten, waren sie innerlich gereift und stark geworden. Trotz ihrer schwierigen Vergangenheit bauten sie eine glückliche, gefestigte Ehe auf.

Was war der Schlüssel zu ihrem Erfolg? Sie stellten sich ihren Problemen und taten etwas dagegen – bevor sie heirateten. Sie beschlossen, ihre Schwächen, ihren Schmerz und ihre Mißverständnisse nicht vor den Traualtar zu tragen. Sie weigerten sich einfach, sich von ihrer schmerzlichen Vergangenheit ihre Zukunft verderben zu lassen.

Über die Vergangenheit zu sprechen, kann eine sehr wertvolle und vertrauensbildende Erfahrung sein, wenn die Partner erkennen, daß es in Ordnung ist, ehrlich zu sein, daß es keine Wunden, keine Geheimnisse und keine Erinnerungen gibt, die man nicht offenlegen kann. Nicht zuletzt diese Offenheit kann das Einssein fördern, das Gott für die Ehe im Sinn hatte, weil die Partner teilhaben an der Vergangenheit des anderen und einen gegenseitigen Respekt für den Weg des anderen entwickeln.

Jetzt ist der richtige Zeitpunkt

Viel zu häufig wird die Zeit des Kennenlernens an fröhliche Verabredungen und oberflächliche Gespräche verschwendet. Begehen nicht auch Sie diesen Fehler. Machen Sie etwas aus Ihrer Freundschaft, indem Sie an der Oberfläche kratzen. Finden Sie heraus, wer Ihr Partner wirklich ist, indem Sie in seiner Vergangenheit graben und sich sehr sorgfältig die Familie ansehen, in der er aufgewachsen ist.

Junge Paare sind sehr oft der Meinung, sie hätten mehr Zeit, über ihren familiären Hintergrund zu sprechen, wenn sie erst einmal verheiratet sind. Doch das passiert nur selten. Der Alltag nimmt sie in der Regel mehr gefangen, als sie sich vorgestellt haben. Ein gemütliches Abendessen in einem ruhigen Lokal gehört in den meisten Fällen der Vergangenheit an. Notwendigerweise konzentrieren sich die Gespräche auf den Beruf, auf den Haushalt und die Kindererziehung. Die Zeit, über die Vergangenheit zu sprechen, ist vor der Hochzeit.

Sie sollten mit Ihrem Partner nicht nur über den Hintergrund Ihrer und seiner Familie sprechen, Sie sollten auch viel Zeit mit der Familie des anderen verbringen, damit Sie eigene Beobachtungen machen und zu Ihren eigenen Schlußfolgerungen kommen können. Wenn Sie sich in der Familie Ihres Partners nicht wohlfühlen, sollten Sie um so mehr Zeit mit ihr verbringen. Versuchen Sie herauszufinden, warum Sie so empfinden, und sprechen Sie dann mit Ihrem Partner über Ihre Empfindungen. Kritisieren Sie nicht und klagen Sie nicht an, sondern seien Sie ehrlich und offen. Sie müssen sich den Tatsachen stellen. Wenn Ihr Partner hofft, seiner Familie nacheifern zu können, und Ihnen diese Familie nicht gefällt, haben Sie ein ernstes Problem. Das sollten Sie nicht ignorieren.

Wenn durch die Gespräche tiefgreifende Unterschiede ans Tageslicht kommen, sollten Sie Ihre Hochzeit verschieben und Hilfe bei einem Therapeuten suchen. Wenn sich durch intensiveres Nachfragen Unterschiede und Erwartungen zeigen, bei denen kein Kompromiß möglich ist, sollten Sie mutig genug sein, sich zu trennen. Eine Ehe mit vorprogrammierten Konflikten einzugehen, ist ein sicherer Weg zu seelischem Kummer und Leid.

Kapitel 6

Unterschiedliches Temperament

Es war ein bezauberndes, gemütliches und anheimelndes Häuschen, flankiert von zwei riesigen Tannen. Sonnenlicht flutete durch die anmutigen Zweige, fiel durch die dünnen Vorhänge herein und wurde von den goldenen Wänden des friedlichen Wohnzimmers zurückgeworfen. Eine Frau saß lesend in einem Schaukelstuhl, zu ihren Füßen ein braunäugiger Spaniel, während ihr Mann sich mit angenehmen Haushaltspflichten beschäftigte. Das junge Paar war frisch verheiratet und hatte sich in seinem bescheidenen Heim eine Zuflucht vor den Stürmen des Lebens geschaffen und zwei junge Männer aufgenommen, die kein anderes Heim hatten. Die vier lebten zusammen in Glück und Harmonie. Als die Nachmittagssonne unterging, lief die junge Frau fröhlich in ihre kleine, aber gutausgestattete Küche und bereitete ein Festmahl, um die dankbaren Bewohner des Hauses zu erfreuen. Sie versammelten sich um den reich gedeckten Tisch, und der junge Ehemann sprach ein einfaches, aber von Herzen kommendes Gebet. Eine Aura von Liebe umgab sie.

So war es tatsächlich – in unseren Träumen. In der Realität sahen die Jahre, die wir in unserem ersten Heim verbrachten, ganz anders aus. Das einzig Anheimelnde an unserem braunen Ziegelhaus war seine Größe – es war ausgesprochen winzig. Das Grundstück, auf dem es stand, war so schmal, daß wir nicht einmal Platz für eine Einfahrt hatten. Und die Tannen rahmten es nicht ein, sie überwucherten es. Das Sonnenlicht konnte das dichte Grün nicht durchdringen. Der goldene Schein, der das Wohnzimmer erfüllte, war nichts weiter als das schrille Gelb unserer Wände. Die Frau des Hauses hatte niemals Zeit zu lesen, und ihr Mann mied Hausarbeit wo immer es ging. Der braunäugige Spaniel? Ja, er war da, genau wie ein schwarzäugiger Artgenosse und zwei größere Hunde. Die beiden Spaniels gehörten uns; der Schäferhund und der Dobermann unseren beiden Langzeituntermietern. Diese beiden jungen Männer hatten vielleicht nach einem Zufluchtsort vor den Stürmen des Lebens gesucht, ihn aber ganz bestimmt in unserem Heim nicht gefunden. Die Wände in unserer winzigen Keksschachtel ächzten und stöhnten unter dem Gewicht von vier schwer beschäftigten Erwachsenen und vier lebhaften Hunden. Chaos regierte, nicht fröhliche Harmonie. Auch genossen wir keine üppigen Mahlzeiten. Nicht einer von uns konnte anständig kochen, und selbst wenn wir unsere mageren Fähigkeiten zusammentaten, konnten wir kaum das einfachste Essen zustande bringen. Und was war mit der liebevollen Atmosphäre? Sie verließ fluchtartig das Haus, kurz nachdem wir eingezogen waren.

In diesem Haus stellten wir uns zum ersten Mal die Frage, ob unsere Ehe nicht vielleicht ein Fehler gewesen war. Ein Beobachter hätte unsere Eheprobleme vielleicht den äußeren Umständen zugeschrieben: zu viele Menschen in einem zu kleinen Haus, zu wenig Geld, zuviel Arbeit. Und vielleicht erschwerten diese Umstände unsere Konflikte noch. Aber wir wußten beide, daß das Problem tiefer saß. Wir befürchteten, daß wir an unserem Hochzeitstag den schlimmsten Fehler unseres Lebens begangen hatten.

Lynne: Ich erinnere mich noch ganz genau, wie ich in unserem winzigen Wohnzimmer gestanden und mit tränenüberströmten Wangen aus dem Fenster auf die Tannen gestarrt habe.

»Ich kann nicht glauben, daß ich so etwas getan habe. Wie konnte ich so dumm sein?«

Ich war wütend und frustriert. Ich hatte Angst. Es war wie ein schrecklicher Traum, doch ich konnte daraus nicht aufwachen. Ich fühlte mich gefangen, hoffnungslos und verwirrt. Und auf einmal wurde mir alles klar: Ich hatte den falschen Mann geheiratet.

Wie konnte das passieren? fragte ich mich immer wieder. Wie habe ich nur so etwas tun können? Was habe ich falsch gemacht? Und was soll ich jetzt tun?

Ich schauderte zusammen unter der schockierenden Erkenntnis, daß der Mann meiner Träume, der Mann, den ich unbedingt haben wollte und um den ich mich so bemüht hatte, ein

Mensch war, von dem ich mir nun wünschte, ich wäre ihm nie begegnet. Es war ein grausames Erwachen. Es war die Reue eines Käufers.

Es war ein schreckliches Gefühl, und leider kennen viel zu viele Menschen dieses Gefühl. Fast jeder, der vor den Traualtar tritt, kommt in seiner Ehe an einen Punkt, an dem er oder sie denkt: »Ich glaube, ich habe einen großen Fehler gemacht. Ich glaube, ich habe den falschen Partner geheiratet.«

In ihrer Verwirrung und Angst sagen Menschen dann häufig Dinge wie: »Ich habe das Gefühl, meinen Partner gar nicht mehr zu kennen. Vor unserer Ehe hatten wir so viele Gemeinsamkeiten, doch nun scheinen wir zu allem eine unterschiedliche Meinung zu haben. Das ist nicht der Mensch, in den ich mich verliebt habe. Mein Partner hat sich so verändert.«

Doch eigentlich hat sich der Partner nur sehr wenig verändert. Die Realität offenbart nicht selten Dinge, die die Romantik verbirgt. In der alltäglichen Routine des Lebens bemerken die Ehepartner Dinge aneinander, die sie vorher nie gesehen haben. Sie neigen nun dazu, sich auf ihre Unterschiede zu konzentrieren, sie ärgern sich über die Eigenarten, die sie vor der Ehe bezaubert hatten, und sie haben die Tendenz, nur die negative Seite der Eigenschaften des Partners zu sehen, die sie vor ihrer Eheschließung am meisten bewunderten.

Genau das passierte uns. Während der Zeit unserer Freundschaft gediehen unsere Gefühle im satten Boden unserer offensichtlichen Übereinstimmungen. Unsere Wertvorstellungen und Ziele stimmten überein. Wir respektierten einander. Wir fühlten uns von dem ganzen Menschen angezogen. Unser Problem war, daß wir unsere ganze Aufmerksamkeit auf diese erfreulichen Dinge lenkten und es versäumt hatten, unser Augenmerk auf einige wichtige Unterschiede zu richten. Wir ließen unseren unterschiedlichen familiären Hintergrund außer acht, auch unsere unterschiedliche Persönlichkeitsstruktur.

Für dieses Versäumnis haben wir einen hohen Preis zahlen müssen. Wir sind überzeugt, daß die Geschichte unserer Ehe sehr viel angenehmer verlaufen wäre, wenn wir während der Zeit unserer Freundschaft und nicht erst nach vierzehn Jahren Ehe über Ideen wie die in diesem Kapitel vorgestellten gestolpert wären.

Einige der Ideen, über die wir auf den folgenden Seiten sprechen werden, sind dem Buch »Der neue Weg – anders leben ist möglich«[1] von Bill Hybels entnommen, und zwar einem Kapitel mit der Überschrift »Ehe es zu spät ist«. Wir halten diese Ideen jedoch für so wichtig, daß wir beschlossen haben, sie in überarbeiteter Form in diesem Kapitel wieder zu verwenden.

Das Gewürz des Lebens

Experten auf dem Gebiet der Persönlichkeitsentwicklung sind der Meinung, daß die Anlagen für bestimmte Denk- und Verhaltensweisen eines Menschen bereits bei seiner Geburt vorhanden sind, genau wie er mit braunen oder blauen Augen, mit schwarzem oder blondem Haar, groß oder klein auf die Welt kommt. In den fünfziger Jahren erweiterten die beiden Psychologinnen Isabel Myers und Katharine Briggs Carl Jungs Theorie zu den unterschiedlichen Temperamentszügen. Sie entwarfen einen Test zur Identifizierung der verschiedenen Persönlichkeitstypen, basierend auf den variierenden Kombinationen dieser angeborenen Züge. Der Test wurde bekannt als der Myers-Briggs-Persönlichkeitstest.

Ein Buch, das sich sehr ausführlich mit Jungs Theorie und den Anwendungen von Myers und Briggs beschäftigt, ist *Please Understand Me* von David Kerisey und Marilyn Bates.[2] Dieses Buch ist uns eine große Hilfe gewesen. Es konzentriert sich auf vier Aspekte des Denkens und Verhaltens, und das hat uns geholfen, die unterschiedlichen Denk- und Verhaltensmuster, die Präferenzen der Menschen zu verstehen. Die Skalierung einer jeden Präferenz reicht von »leicht« über »mittel« bis »extrem«. Wenn Sie sich in einer der dort aufgeführten Beschreibungen sehr deutlich wiederfinden, zeigen Sie vielleicht eine extreme Präferenz auf diesem Gebiet. Wenn das Bild nicht ganz so klar ist, haben Sie vielleicht nur eine leichte Präferenz.

Der erste mögliche Unterschied beschäftigt sich mit Quellen emotionaler Energie und welchen Einfluß sie auf die Beziehungsvorbilder

der Menschen haben. Einige Menschen sind sehr introvertiert und beziehen Kraft aus der Einsamkeit. Sie lieben es, allein zu sein, und neigen gewöhnlich zu Aktivitäten, die ihnen dieses Alleinesein bieten. Ein extrem introvertierter Mensch joggt vermutlich lieber allein, als sich einer Gruppe anzuschließen; er wird eher ein Selbsthilfebuch lesen als in einer Gruppe Rat zu suchen. Wenn Sie jemanden sehen, der allein Golf spielt, können Sie wetten, daß er sehr introvertiert ist.

Introvertierte Menschen denken nach, bevor sie reden, und sagen gewöhnlich wenig. Sie ziehen einige enge Freunde einem großen Freundeskreis vor und entscheiden sich häufig eher für einen ruhigen Abend zu Hause als in Gesellschaft. Menschen gegenüber verhalten sie sich zwar herzlich, liebevoll und freundlich, doch sozialer Umgang erschöpft sie – sie fühlen sich in einer Gruppe ein wenig unbehaglich –, und darum brauchen sie die Einsamkeit als Gegengewicht. Sie müssen allein sein, damit sie entspannen, sich fallenlassen und wieder sie selbst sein können.

Extrovertierte Menschen dagegen beziehen ihre Energie aus der Interaktion mit anderen. Die meisten extrovertierten Menschen arbeiten und engagieren sich gern in einer Gruppe. Sie haben gewöhnlich viele Freunde und verbringen einen großen Teil ihrer Zeit mit anderen. Extrem extrovertierte Menschen lieben nichts mehr als eine Party und sind sehr häufig der Mittelpunkt eines gesellschaftlichen Ereignisses. Sie neigen dazu, sehr viel zu reden. Manchmal müssen sie sogar reden, um herauszufinden, was sie denken. Extrovertierte Menschen lieben dann und wann auch mal die Einsamkeit, aber zuviel davon laugt sie emotional aus. Sie brauchen die Inspiration des Austauschs, um ihre Batterien geladen zu halten.

Einmal wurden wir von einem extrem extrovertierten Mann mittleren Alters vom Flughafen abgeholt und zu unserem Hotel gebracht. Anderthalb Stunden redete er ohne Unterbrechung. Als wir ihn fragten, wie ihm seine Arbeit gefiel, sagte er: »Ich liebe sie. Ich verbringe zwölf Stunden pro Tag und sechs Tage pro Woche damit, Menschen vom Flughafen abzuholen und wieder hinzubringen. Wir amüsieren uns, reden miteinander, machen Scherze, lachen und tauschen Geschichten aus. Was kann schöner sein? Ich hasse es, abends nach Hause zu gehen und allein zu sein.«

Während introvertierte und extrovertierte Menschen sich in ihren zwischenmenschlichen Verhaltensweisen unterscheiden, gibt es bei den sensitiven, d. h. sinnesbetonten Menschen einerseits und den intuitiven Menschen andererseits Unterschiede in der Art, wie sie Informationen sammeln und verwerten. Wenn die sensitiven Menschen sich mit einem Wort beschreiben sollten, so wäre es vermutlich das Wort »praktisch«. Sensitive Menschen wollen »Fakten, vertrauen Fakten und erinnern sich an Fakten«[3]. Sie stehen mit beiden Füßen fest auf dem Boden der Tatsachen. Sie konzentrieren sich auf das, was passiert oder was ist, und verschwenden kaum einen Gedanken an das, was hätte sein können oder in der Zukunft vielleicht sein wird. Sie betrachten die Vergangenheit, lernen durch Erfahrung und haben große Achtung vor der Erfahrung anderer Menschen. Wenn sensitive Arbeitgeber mit zukünftigen Angestellten sprechen, neigen sie dazu, Fragen zur Vergangenheit des Bewerbers zu stellen, weil sie der Meinung sind, vergangene Erfahrungen seien die beste Basis für die Einschätzung seiner zukünftigen Arbeitsleistung.

Sensitive Menschen achten ungewöhnlich stark auf Details, weil sie es vorziehen, Informationen durch ihre Sinne zu sammeln: was sie sehen, hören, riechen, fühlen und berühren. Nach einer Party kann ein sensitiver Mensch häufig detailliert beschreiben, was die Gäste getragen haben, wie der Raum dekoriert war und welche Lieder im Hintergrund gespielt wurden. Wenn sie gebeten werden, die Feier zu beschreiben, würden einige von ihnen vielleicht mehr auf Kleinigkeiten eingehen, als es bei den Zuhörern erwünscht ist.

Intuitive Menschen würden sich selbst vielleicht als »innovativ« beschreiben. Für sie kann das Bestehende immer noch verbessert werden. Ihre leichte Unzufriedenheit mit der Realität treibt sie auf eine Veränderung hin. Die Zukunft interessiert sie weit mehr als die Vergangenheit oder Gegenwart, und sie sind fasziniert von Ideen und Möglichkeiten. Intuitive Arbeitgeber neigen dazu, mehr auf das zu achten, was ein zukünftiger Arbeitnehmer in bezug auf die Zukunft des Unternehmens sagt als auf das, was er in der Vergangenheit getan hat.

Intuitive Menschen erfreuen andere mit ihrem Optimismus, ihrer Phantasie, Kreativität und malerischen Bildern der Zukunft, doch weil sie häufig auf Wolken schweben, unterlaufen ihnen Fehler in Fakten und Details. Nach einer Party wird ein intuitiver Mensch sich vielleicht nur an jene Details erinnern, die im Zusammenhang mit dem stehen, was ihn gerade beschäftigt.[4] Wenn er gebeten wird, den Abend zu beschreiben, würde ein extrem intuitiver Mensch ihn vielleicht in einer Metapher zusammenfassen und seine sensitiven Zuhörer, die sich konkretere Informationen wünschen, »im Dunkeln lassen«.

Während sensitive Menschen Probleme durch sorgfältige Analyse der Fakten lösen, kommen intuitive Menschen ohne große Anstrengung auf komplexe Lösungen. Ihre verschiedenen Gefühle führen intuitive Menschen auf eine Vielzahl von Wegen; tatsächlich neigen sie dazu, von einer Aktivität zur nächsten zu springen und überlassen es häufig anderen zu beenden, was sie begonnen haben. Sie sehen das Ganze und brauchen einen, in der Regel sensitiven, Menschen, der auf die Details achtet. Sensitive Menschen betrachten intuitive Menschen häufig als oberflächlich, unrealistisch und unpraktisch veranlagt, während intuitive Menschen den sensitiven vorwerfen, sich in Details zu verlieren und Möglichkeiten nicht zu erkennen.

Eine dritte Kategorie, die der vernunftbetonten und gefühlsbetonten Menschen, zeigt, wie unterschiedlich die Menschen im Bereich der Bewertung von Möglichkeiten und im Treffen von Entscheidungen sind. Vernunftbetonte Menschen gehen rational an das Leben heran. Sie lassen sich von ihrer Vernunft bestimmen. Sie neigen dazu, kühl und berechnend zu sein, sind gerissen und ausgefuchst. Sie beschäftigen sich mit dem Pro und Contra, mit Klugheit, Zielen und Effizienz. Im Rechtssystem schreien sie nach Gerechtigkeit. Im Geschäftsleben nach Produktivität und Profit. In der Erziehung nach der unverrückbaren Wahrheit. Sie tun das, was richtig ist. Sie treten für Fairneß ein, streben nach dem Vernünftigen.

Ein vernunftbetonter Manager wird ohne große Gefühlsregung sagen: »Es tut mir leid, Joe. Wir haben Ihre Arbeitsplatzbeschreibung nun schon dreimal angepaßt, und Sie werden ihr immer noch nicht gerecht. Für die Firma und für Sie wird es besser sein, wenn Sie sich nach etwas anderem umsehen.« Ein vernunftbetonter Lehrer wird sagen: »Du hättest nach der Schule hierbleiben können, wenn du die Aufgabe nicht verstanden hast. Ich kann deine Note nun nicht mehr ändern. Das wäre unfair den Kindern gegenüber, die die Aufgabe richtig erledigt haben.« Ein vernunftbetonter Elternteil wird sagen: »Widersprich mir nicht, Tony. Du kanntest die Regeln und hast sie gebrochen. Und jetzt mußt du die Konsequenzen tragen. Ich hoffe, du lernst deine Lektion.«

Gefühlsbetonte Menschen dagegen lassen ihr Herz regieren. Sie haben sehr tiefgehende Gefühle und können sehr gut nachempfinden, was in anderen vorgeht. Sie neigen dazu, sich in ihren Entscheidungen davon beeinflussen zu lassen, welchen Einfluß ihre Entscheidung auf andere hat. Sie können es nicht ertragen, wenn Menschen traurig, verletzt oder entmutigt sind, und sehnen sich danach, ihren Schmerz zu lindern. Sie ziehen Erbarmen der Gerechtigkeit vor, stellen die Menschen über Profite, und manchmal sehen sie grau, wo vernunftbetonte Menschen schwarz oder weiß sehen.

Gefühlsbetonte Manager machen sich Personalentscheidungen nicht leicht. »Ja, Sie haben recht. Joe wird an einer anderen Arbeitsstelle vermutlich besser aufgehoben sein. Aber er hat sich soviel Mühe gegeben, und es gefällt mir gar nicht, ihm das Gefühl zu geben, ein Versager zu sein.« Gefühlsbetonte Lehrer haben schlaflose Nächte wegen der Kinder, die eine schlechte Note geschrieben haben. »Ich weiß, daß Angela keine bessere Note verdient hat. Aber es gefällt mir gar nicht, sie dafür zu bestrafen, daß sie die Aufgabe mißverstanden hat.« Gefühlsbetonte Eltern meinen es ehrlich, wenn sie ihren Kindern sagen: »Das tut mir sehr viel mehr weh als dir.«

Vernunftbetonte oder gefühlsbetonte Veranlagung hat nichts mit der Intelligenz zu tun oder der Fähigkeit, zu analysieren und zur Wurzel komplexer Themen vorzustoßen. Die Frage ist: Wenn ich ein Problem erkenne, lasse ich meine Vernunft oder mein Herz entscheiden?

Menschen unterscheiden sich auch in der Strukturierung ihres Lebens. Einige organisieren ihr Leben und lieben Listen, Regeln und Termine. Sie mögen eine einigermaßen vorhersehbare Routine und ärgern sich häufig sehr über Störungen. Sie kennen gern den Plan und halten sich an das Programm. Ihr Motto ist: *Halte dich an die Vorgaben.* Sie mögen keine Überraschungen, und eine Änderung kann sie aus der Bahn werfen. Sie neigen dazu, ernst und perfektionistisch zu sein, manchmal auch pessimistisch. Sie sind extrem gewissenhaft, nehmen Verantwortung ernst, halten Terminvorgaben genau ein und haben nur selten die Freiheit, es locker angehen zu lassen, wenn ihre Arbeit getan ist.

Andere Menschen fühlen sich gefangen, wenn ihr Leben organisiert ist. Sie ziehen Freiheit und Spontaneität vor. Sie neigen dazu, vor der Arbeit noch einen draufzumachen, und einige von ihnen nehmen ihre Arbeit nur ernst, wenn ein Termin drückt. Sie leben nur ungern nach Terminen und zögern, einen Plan zu vollenden. Ihr Motto lautet: *Vertraue auf den Augenblick.* Sie halten sich gern so lange wie möglich viele Möglichkeiten offen. Sie lieben Änderung und Unvorhersehbarkeit. Sie neigen dazu, fröhlich, spielerisch und optimistisch zu sein. Für sie ist jeder Tag ein Abenteuer, und sie können es kaum erwarten zu sehen, was er ihnen bringt.

Bill: Mein Vater war ein Mensch, der gern improvisierte. Einmal, als ich ihn auf eine Geschäftsreise nach Washington D. C. begleitete, war er ein paar Tage früher mit seiner Arbeit fertig. Er schlug vor, noch woanders hinzufahren.

»Wohin möchtest du denn?« fragte ich.

»Ach Bill, was hältst du davon, wenn wir einfach zum Flughafen fahren und ins nächste Flugzeug steigen, egal, wo es hinfliegt?«

Und genau das taten wir! Wir verpaßten das Flugzeug nach London um wenige Sekunden, landeten dann jedoch in Jamaika, was auch nicht schlecht war.

Die folgenden beiden Bereiche in bezug auf das unterschiedliche Wesen der Menschen sind nicht dem Persönlichkeitstest von Myers und Briggs entnommen. Da ist auf der einen Seite die Kategorie »initiativ versus reagierend«, auf der anderen Seite die Kategorie »aufgaben- versus beziehungsorientiert«. Uns scheinen beide Kategorien jedoch eine hilfreiche Ergänzung zu sein. Bob Phillips geht in seinem Buch *The Delicate Art of Dancing with Porcupines*[6] darauf ein.

Initiative Menschen haben Ideen und sind aktiv. Sie sind aggressiv, anmaßend und bereit, auch unangenehme Dinge anzusprechen. Sie sind meistens sehr offen, sprechen häufig laut, schnell und sehr betont und gebrauchen Körpersprache. Initiative Menschen sind entscheidungsfreudig. Entscheidungen werden direkt und impulsiv getroffen. Initiative Menschen sind belastbar und nehmen gern Belastungen auf sich. Sie sind ausgezeichnete Führer, obwohl sie anderen manchmal unerreichbar erscheinen.

Reagierende Menschen überlassen es anderen Menschen, Ideen zu haben und zu handeln. Sie sind weniger anmaßend und aggressiv als initiative Menschen und vermeiden Konfrontationen, wann immer das möglich ist. Sie sind unentschlossen und vorsichtig; sie neigen dazu, leise und emotionslos zu sprechen; sie zögern, ihre Meinung zu sagen aus Angst, andere vor den Kopf zu stoßen. Sie hören aufmerksam zu, vermeiden es, Macht auszuüben und sind in der Regel immer bereit, andere zu unterstützen. Andere halten sie für schüchtern, finden sie aber nicht unsympathisch.

Der Unterschied zwischen initiativen und reagierenden Menschen wird in einer Vielzahl von Situationen deutlich. In der Sportmannschaft unseres Sohnes haben wir beobachten können, daß initiative Kinder sehr gut im Angriff spielen können, während reagierende Kinder eher für die Verteidigung geeignet sind.

Daneben gibt es aufgabenorientierte und beziehungsorientierte Menschen. Aufgabenorientierte Menschen stellen die Aufgaben gern über die Beziehungen zu anderen Menschen. Sie fühlen sich gut, wenn sie etwas Greifbares geleistet haben. Wenn sie ein Abendessen planen, werden sie sich in erster Linie um die Details kümmern – das Essen, die Dekoration, die Sitzordnung, die Unterhaltung. Sie halten sich auch im Laufe des Abends an ihre Liste, auf der lediglich nicht-beziehungsorientierten Aufgaben zu finden sind.

Beziehungsorientierte Menschen dagegen räumen den Beziehungen den ersten Platz ein. Wenn sie eine Party planen, hoffen sie, daß sich jemand der Details annimmt, damit sie die Gäste begrüßen, sich um sie kümmern und ihnen das Gefühl geben können, willkommen zu sein.

Warum bist du nicht so normal wie ich?

Natürlich erhebt diese Liste keinen Anspruch auf Vollständigkeit. Die Menschen unterscheiden sich in vielfältiger Weise voneinander, und das ist auch gut so. Das Aufeinandertreffen unterschiedlicher Persönlichkeiten mit individuellem Aussehen und sich ergänzenden Stärken ist häufig der Schlüssel zum Erfolg im Geschäftsleben, in der Erziehung, in der Gemeinde, im Familienleben und sogar in der Ehe.

Das alte Sprichwort, daß Gegensätze sich anziehen, ist aus gutem Grund zutreffend. Gegensätzliche Charaktere fordern einander heraus, bereichern sich gegenseitig und sind, vor allem in der Freundschaft, voneinander fasziniert. Doch die Faszination führt häufig zur Frustration. Obwohl wir uns zu Menschen hingezogen fühlen, die ganz anders sind als wir, fällt es uns schwer, sie zu verstehen. Dieses Nichtverstehen führt häufig zu Mißverständnis und nicht selten zum Bruch.

Es kann ausgesprochen häßlich werden.

Ein Paar, das sich vorher angebetet hat, wirft sich auf einmal nur noch Beleidigungen an den Kopf: *Du bist mir unverständlich. Du bist seltsam. Irgend etwas stimmt nicht mit dir. Warum kannst du nicht so normal sein wie ich?* Das Paar kommt zu der einzigen Schlußfolgerung, die ihnen logisch erscheint: Sie haben den falschen Partner geheiratet.

Aber stimmt das denn? Wären sie wirklich besser dran, wenn sie jemanden geheiratet hätten, der so ist wie sie?

Eine persönliche Fallstudie

Bill: Ich habe Lynne geheiratet, weil mir ihr Charakter und ihre geistliche Hingabe gefielen. Ich mochte die Art, wie wir als gleichberechtigte Partner miteinander umgingen, und sie war für mich auch körperlich attraktiv. Außerdem fühlte ich mich durch unsere offensichtlichen Gegensätze herausgefordert und stimuliert. In neun von zehn Bereichen waren wir unterschiedlich veranlagt.

Lynne war zum Beispiel sehr viel ruhiger als ich und hatte auch weniger Freunde. Sie verhielt sich Menschen gegenüber sehr herzlich und freundlich, in Gruppen war sie jedoch eher reserviert und zog wenige enge Freunde einem großen Bekanntenkreis vor. Sie sprach nicht viel, doch was sie sagte, hatte Hand und Fuß. Damals wußte ich noch nichts von introvertierten und extrovertierten Menschen. Ich wußte nur, daß ich von dem, was sie ausstrahlte, von ihrer Tiefe fasziniert war.

Sie war auch sehr viel zärtlicher, liebevoller, einfühlsamer und freundlicher als ich. Ich hatte mich als emotionslosen, berechnenden, vernunftbetonten Menschen erkannt, und ich dachte, daß ich vielleicht eines Tages ein Herz bekommen würde. Vielleicht hilft es, wenn ich eine Frau mit Herz heirate, dachte ich. Vielleicht können wir ihres teilen.

Lynne war auch sehr viel strukturierter und organisierter als ich. Ich liebte die Spontaneität, nahm alles auf die leichte Schulter, doch ich fand ihre Neigung zum Pläneschmieden sehr ansprechend. In ihrem Leben herrschte Ordnung, sie war sehr verantwortungsbewußt. Sie wußte, wie sie die Dinge in Gang halten konnte.

Aber nach mehreren Jahren Ehe wurde aus der Faszination Frustration. Einige der Eigenschaften, die mir attraktiv erschienen waren, ärgerten mich nun.

Auf einmal war sie mir zu still. Sie war beinahe unkommunikativ, so schien es mir. Ich mußte ihr alles aus der Nase ziehen, und das war mir zuviel Arbeit. Ich wollte jemanden, mit dem ich gut reden konnte. Ich wollte jemanden, der nicht jedes Wort auf die Goldwaage legte.

Und sie hatte meiner Meinung nach nicht genügend Freunde. Immer wieder versuchte ich, sie in Beziehungen zu stoßen, doch sie ließ sich nicht darauf ein.

»Ich wußte nicht, daß ich eine Einsiedlerin geheiratet habe«, rief ich.

»Geh und laß mich allein«, flüsterte sie.

»Das ist das Problem. Du willst immer alleingelassen werden. Du willst immer, daß wir alleingelassen werden. Ich brauche

Gesellschaft. Ich möchte Partys und Picknicks. Ich möchte ein Abendessen mit mindestens so vielen Leuten wie in unser Zimmer passen!«

»Du bist krank! Ihr oberflächlichen, extrovertierten Menschen seid doch alle gleich – einen Kilometer breit und einen Zentimeter tief. Du meinst, die Antwort auf alles sei eine Party. Na los, lade doch die ganze Welt ein, wenn du möchtest. Aber bitte nicht mich.«

Sie hatte tatsächlich ein Problem im gesellschaftlichen Bereich, aber das war nicht ihr einziges. Sie war auch viel zu weich. Einfühlsamkeit und Mitleid sind in Ordnung – in Maßen. Aber sie weinte bei Filmen und schluchzte, wenn der Hund einer Freundin starb.

Und dann war da ihr Bedürfnis nach einer geregelten Struktur. Sie konnte einfach nicht mit Fragezeichen leben. Sie wollte immer den Plan kennen – zum Beispiel, wohin der Urlaub ging, wann wir losfuhren und wann wir nach Hause kamen – im voraus!

Das war nur der Beginn meiner Liste mit Dingen, die mir an ihr nicht paßten. Immer mehr Unterschiede wurden zum Problem. Einiges sprach ich Lynne gegenüber in meiner weltbekannten einfühlsamen und konstruktiven Weise an. Anderes hielt ich in meinem Innern verborgen, wo es gären und Feindschaft schaffen konnte. Beide Methoden schadeten mehr, als daß sie Gutes bewirkt hätten. Sie fachten unsere bereits in Flammen geratenen Emotionen weiter an und vertieften die Kluft zwischen uns.

Doch dann begann Gott, an meinem Egoismus zu kratzen, an meiner Engstirnigkeit und meiner Unreife. Und als er das tat, begann ich Lynne wieder mit den Augen zu sehen, mit denen ich sie zu Beginn unserer Beziehung gesehen hatte. Und nun bin ich wieder dahin gekommen, daß ich die Unterschiede in unserem Wesen voll und ganz zu schätzen weiß.

Weil Lynne ein introvertierter Mensch ist, ist unser Heim ein sicherer und ruhiger Ort. Es ist eine Zuflucht. In meinem Alltag habe ich mit unzähligen Menschen zu tun – mit Nachbarn, Freunden, Kollegen und Gemeindemitgliedern – und bin bis zur Erschöpfung in Anspruch genommen. Wenn zu Hause eine überströmend extrovertierte Frau auf mich wartete, die alle drei Tage eine Party veranstaltete, würde ich verrückt werden.

Weil Lynne gern allein ist und sich weiterbildet, liest sie viel. Und was sie liest, bringt sie in unsere Beziehung ein. Vor kurzem erzählte sie mir während einer Verabredung zum Frühstück von einem Buch, das sie gerade las. Es handelte von dem Leben in Europa während des Zweiten Weltkrieges. Da saß ich nun in diesem Restaurant und bekam einen Crashkurs in Geschichte zum Preis von einer Schüssel Müsli.

Ich weiß jetzt, daß Lynnes Fähigkeit, so tief zu empfinden, sie dazu bringt, sich um Leute zu kümmern, wie ich es nie tun könnte. Sie ist diejenige, die in unserem Haus die Spenden für die Arbeit in der Dritten Welt überweist. Sie sammelt Decken für Menschen, die in Baracken leben. Sie hat Wassergräben in einem Waisenhaus in Mexiko gezogen. Sie nimmt mich nach dem Gottesdienst beiseite und sagt mir, wie sehr meine oberflächlichen Bemerkungen andere verletzen können. Sie hat mir beigebracht, wie ich mit unserem Sohn Todd umgehen muß, dessen weiches Herz ich durch meine Gefühllosigkeit schnell hätte brechen können.

Ich brauche auch eine Frau, die weiß, wie man eine gewisse Ordnung im Leben aufrechterhält. Dank Lynnes Bedürfnis nach Struktur läuft unser Haushalt wie am Schnürchen. Wir haben saubere Kleidung. Wir bekommen gesundes Essen. Unser Haushaltsbudget reicht aus. Wir haben zwei Kinder, die sich hinsetzen und ihre Hausaufgaben erledigen können. Und ich muß zugeben, daß ihre umsichtige Planung einige unserer gemeinsamen Abenteuer sehr bereichert hat.

Oft war ich versucht, Hammer und Meißel zu nehmen und aus Lynne ein Duplikat von mir zu machen. Ich habe es sogar dann und wann tatsächlich versucht. Gott sei Dank ist es mir nicht gelungen. Ich erkenne jetzt, daß einer von meiner Sorte in unserem Zuhause vollkommen ausreicht. Ich wette, daß einer von Ihnen in Ihrem Heim auch vollkommen ausreicht.

Ein besserer Weg

Die »Hammer-und-Meißel«-Methode war etwas, das wir gemeinsam hatten. Wir beide waren der Meinung, wir allein wären der Standard für das, was richtig, normal, akzeptabel und sogar von Gott gebilligt war. Und wir beide taten unser Bestes, den anderen »zurechtzubiegen«. Und dann lasen wir einmal im Urlaub zusammen dieses wundervolle Buch über die verschiedenen Temperamente, aus dem wir eben zitiert haben: *Please Understand Me* (»Bitte, versteh mich doch«). Der Titel spiegelte den Schrei unseres Herzens wider, und der Inhalt ermahnte und ermutigte uns. Unsere Arroganz, die sich in dem Versuch zeigte, unsere Präferenzen dem anderen aufzudrücken, wurde an den Pranger gestellt. Ermutigt wurden wir durch die Erkenntnis, daß wir beide richtig, normal, akzeptabel und gottesfürchtig sein konnten – auch wenn wir so gegensätzlich waren. Wir konnten unterschiedlich sein, ohne richtig oder falsch zu sein.

Die Lektüre dieses Buches war der Wendepunkt in unserer Beziehung. Wir versuchten damit aufzuhören, unsere Unterschiede herunterzuspielen und beschlossen, sie statt dessen zu feiern. Wir beschlossen, dem anderen die Freiheit zu geben, so zu sein, wie Gott ihn erschaffen hatte.

Lynne: Vorher hatte ich mich durch Bills Wunsch, soviel Zeit mit anderen Menschen zu verbringen, bedroht gefühlt. Ich dachte, das bedeutete, daß er mit mir unglücklich war. Als ich erfuhr, daß extrovertierte Menschen die Stimulation unterschiedlicher Beziehungen brauchen, konnte ich ihn aufrichtig ermutigen, seine vielen Freundschaften zu pflegen.

Wir suchten auch bewußt nach Wegen, wie unsere unterschiedlichen Ansichten und Vorlieben sich ergänzen konnten.

Lynne: In der Vergangenheit hatte ich Bill als grausam und herzlos verurteilt, weil er nicht so schnell mit anderen empfand wie ich. Ich lernte jedoch, daß seine etwas objektivere Sichtweise auch von Vorteil war. Manchmal taten mir Leute so leid, und ich »rettete« sie, wenn es besser gewesen wäre, sie hätten sich den Konsequenzen ihrer Fehler stellen müssen. Bill half mir, über die unmittelbare Notwendigkeit hinauszusehen auf die zukünftigen Folgen und Lektionen, die die Menschen zu lernen hatten. Auf der anderen Seite stellte Bill fest, daß er manchmal auch ein wenig von meinem Mitgefühl gebrauchen konnte; er mußte das Mitleid über die Gerechtigkeit siegen lassen.

Von Bill habe ich auch gelernt, mein Bedürfnis nach Struktur ein wenig zu lockern. Immer noch bin ich dafür, vorauszuplanen und an einer bestimmten Routine festzuhalten. Doch ich habe festgestellt, daß ein Leben interessanter und Beziehungen reicher werden, wenn man die Routine dann und wann mit ein wenig Spontaneität würzt. Das gilt vor allem für die Erziehung. Die schönsten Augenblicke habe ich erlebt, wenn ich spontane Unternehmungen mit meinen Kindern machte, und ich hätte sie vermutlich verpaßt, wenn ich mich durch Bills Spontaneität nicht hätte beeinflussen lassen. Natürlich gab es auch viele wunderschöne Augenblicke, die wir beide verpaßt hätten, wenn ich sie nicht sorgfältig vorher geplant hätte.

Bill und ich haben festgestellt, daß wir uns vor allem im Bereich der Initiative und Reaktion ergänzen. Bill ist der ausgesprochene Initiator. Die Ideen sprudeln nur so aus ihm hervor, und er schlägt sehr viel mehr Möglichkeiten vor, als er selbst je verfolgen könnte. Ich verfüge über Energie und Enthusiasmus, doch ich weiß oft nicht so recht, in welche Kanäle ich sie leiten soll. Wir haben entdeckt, daß wir als Ehepaar ausgesprochen produktiv sein können, wenn ich meine Energie für seine Ideen einsetze. Dieses Buch ist ein hervorragendes Beispiel dafür. Während des Schreibens hat Bill häufig eine Idee in den Raum gestellt, ich nahm sie auf, entwickelte sie und brachte sie zu Papier. Ich hätte tagelang nachdenken können und hätte keine Ideen gehabt, die so gut waren wie seine. Er hätte tagelang mit seiner Idee spielen und sie niemals entwickeln können.

Zu entdecken, daß zuvor frustrierende Unterschiede sich ergänzen, ist einer der sichersten Indikatoren für eine gesunde Ehe.

Jedoch stellen nicht alle Unterschiede eine Ergänzung dar. Manchmal sollten wir gar nicht erst versuchen, sie miteinander zu verflechten, sondern offen zugeben, daß sie nicht zueinander passen, und kreative Wege finden, damit klarzukommen. Wir haben das im Bereich unseres christlichen Dienstes entdeckt.

Lynne: In den ersten Jahren unserer Ehe hielten wir Hausbibelkreise für Ehepaare in unserer Wohnung ab. Bill gefiel das sehr, doch mich belastete die Verantwortung, jede Woche eine so enge Beziehung mit fünf oder sechs Frauen zu unterhalten. Als wir von den Unterschieden zwischen introvertierten und extrovertierten Menschen lasen, wurde uns klar, warum es mir keinen Spaß machte, eine Gruppe zu führen. Danach übernahm Bill die Verantwortung für einen Männerkreis, und ich konzentrierte mich auf einen Bereich, der mir mehr lag – ich schrieb Artikel über geistliches Wachstum für die Zeitschrift, die von unserer Gemeinde herausgegeben wurde. Das gedruckte Wort war für mich ein sehr viel effektiverer Weg, Menschen in ihrem Glauben zu helfen, als die Gruppenarbeit.

Vor kurzem erwähnte Bill dies in einer Predigt. Nach dem Gottesdienst kam ein junges Ehepaar zu ihm. »Das war genau richtig für mich«, sagte der Mann. »Ich habe meiner Frau sehr zugesetzt, weil sie nicht mit mir auf die Straße gehen will, um dort zu evangelisieren. Sie will sich viel lieber um die Armen kümmern, doch ich war der Meinung, wir sollten zusammenarbeiten. Jetzt erkenne ich, daß ich unrecht gehabt habe. Für mich ist es richtig, Straßenevangelisation zu betreiben, und für sie, sich um die Armen zu kümmern.«

Einige Wochen später erhielt ich einen Brief von der Frau. Sie schrieb mir, ihr Mann habe gerade mehrere Geschäftsleute zum Glauben führen können. Sie habe sich einer Gruppe von Freiwilligen angeschlossen, die sich um die Obdachlosen der Stadt kümmert. »Wir sind beide glücklich«, schrieb sie, »und wir beide wissen, daß wir etwas bewirken.«

Noch immer ist es eine Herausforderung für uns, dem anderen die Freiheit zu geben, er selbst zu sein. Manchmal ist die Versuchung groß, den Meißel wieder anzusetzen. Doch dann erinnern wir uns daran, daß gegensätzlich zu sein nicht gleichzeitig bedeutet, daß der eine recht oder der andere unrecht hat. Es bedeutet nur, daß wir uns ein wenig mehr bemühen müssen, die Einzigartigkeit des anderen zu würdigen.

Ihr Ein und Alles?

Warum ist es wichtig, das zu verstehen? Manchmal sind Ehepaare, die ihre Gegensätzlichkeit erkennen, in der Gefahr, ihre Ehe als hoffnungslos zu betrachten. Sie wollen aufgeben, weil sie den falschen Partner geheiratet haben. Manchmal steigern wohlmeinende Christen ihre Hoffnungslosigkeit mit gutgemeinten Ratschlägen noch.

Wir hörten einmal, wie ein Pastor sagte: »Irgendwo auf dieser Erde wartet ein ganz besonderer Mensch allein auf dich. Gott hat diese Person von Anbeginn der Welt dazu bestimmt, dein Lebenspartner zu sein.« Diese »Einer-und-sonst-keiner«-Theorie geht davon aus, daß Gott von den fünf Milliarden Menschen auf dieser Erde einen – und nur einen allein – zu Ihrem Partner bestimmt hat.

Diese Theorie erscheint harmlos, doch für ein Ehepaar, das um das Überleben seiner Ehe kämpft und dabei nur wenige Fortschritte erzielt, kann sie ausgesprochen gefährlich sein. Die Ehepartner sind frustriert, doch sie machen weiter, bis sie auf diese Theorie stoßen. Plötzlich geht ihnen ein Licht auf: *Das ist unser Problem. Ich bin nicht für dich geschaffen und du nicht für mich. Diese Ehe wird niemals funktionieren. Wir haben uns geirrt. Gott kann diese Ehe nicht segnen, warum laufen wir also immer noch mit dem Kopf gegen die Wand? Wir sollten uns trennen und den Menschen suchen, der für uns bestimmt ist.* Sie gehen davon aus, daß ihre Ehe mit dem Menschen, der für sie bestimmt ist, sehr viel leichter sein wird. Sie würden nicht so viele Kompromisse schließen oder Konflikte bewältigen müssen, sie würden keine Familienstreitigkeiten regeln oder sich mit Temperamentsunterschieden herumschlagen müssen. Sie glauben, dann auf einem ruhigen Ozean von

Eheglück dahinsegeln zu können ... wenn sie nur den Menschen finden könnten, der für sie bestimmt ist. Selbst diejenigen, die trotzdem an der Ehe festhalten, werden mit einem Bedauern leben. Ich habe den für mich bestimmten Lebenspartner nicht gefunden.

Zwar macht diese Ansicht schon seit Jahren in christlichen Kreisen die Runde, doch wir finden wenig Bestätigung in der Bibel, daß Gott tatsächlich jede Ehe bereits von Anbeginn der Welt vorbereitet hat. Wie in vielen anderen Bereichen des christlichen Lebens haben wir ein breites Spektrum für die Wahl des Lebenspartners. Innerhalb dieses Spektrums haben wir die Freiheit zu wählen. Paulus sagt, daß eine Frau, deren Mann gestorben ist, frei ist »zu heiraten, wen sie will; nur geschehe es im Herrn« (1Kor 7,39). Natürlich würde Paulus sie – und auch uns – auffordern, sorgfältig auszuwählen: die Checklisten durchzugehen, es langsam angehen zu lassen, um Führung und gesundes Urteilsvermögen zu bitten und weisen Rat zu suchen. Doch dann sind wir frei, unseren Verstand zu gebrauchen, unser Herz zu prüfen und den Partner auszuwählen, von dem wir das Gefühl haben, daß er am besten zu uns paßt. Wenn wir unter Gottes Führung klug entscheiden, verspricht Gott uns den Mut, die Weisheit und die Kraft, die nötig sind, unsere Ehe aufzubauen.

Wenn wir dann einige Jahre später die Klugheit unserer Entscheidung in Frage stellen, sagt Gott: »Sieh nicht zurück. Die Entscheidung ist getroffen. Blick nach vorne. Stell dich den Herausforderungen. Ich werde bei dir sein, wenn du darangehst, diese Ehe zu bauen. Wenn es schwierig wird, suche Hilfe bei Freunden. Wenn du feststeckst, geh zu einem Therapeuten. Aber vergeude keine Zeit mit der Frage, ob du den für dich bestimmten Partner übersehen hast. Was mich angeht, bist du mit dem für dich bestimmten Menschen verheiratet. Also arbeite weiter an deiner Ehe, damit sie gelingt. Wende dich mit demütigem Herzen an mich, und ich werde dir helfen. Ich werde dir Weisheit und Kreativität schenken. Ich werde dir zeigen, wie du Kompromisse schließen kannst. Ich werde dir Mut geben. Ich werde dir die Kraft zum Durchhalten geben.«

Eine funktionierende Ehe aufzubauen, ist eine der größten Herausforderungen unseres Lebens. Eine Ehe drängt uns mehr als jede andere Herausforderung in eine Beziehung der Abhängigkeit von Gott. Wir erleben dies selbst jeden Tag. Unser Temperament ist so gegensätzlich. Unsere Vorlieben sind so unterschiedlich. Unser Stil ist so abweichend. Unsere Vorbilder sind so verschieden. Unsere Ansichten sind so gegensätzlich. Unsere Erwartungen stimmen nicht überein. Auch wenn die Herausforderung, unsere Unterschiede miteinander zu verflechten, im Laufe der Jahre kleiner geworden ist, kann man nicht sagen, daß sie verschwunden ist. Oft verbringen wir einen großen Teil des Abends damit, über eine Reihe von temperamentsbedingten Hürden zu stolpern und gehen erschöpft zu Bett.

Aber wir haben auch viel von dem, was der andere braucht. Wir helfen uns gegenseitig, die Extreme des anderen auszugleichen, die Schwächen des anderen zu mildern und uns in unseren Stärken zu ergänzen. Wir bereichern uns gegenseitig durch Interessen, die der andere sonst nie kennenlernen würde. Wir haben uns gegenseitig gezwungen, die unterschiedlichen Charaktere unserer Bekannten zu tolerieren und zu achten; und damit haben wir für uns den Kreis möglicher Freundschaften erweitert, uns gegenseitig bereichert und uns gegenseitig fähig gemacht, zwei vollkommen unterschiedliche Kinder zu erziehen. Und wichtiger noch, wir haben uns gegenseitig angespornt, Jesus Christus immer ähnlicher zu werden. Jedesmal, wenn wir uns den Hals verrenkt haben, um eine Sache mit den Augen des anderen zu betrachten oder wenn wir unsere Fäuste wieder geöffnet und dem Drang zu streiten widerstanden haben, wenn wir unsere Ellbogen auf den Tisch gestützt und gesagt haben: »Ich hatte unrecht«, sind wir dem Menschen, der wir werden wollen, ein Stückchen näher gekommen.

Darum wachen wir jeden Morgen auf und sind dankbar für eine Ehe, die uns herausfordert, aber auch bereichert und uns jeden Tag daran erinnert, daß »anders« nicht gleichbedeutend mit »schlecht« ist, sondern eben nur anders.

Anmerkungen

1 **Bill Hybels**, *Honest to God?* Grand Rapids. 1992
   dt.: »Der neue Weg – anders leben ist möglich«. Neuhausen. Hänssler Verlag. 1992
2 **Marilyn Bates** und **David Keirsey**, *Please Understand Me.* Del Mar, Kalifornien. 1984
3 Ebd., S. 17.
4 Ebd., S. 18.
5 Initiative und reagierende Menschen sind von uns geprägte Begriffe. **Bob Phillips**, der Autor von *The Delicate Art of Dancing with Porcupines*, nennt sie erzählende und fragende Menschen.
6 **Bob Phillips**, *The Delicate Art of Dancing with Porcupines.* Ventura, Kalifornien. 1989

Kapitel 7

Vorbereitung auf Konflikte

»Ich kann es nicht glauben.«
»Es stimmt. Wir gehen seit drei Jahren miteinander und haben uns noch nie gestritten. Was kann ich sagen? Wir sind füreinander geschaffen. Wie war das bei euch?«

Wir waren mehr als ein wenig eingeschüchtert. Wie konnten wir dem perfekten Paar gegenübersitzen und von unserer stürmischen Liebesgeschichte und unserer gelösten Verlobung erzählen? Würde es schaden, die Geschichte ein wenig »abzuschwächen«?

»Oh, wir hatten ein paar Konflikte. Aber nichts Ernstes, und wir sind immer in der Lage gewesen, sie zu lösen. Außerdem sind wir der Meinung, daß es nur gut sein kann, wenn Paare Dinge ansprechen und lernen, Konflikte auszutragen. Wie kann man sich besser auf eine Ehe vorbereiten?«

»Nun, das mag für euch vielleicht richtig sein. Aber wenn wir es in den vergangenen drei Jahren problemlos geschafft haben, warum sollten wir in der Ehe Schwierigkeiten erwarten? Wir werden keinen Druck durch das College oder das Zusammenleben mit unseren Eltern haben. Auch wird keiner von uns einer Teilzeitbeschäftigung nachgehen. Die Ehe wird ein Spaziergang werden im Vergleich zu dem, was wir im Augenblick zu bewältigen haben.«

Wir wünschten ihnen Glück und verließen das Restaurant mit dem Gedanken, daß sie vielleicht recht hatten. Die Ehe würde für sie möglicherweise wirklich ein Spaziergang werden. Vielleicht würden sie ihren Rekord aufrechterhalten können. Sie schienen wirklich sehr gut zueinander zu passen.

Aber wir hatten uns geirrt – und sie sich auch. Der Beruf, der Haushalt und das Zusammenleben erwiesen sich als eine größere Herausforderung, als unsere Freunde gedacht hatten. Sie fanden keinen Weg, die Haushaltspflichten untereinander aufzuteilen. Sie stellten fest, daß sie gegensätzliche Ansichten in Geldangelegenheiten hatten. Spannungen mit der Familie wirkten sich auf ihre Beziehung aus. Sich überschneidende Termine lösten häufig wütende Reaktionen aus. Sexuelle Frustration bereitete ihnen schlaflose Nächte. Sie konnten sich nicht auf ein Urlaubsziel einigen ...

Und sie brauchten so dringend einen Urlaub! Sie wollten der Realität entfliehen. Nach drei Jahren Ehe fühlten sie sich von einer festen Mauer von Konflikten gefangen, die sie nicht zu lösen wußten. Und hinter der Mauer wurde die Hitze der Feindschaft beinahe unerträglich.

Ein Notfall

Es ist unentschuldbar, daß jungen Paaren erlaubt wird zu heiraten, ohne vorher obligatorische Lektionen zur Konfliktlösung gelernt zu haben. Und doch passiert das immer wieder. Lehrer, Pastoren, Eltern und Freunde sitzen untätig dabei und beobachten blauäugige Liebespaare, die in ihrer Verliebtheit schwelgen. Dabei wissen sie sehr gut, daß die Realität schließlich grausame Rache üben wird, daß Konflikte entstehen und feindselige Gefühle gären werden. Das einst so überglückliche Paar wird einem Notfall gegenüberstehen, auf den keiner der Partner vorbereitet ist. Weil sie keinerlei Übung haben, werden sie auf keine Notfallmaßnahmen zurückgreifen können.

Was werden sie also tun? In den meisten Fällen werden sie auf die einzige Konfliktlösung zurückgreifen, die sie kennen – die Art der Konfliktlösung, die ihre Eltern angewandt haben. Auch wenn sie Zeuge einer ungesunden, nicht akzeptablen Form der Konfliktlösung geworden sind, auch wenn sie sich geschworen haben, sich niemals so zu verhalten, werden sie fast unausweichlich zu der Methode greifen, mit der sie aufgewachsen sind. Kein Wunder, haben sie doch keine Übung in der Disziplin der Konfliktbewältigung erlernt.

Eisige Kälte

Einige Leute lösen Konflikte mit der »Alaska-Methode«. In einem Haus, wo auf diese Weise mit Konflikten verfahren wird, weiß jeder, daß es einen Konflikt gibt; man kann es in der Atmosphäre spüren. Aber niemand spricht darüber. Jeder weicht zurück, hält sich abseits und flüstert. Wie groß das Problem auch ist, es wird niemals offen angesprochen. Die Leute finden sich damit ab, meiden das Thema oder hoffen, daß die Zeit die Sache in Ordnung bringt. Und manchmal wärmt sich die Atmosphäre soweit wieder auf, daß die Beteiligten wieder miteinander reden. Doch das schöne Wetter dauert nur bis zum nächsten Konflikt, der vermutlich dieselbe Ursache hat wie der vorhergehende. In einer solchen Familie wird nichts wirklich aufgearbeitet.

In anderen »Alaska-Häusern« bleibt die Kälte. Mit jedem neuen Konflikt bildet sich eine neue Eisschicht. Schließlich erstarren die Familienmitglieder in vollkommener Isolation voneinander zu Eissäulen.

Laß die Kugeln fliegen

Einige Familien handhaben Konflikte nach Art der Cowboys. Wenn ein Problem oder ein Mißverständnis entsteht, schießen sie mit Worten wild um sich. »Diese Stadt ist für uns beide nicht groß genug«, rufen sie vielleicht. Und dann schreien sie, werfen mit Gegenständen um sich, zerschlagen die Fenster im Saloon. Einschüchterung heißt dieses Spiel. Den Gefühlen wird freier Lauf gelassen. Die Wut bricht hervor. Es herrscht Aktion und Drama. Aber auf diese Weise wird viel Schaden angerichtet. Gefühle werden verletzt, und Kinder hören Dinge, die sie niemals hören sollten.

Doch die Probleme, die schließlich der Grund für den Streit sind, bleiben ungelöst.

Laß mich hier heraus

Einige Menschen handhaben Konflikte durch Flucht. Ein Familienkonflikt entsteht, und einer der Partner verschwindet und betrinkt sich. Ein anderer macht vielleicht einen Einkaufsbummel. Ein dritter nimmt Drogen, verschwindet für drei Tage oder stürzt sich in die Arbeit. Das Trauma der selbstzerstörerischen Flucht oder des gedankenlosen Verschwindens verschleiert das eigentliche Problem. Allgemeine Erleichterung herrscht, wenn der Ehemann mit dem Trinken aufhört oder die Frau endlich nach Hause kommt. Das Problem ist nicht gelöst, doch wenigstens ist der Flüchtige wieder zu Hause und unter Kontrolle. Bis zum nächsten Konflikt.

In solchen Familien gibt es sehr viel Aktion: Türen werden geknallt, Leute kommen und gehen. Aber das sind bestenfalls Konfliktvermeidungsstrategien. Die Probleme werden nicht angegangen und nicht gelöst.

Ich weiß nicht, was passiert ist

Leider reagieren einige Menschen auf Konflikte damit, daß sie andere mißhandeln. Sie lassen es zu, daß sich die verbalen Attacken zu körperlicher Gewalt steigern, und sie schaffen dadurch noch mehr Schmerz und Distanz, als bereits durch das eigentliche Problem entstanden ist.

Junge Leute aus einem Elternhaus, in dem Gewalt geübt wurde, schwören sich in der Regel, dieses Verhaltensmuster zu durchbrechen. Doch viel zu häufig bringt Gewalt neue Gewalt hervor. Trotz ihrer guten Absichten nehmen sie Zuflucht zu dem, was sie kennen. Wenn ein Unglücksfall geschieht, Frustrationen da sind, die Wut hochkocht, Konflikte wüten oder Emotionen nach Freisetzung schreien, reagieren sie wie im Reflex. Sie schlagen zu; sie verlieren die Kontrolle, sie üben Gewalt.

Später sagen sie: »Ich weiß nicht, was passiert ist. Warum habe ich das getan?« Die Antwort liegt auf der Hand. Da sie keine Übung im Bereich der Konfliktlösung haben, reagierten sie so, wie sie es gewohnt waren. Der Kreis der Gewaltanwendung kann jedoch durchbrochen werden, aber in der Regel nicht ohne ein angemessenes Training.

Obligatorisches Training

Sehr häufig enden Beziehungen, die verheißungsvoll begonnen haben, in großem Schmerz. In der Realität des Alltags treten Uneinigkeit auf, Menschen geraten aneinander. Harte Worte führen zu einem zerstörten Vertrauensverhältnis und verletzten Gefühlen. Unterschwellige Feindschaft erstickt die Liebe. Und über dem Ehehimmel hängt drohend die Wolke der Beziehungsschwierigkeiten. Wenn sich das Muster so fortsetzt, zerbricht die Ehe und ein weiteres Grab auf dem Friedhof der Beziehungen wird geschaufelt.

Wenn wir die Lektüre dieses Kapitels für alle Liebespaare obligatorisch machen könnten, würden wir es tun. Selbst die Paare, bei denen die Übereinstimmung sehr groß ist, werden sich Konflikten in der Ehe stellen müssen. Die Art, wie sie damit umgehen, wird darüber entscheiden, ob ihre Beziehung überlebt oder auf einem Friedhof endet.

Voraussetzung für das Überleben

Die meisten Leute, deren Ehen gescheitert sind, haben eine Antwort parat, wenn sie nach dem Grund für das Scheitern gefragt werden. Sie geben dem Ehebruch, Alkoholismus oder Mißbrauch die Schuld. Sie beschuldigen ihren Ehepartner der Unehrlichkeit, Gefühllosigkeit oder Verantwortungslosigkeit. Sie berufen sich auf unüberwindliche Differenzen oder Persönlichkeitskonflikte. Aber solche Antworten entsprechen nicht der Frage. Diese Faktoren sind vielleicht die Ursache für Kränkungen, Enttäuschungen und Komplikationen, doch sie allein reichen nicht aus, eine Ehe zum Scheitern zu bringen.

Sehen Sie, wir haben erlebt, daß viele Ehen trotz der oben genannten Probleme überlebt haben. Viele haben nicht nur überlebt, sie blühten sogar auf. Auf der anderen Seite haben wir Paare kennengelernt, die nur auf einen Hauch von Schwierigkeiten stießen, und ihre Ehe endete auf dem Beziehungsfriedhof.

Was macht also den Unterschied? Warum sind einige Beziehungen Infektionen und tödlichen Krankheiten gegenüber so resistent und andere so empfänglich?

Wir haben beobachtet, daß neben dem Wissen um die praktischen Werkzeuge zur Konfliktbewältigung fast alle Paare, die die kleineren und größeren Probleme des Ehelebens gemeistert haben, ein wichtiges Gegenmittel gegen den Tod der Ehe entdeckt haben. Dieses Gegenmittel ist der »Geist der Versöhnung«. Dieses Elixier bewirkt die Bereitschaft zur Versöhnung und revolutioniert die Art, einen Konflikt anzugehen.

Für viele Menschen ist es normal, auf eine Kränkung, ein Mißverständnis oder einen Angriff mit einem Gegenangriff zu reagieren. Sie wollen quitt sein und die Schuld zuweisen können; sagen können: »Das ist alles deine Schuld.«

Auch wir haben uns gelegentlich so verhalten. Mehr noch, wir haben uns vermutlich im Recht gefühlt. *Was recht ist, muß recht bleiben*, sagen wir. *Wenn du verletzt wirst, mußt du dich rächen. Ich werde mir das nicht gefallen lassen. Vergeltung ist Selbsterhaltung.* Und dann drehen wir uns selbstgerecht auf dem Absatz um, verlassen das Zimmer und knallen die Tür hinter uns zu. Der Weg führt geradewegs auf den Beziehungsfriedhof. Wir können das Unbehagen und die Spannungen in der Beziehung nicht mehr ertragen, und wir sehen keinen Ausweg. Also springen wir von der Schaufel des Totengräbers, begraben die Beziehung und versuchen, mit dem Leben weiterzumachen. Aber wir leben mit einem dumpfen, stechenden Schmerz, der nicht aufhören will.

In der Bibel steht geschrieben, daß wir geschaffen wurden, um in Harmonie und Gemeinschaft mit anderen zu leben. Wir wurden für den Frieden geschaffen. Darum verursacht uns der Gang über unsere Beziehungsfriedhöfe soviel Kummer. Und darum müssen wir unseren Geist der Vergeltung gegen den Geist der Versöhnung austauschen.

Wie tun wir das? Zuerst müssen wir anerkennen, daß wir den moralischen Wertmaßstäben Gottes nicht gerecht geworden sind und darum im Konflikt mit ihm sind. Einige von uns schaffen es sehr gut, diesen Gedanken zu verdrängen, aber die meisten werden in den wenigen Augenblicken der Einkehr doch ein wenig nervös bei dem Gedanken, eines Tages vor Gott stehen zu müssen. Wir fühlen uns ein wenig unbehaglich. Wir spüren eine latente Furcht vor Vergeltungsmaßnahmen oder Bestrafung. Und wir wissen, daß wir nichts tun können, um dem zu entgehen. Unsere vergangenen Sünden werden nicht verschwinden, und Gottes Wille ändert sich auch nicht. Also stecken wir in einem unlösbaren und unmöglich zu gewinnenden Konflikt.

Der erste Schritt zu einem Geist der Versöhnung besteht darin, sich mit der eigenen verzweifelten Position auseinanderzusetzen. Der zweite Schritt ist die Erkenntnis, daß Gott, der »reich ist an Barmherzigkeit«, seinen Sohn, Jesus Christus, angeboten hat als Brücke über diesen Abgrund, der uns von Gott trennt. Durch Jesu Tod und Auferstehung können wir Versöhnung mit Gott und Befreiung von der Furcht vor der Verdammnis und dem ewigen Tod finden. Wir können in Gottes Familie aufgenommen werden und mit Gott reden, wie ein vielgeliebtes Kind mit seinem Vater spricht.

Der dritte Schritt zu einem Geist der Versöhnung geschieht ganz natürlich bei den Menschen, die in Gottes Familie aufgenommen sind und geistliches Wachstum erleben. Die Freude über die Versöhnung mit Gott macht sich auch in anderen Lebensbereichen bemerkbar. Diese Menschen wollen den Frieden und die Harmonie erleben, die sie mit Gott und anderen erfahren. Sie beginnen zu begreifen, daß alle Menschen – Freunde, Familienmitglieder, Fremde und sogar Feinde – Gott wichtig sind. Der Eisklotz in ihrer Brust beginnt zu schmelzen, und sie empfinden Besorgnis und Mitgefühl für Menschen, die sie früher ignoriert, zurückgewiesen oder schlecht behandelt haben.

Ein radikales »Remake«

Die Bibel erzählt von einem reichen Steuereinnehmer, der die Menschen, ohne auch nur den leisesten Hauch von Reue zu zeigen, immer wieder betrog – bis er bei einem unplanmäßigen Abendessen eine Begegnung mit Jesus hat. Nach einer einfachen Mahlzeit und einer kurzen Unterhaltung ist dieser hartherzige Wucherer plötzlich wie verwandelt. Mit zitternden Lippen erfleht er die Vergebung jener, die er betrogen hat, und er verspricht, das, was er ihnen genommen hat, vierfach zurückzuzahlen. Er will sogar die Hälfte seiner zukünftigen Einnahmen den Armen geben.

Offensichtlich war etwas Großartiges bei diesem Abendessen geschehen. Nicht nur fand ein Sünder Versöhnung mit Gott, er empfing auch den Geist der Versöhnung, der seine Gefühle den Menschen gegenüber verwandelte. Und was Zachäus passierte, werden auch alle diejenigen erleben, die Versöhnung mit Gott erfahren. Der Heilige Geist schenkt ihnen eine Achtung für andere, die vorher nicht da war. Er gibt ihnen einen längeren Atem, mehr Geduld, eine höhere Vergebungsbereitschaft und den Wunsch nach Harmonie. Er schenkt ihnen eine Einfühlsamkeit und Liebe, die sie vorher nicht hatten.

Bill: Ich weiß, daß es stimmt. Bevor ich diese Versöhnung mit Gott erlebte, verursachten mir Beziehungskonflikte schlaflose Nächte. Wenn ich eine private Auseinandersetzung mit jemandem hatte, freute ich mich an der Herausforderung, dafür zu sorgen, daß ich gewann. Wenn eine Person behauptete, ein Problem mit mir zu haben, machte ich deutlich, daß es ihr Problem war. Wenn jemand sagte, er könnte mich nicht leiden, prahlte ich damit, daß mir das nichts ausmachte. Wenn ich erfuhr, daß ich die Gefühle eines anderen verletzt hatte, nahm ich an, daß er übersensibel war. Wenn eine Beziehung dem Untergang geweiht zu sein schien – nun, gegen eine Beerdigung dann und wann hatte ich nichts einzuwenden.

Beziehungsproblemen gegenüber war ich hart. Ich hatte einen Geist der Vergeltung, der Rebellion. In der Regel war ich davon überzeugt, daß ich recht hatte, und wenn Zweifel auftauchten, so verstand ich es, sie schnell zu ersticken. Ich würde nicht zu Kreuze kriechen, um Versöhnung zu suchen.

Doch dann wurde mir meine Sünde bewußt, und ich war überwältigt von der Bereitschaft Gottes, mich in seine Familie aufzunehmen. Der Heilige Geist begann an meinem harten Herzen zu arbeiten. »Sei sanft«, sagte er. »Schluck deinen Stolz hinunter. Überdenke noch einmal deine Wertvorstellungen. Hör auf mit dieser Feindseligkeit. Suche den Frieden. Versöhnung.«

Wenn der Geist der Rebellion in einer Ehe herrscht, eskaliert jeder kleine Konflikt zu einem Krieg der harten Beschuldigungen. Doch wenn der Geist der Versöhnung regiert, können auch größere Konflikte konstruktiv diskutiert und bewältigt werden.

Nach einer Predigt über die Versöhnung sagte ein junger Matrose bewegt: »Jemand muß mich zu Christus führen. Ich habe Probleme in meiner Ehe, und ich habe es satt zu versuchen, sie allein wieder in Ordnung zu bringen. Ich kann es nicht. Meine Frau kann es auch nicht. Wir versuchen es, doch dann gehen wir in Verteidigungsstellung und lehnen uns auf. Wir müssen verändert werden. Wir brauchen den Geist der Versöhnung. Bitte, helfen Sie uns.«

Die Ehe dieses jungen Paares war wie so viele in der heutigen Zeit dem Untergang geweiht, weil der falsche Geist vorherrschte. Einige von Ihnen werden vielleicht ein wenig ungeduldig, wenn sie diesen Teil lesen. Das soll doch ein Buch über die Ehe sein, sagen Sie vielleicht, nicht ein Buch über geistliches Wachstum. Aber geistliches Wachstum ist der Schlüssel zu einer funktionierenden Ehe, weil es der Schlüssel zum Geist der Versöhnung ist. Während unserer Freundschaft und in den ersten Jahren unserer Ehe wußten wir noch nichts von den praktischen Schritten zur Konfliktlösung, die wir im folgenden Kapitel vorstellen werden. Hätten wir sie gekannt, hätten wir sehr viel Schmerz und viele Spannungen vermeiden können. Aber wenigstens hatten wir beide den Geist der Versöhnung. Und das trieb uns an, weiterzuarbeiten, auch wenn die Arbeit so schwer war und es uns schwerfiel, miteinander zu reden und das Gespräch nutzlos zu sein schien. Trotz unserer Beziehungsprobleme weigerten wir uns, zum Friedhof zu eilen. Unser Herz trieb uns zur Versöhnung.

Es reicht nicht aus, wenn nur einer der Partner diesen Geist der Versöhnung hat. Beide Partner müssen mit der Bereitschaft, die Waffen niederzulegen, in die Friedensverhandlungen eintreten, ihre Fehler zugeben und konstruktiv an einer Lösung arbeiten. Dann werden die Schritte zur Konfliktbewältigung von Erfolg gekrönt sein.

Bevor wir uns dem folgenden Kapitel zuwenden, ist es vielleicht hilfreich für Sie, wenn Sie mit Ihrem Ehepartner darüber sprechen, wie in seiner Familie Konflikte angegangen wurden. Wir schlagen auch vor, daß Sie beide offen über den Geist der Versöhnung sprechen. Wenn Sie ihn nicht haben, dann lesen Sie dieses Kapitel bitte noch einmal und ziehen Sie in Erwägung, Versöhnung mit Gott zu suchen. Frieden mit ihm zu machen, ist der wichtigste Schritt, den Sie tun können, sowohl für sich persönlich als auch für Ihre Ehe.

Kapitel 8

Friedensgespräche

Im vorhergehenden Kapitel erwähnten wir, daß wir zu Beginn unserer Ehe Schwierigkeiten bei der Lösung von Konflikten hatten. Das war eine grobe Untertreibung. Wir hatten zwar den Geist der Versöhnung, aber absolut keine Ahnung, wie wir diesen Geist in die Praxis umsetzen sollten.

Lynne: Ich handhabe Konflikte mit der »Alaska-Methode«, was sehr gut zu meinem introvertierten Temperament paßte. Wenn Bill etwas tat, das mich verletzte oder wütend machte, registrierte ich die Kränkung auf meiner geistigen Kontrolliste und ging daran, ihm eisig zu begegnen. Ich sprach zwar noch mit ihm, aber nur das Nötigste. Und ich sah ihm nicht mehr in die Augen, lächelte nicht und sagte auch nichts Angenehmes. Ich schmollte. Ich seufzte. Ich lief mit Trauermine durchs Haus.

Wenn Bill mich fragte, was los sei, blickte ich zu Boden und sagte: »Nichts.«

»Ach komm schon«, drängte er mich dann. »Ich weiß doch, daß irgend etwas nicht stimmt. Sag es mir.«

Wenn er hartnäckig genug war, offenbarte ich ihm schließlich, warum ich verletzt war. Wenn er zu früh aufgab, verschloß ich die Kränkung noch tiefer in meinem Innern.

Meine mangelnde Bereitschaft, aufrichtig mit ihm zu sprechen, war sehr frustrierend für Bill. Er hielt mich für kindisch, er dachte, ich wolle ihn bestrafen, weil er mich verletzt hatte. Manchmal hatte er recht, doch häufiger war ich einfach verwirrt. Ich konnte nicht verstehen, warum sein Verhalten mich störte, darum zögerte ich, es zu erwähnen. Oder ich hatte das Gefühl, daß meine Empörung nicht gerechtfertigt war; darum tat ich so, als sei ich nicht empört. Manchmal wußte ich auch einfach nicht, wie ich meine Gefühle in Worte kleiden sollte. Doch ungeachtet des Grundes vergiftete meine Unfähigkeit, klar und offen zu sagen, was mich bedrückte, die Atmosphäre in unserem Haus.

Bill machte es nicht sehr viel besser als ich, obwohl er einen anderen Ansatz hatte. Von Natur aus spricht er Dinge an, und er hat keine Probleme damit, seine Gedanken in Worte zu fassen. Darum reagierte er wie ein beherrschter Cowboy. Er schrie nicht, warf auch nicht mit Gegenständen umher, doch mit seinen Worten war er ein Scharfschütze. Während ich meine Wut krampfhaft unterdrückte, ließ er ihr freien Lauf.

Jeder Konflikt wurde für uns zu einer kulturellen Erfahrung. Der Cowboy feuerte seine Pistole ab, und der Eskimo erstarrte zu Eis. Es war wie in einem Theaterstück am Broadway. Doch keiner von uns applaudierte. Wir beide waren verletzt.

Es ist schlimm genug, daß falsche Methoden der Konfliktlösung nur äußerst selten einen Konflikt wirklich lösen. Schlimmer ist, daß sie häufig die Kränkung nur noch vertiefen. Ein Ehepaar verwendet ungeheure Energie darauf, ein Problem aufzuarbeiten, und schließlich ist es schlimmer dran als vorher. Ist es ein Wunder, daß viele Ehepaare resignieren und aufhören, sich ihren Konflikten zu stellen?

Nach einer Auseinandersetzung war uns häufig nach Aufgeben zumute. Doch immer wieder siegte der Geist der Versöhnung, und anstatt aufzugeben, lasen wir ein weiteres Buch, hörten uns einen weiteren Vortrag an oder sprachen mit einem weiteren Freund. Und ganz allmählich entstand ein Plan zur Konfliktbewältigung, der auch funktionierte.

Ist das ein Balken in deinem Auge?

Der erste Schritt in unserem Plan zur Konfliktbewältigung ist, für das Problem zu beten. Es ist erstaunlich, wie viele unüberwindliche Konflikte auf eine überschaubare Größe zusammenschrumpfen, wenn man sie im Gebet vor Gott bringt.

Wir Menschen neigen zwar dazu, anderen die Schuld zu geben und die eigene Schuld abzustreiten. Doch der Heilige Geist versteht es erstaunlicherweise immer wieder, eine ausgeglichene Perspektive zu geben. In der Bergpredigt fordert Jesus seine Jünger heraus, zuerst mit dem Finger auf sich selbst zu zeigen, ehe sie auf andere deuten. »Warum siehst du den Splitter im Auge deines Bruders, aber den Balken in deinem Auge bemerkst du nicht? Wie kannst du zu deinem Bruder sagen: Laß mich den Splitter aus deinem Auge herausziehen! – und dabei steckt in deinem Auge ein Balken? Du Heuchler! Zieh zuerst den Balken aus deinem Auge, dann kannst du versuchen, den Splitter aus dem Auge deines Bruders herauszuziehen« (Mt 7,3-5).

Was bedeutet das für Ehepartner? Es sagt uns, daß wir uns, wenn wir uns gekränkt, beleidigt, ausgenutzt oder verletzt fühlen, Zeit mit Gott nehmen und uns einige kritische Fragen stellen sollten, bevor wir unser Gewehr herausholen und wild um uns schießen, bevor wir weglaufen oder dem anderen mit eisiger Kälte begegnen. Liegt es an mir? Bin ich unvernünftig, selbstsüchtig oder unsensibel? Mache ich die Situation schlimmer? Gebe ich der Sünde nach?

Wir erinnern uns an unzählige Male, wo wir gedacht haben, der andere sei vollkommen im Unrecht. Jeder von uns war davon überzeugt, das Recht auf seiner Seite zu haben. Einer trug den weißen Hut, der andere den schwarzen. Aber immer wieder wurden uns im Gebet die Augen für ein vollkommen anderes Bild geöffnet. Wir wurden uns der falschen Annahmen bewußt, von denen wir ausgegangen waren; der Vorurteile, die wir gehabt hatten; oder unserer Ungeduld, Gefühllosigkeit und Intoleranz. So oft waren wir drauf und dran, dem anderen »den Kopf zurechtzusetzen«, um dann festzustellen, daß wir selbst die Schuld an der Situation trugen. Mit Gottes Hilfe hat jeder von uns viele Ehekonflikte gelöst, ohne den Partner mit hineinziehen zu müssen.

Wir sind der Meinung, daß die Spannungen in den meisten Ehen auf die Hälfte reduziert werden könnten, wenn die Ehepartner jeden Tag für ihre Ehe beten würden. Gott tut Wunder, wenn Menschen beten. Leben werden verändert und Herzen weich, wenn Menschen beten. Der drohende Zeigefinger ändert die Richtung, wenn Menschen beten. Probleme schrumpfen zusammen, wenn Menschen beten. Manchmal lösen sich sogar Konflikte in Nichts auf, wenn Menschen beten.

Lynne: Vor vielen Jahren beschlossen Bill und ich, uns den Donnerstagabend als unseren Eheabend freizuhalten. Doch immer wieder hatte Bill Terminprobleme, und ich mußte unseren Eheabend allein verbringen. Ich war versucht, Bill Gleichgültigkeit vorzuwerfen, doch ich trug das Problem vor Gott und erkannte, daß wir uns einfach einen schlechten Termin ausgesucht hatten. Ein Pastor kann sich nur selten die Abendstunden freihalten. Ich schlug vor, unseren »Eheabend« auf den Donnerstagmorgen zu verlegen, und es funktionierte. Da wir beide »Morgenmenschen« sind, genossen wir den Morgen sehr viel mehr als den Abend. Gottes Idee war viel besser als unsere eigene. Bevor Sie sich also an Ihren Partner wenden, wenden Sie sich an Gott. Sehen Sie, welche Weisheit und Erkenntnis er Ihnen zu bieten hat.

Können wir reden?

Der nächste Schritt besteht darin, eine formelle Friedenskonferenz in einer ruhigen Umgebung zu planen, wo Sie und Ihr Partner sich dem Problem stellen können.

»Kommen Sie«, sagen Sie vielleicht, »verkaufen Sie uns doch nicht für dumm. Wir sprechen hier über Eheprobleme. Ich gehe durch das Wohnzimmer und gebe ein paar Schüsse ab. Mein Partner nörgelt am Abendbrottisch. Wir werden vielleicht ein wenig sarkastisch, dann und wann ein wenig gemein. Aber wir kennen die Probleme. Wir wissen, wie wir wieder aufeinander zugehen können.«

Vielleicht kennen Sie die Probleme nicht. Es besteht ein großer Unterschied zwischen »aufeinander zugehen« und ein Problem tatsächlich lösen. Wir haben festgestellt, daß ernsthafte Konflikte nur selten im Alltagsgewirr ausdiskutiert werden können. Sie können es nicht im Vorbeigehen tun, oder wenn die Kinder um Sie herumlaufen, oder kurz bevor Sie abends einschlafen. Sie müssen eine Friedenskonferenz in einer neutralen Umgebung planen, zu einem Zeitpunkt, wenn Sie beide optimale Energie haben.

Auch ist es wichtig, die Friedensgespräche so bald wie möglich anzusetzen. Paulus schreibt: »Die Sonne soll über eurem Zorn nicht untergehen« (Eph 4,26). Seinen Worten kann man entnehmen, daß tägliche Friedensgespräche über die Konflikte, die im Laufe des Tages entstanden sind, angebracht sind. Ein enggesteckter Terminplan macht das manchmal unmöglich, und tiefgreifende Probleme erfordern häufig mehr als nur ein Gespräch, aber auch diese sollten so bald wie möglich geführt werden. In der Zwischenzeit sollten die Partner übereinkommen, nicht »in ihrer Wut zu sündigen«. Sie sollten scharfe Schüsse vermeiden, Sarkasmus, boshafte Bemerkungen und heftige Reaktionen, die das Problem unnötig erschweren würden. Wir nennen diese sehr wichtige Phase zwischen dem Erkennen eines Problems und der Lösung die »Bindungsphase«. In einem späteren Kapitel werden wir noch näher darauf eingehen.

Ein großer Teil unseres Donnerstagmorgens ist dem Friedensgespräch gewidmet. Wir gehen in ein Restaurant, suchen uns eine dunkle, abgeschiedene Ecke und sprechen die anstehenden Probleme an. Konfliktlösung hat die bemerkenswerte Eigenschaft, die Spannungen in einer Beziehung fortzunehmen und die Menschen einander näherzubringen. Darum sind wir, wenn wir unser Friedensgespräch beendet haben, meistens in der Stimmung, den Rest des Vormittags zu genießen.

»Nachtmenschen« sollten ihre Friedensgespräche bei einem ruhigen Abendessen führen. Andere tun gut daran, eine Verabredung zum Mittagessen zu treffen. Wenn Ihre Kinder noch klein sind, schlagen wir Ihnen vor, einen Babysitter zu engagieren, damit Ihre Friedensgespräche ungestört verlaufen.

Aber nehmen wir an, Sie haben ein Friedensgespräch angesetzt und sitzen sich am Tisch gegenüber. Was nun?

Beginnen Sie mit Bestätigung

Wir haben früher den Fehler gemacht, sofort zur Sache zu kommen, was bedeutete, daß wir die Diskussion mit einer negativen Aussage begonnen haben. Das führte dazu, daß wir sofort in Verteidigungsstellung gingen.

Als wir lernten, mit einer Bestätigung zu beginnen, konnten wir unsere Gespräche von einem positiven Standpunkt aus führen. Das fing den Schlag ein wenig ab und verhinderte, daß wir uns in die Verteidigung flüchteten. Unsere Friedensgespräche verliefen friedlicher, als wir lernten zu sagen: »Mein Schatz, ich liebe dich, und unsere Ehe bedeutet mir viel. Aber ich glaube, sie könnte besser sein. Dazu habe ich einige Verbesserungsvorschläge.«

Eine solche Einführung kann viel eher zu einem konstruktiven Gespräch führen.

Seien Sie bereit, die Schuld auf sich zu nehmen

Bringen Sie in das Gespräch die Erkenntnisse mit ein, die Sie während Ihrer Gebetszeit bekommen haben. Erkennen Sie vor allem an, daß auch Sie zu den Spannungen beigetragen haben. Nehmen Sie keine Schuld auf sich, für die Sie nicht verantwortlich sind, aber bekennen Sie sich zu dem, was Sie falsch gemacht haben.

»Ich hätte das nicht sagen sollen.«

»Es tut mir leid, daß ich so egoistisch gewesen bin.«

»Verzeih mir, daß mein Ego uns im Weg gestanden hat.«

»Es tut mir so leid, daß ich vor den Kindern in die Luft gegangen bin.«

»Ich habe zuviel von dir erwartet.«

»Es war unfair von mir zu glauben, du könntest Gedanken lesen.«

»Ich habe mich nicht deutlich ausgedrückt. Es tut mir leid, daß ich dich in die Irre geführt habe.«

Sie werden erstaunt sein, welche Macht eine Entschuldigung hat. Vier kurze Wörter – *es tut mir leid* – haben schon Geschäftsverbindungen gerettet, Nachbarn versöhnt, Väter und Söhne wiedervereint und Ehen gerettet, die dem Untergang geweiht waren. Es sind keine Zauberworte, doch wenn sie aufrichtig ausgesprochen werden, zeigen sie, was hinter ihnen steckt – der Geist der Versöhnung. Und sie öffnen die Tür zur Kommunikation.

Als Zachäus, der bekehrte Steuereintreiber, nach seiner Begegnung mit Jesus auf die Straße rannte, liefen die Leute, die ihn kannten, vermutlich in die andere Richtung davon. »Wie wird er uns diesmal wieder betrügen?« fragten sie sich. »Welche neue Hinterlist hat er sich diesmal wieder ausgedacht?« Aber er verblüffte sie. Wie? Er sagte: »Es tut mir leid. Ich hatte unrecht. Ich habe euch betrogen. Ich möchte es wieder gutmachen.« Vermutlich waren sie mißtrauisch; vermutlich wollten sie erst einmal abwarten. Doch wie die meisten Menschen wollten sie das Beste annehmen. Darum hörten sie zu. Sie öffneten ihre Herzen. Und Zachäus' Entschuldigung öffnete die Tür zur Heilung und Wiederherstellung.

Zeigen Sie, daß Sie verletzt sind, nicht böse

Die meisten Probleme beginnen mit einer Kränkung. Eine Frau fühlt sich gekränkt, weil ihr Mann nicht nach einer Präsentation fragt, die sie an diesem Tag vorzustellen hatte. Oder er hat ihren Hochzeitstag vergessen. Oder er übte unnötige Kritik an ihrer Mutter. Ein Mann fühlt sich gekränkt, weil seine Frau nicht bemerkt, daß er abgenommen hat, oder sie hat den Druck, dem er an seinem Arbeitsplatz ausgesetzt ist, nicht genügend gewürdigt. Oder sie hat ihn vor einem Freund beleidigt.

Sich verletzt zu fühlen, ist eine legitime Reaktion auf Enttäuschung und Beleidigung, und es sollte niemals geleugnet oder im Innern verschlossen werden. Diese Gefühle sollten immer ausgedrückt und besprochen werden. Aber diese Kränkung wird zum Problem, wenn die Menschen zulassen, daß sie sich im Innern aufbaut und in Wut verwandelt. Die Frau ist durch das offensichtlich mangelnde Interesse ihres

Mannes an ihrem Beruf gekränkt, doch nachdem sie ihre gekränkten Gefühle eine Weile gepflegt hat, werden sie zu einer Infektion. Sie wird wütend auf die »gefühllose Laus, die sich nur für ihre Angelegenheiten interessiert«.

Darum ist es wichtig, Friedensgespräche so früh wie möglich zu planen, bevor sich die gekränkten Gefühle in Wut verwandeln. Die meisten Menschen lassen sich durch den Schmerz eines anderen Menschen rühren. Wenn man also zeigt, daß man gekränkt ist, kann man Brücken des Verständnisses und des Mitgefühls bauen. Doch wenn man Feindschaft zeigt, sprengt man Brücken in die Luft, weil die Menschen sich durch wütende Angriffe zurückgestoßen fühlen. Wenn jemand angreift, schlagen wir automatisch zurück.

Wut staut sich auch auf, wenn wir zulassen, daß die Kränkungen sich häufen. Eine Kränkung kann verarbeitet werden. Sie können Ihre Gefühle unter Kontrolle halten, sie konstruktiv ausdrücken und aufarbeiten. Bei zwei Kränkungen wird es schon ein wenig schwieriger. Und mit jeder neuen Kränkung fällt es schwerer, dem anderen unbefangen zu begegnen. Schließlich haben sich so viele negative Gefühle aufgestaut, daß Ihre Wut hervorbricht.

In den ersten Jahren unserer Ehe haben wir verschiedentlich zugelassen, daß sich unsere negativen Gefühle aufgestaut haben. Schließlich waren wir so wütend, daß wir explodiert sind und alle möglichen zerstörerischen Dinge gesagt haben.

Darum nehmen Sie sich bitte Ihrer verletzten Gefühle an, sobald sie entstehen. Lassen Sie nicht mehrere Kränkungen zusammenkommen, damit sie nicht Ihr Inneres vergiften und sich in Feindschaft verwandeln. Wut ist immer nur ein sekundäres Gefühl. Wenn die Partner sich mit dem beschäftigen, was ihr vorausgegangen ist, werden sie häufig eine Kränkung finden. Wird die Kränkung aufgedeckt, werden die Mauern erschüttert, die die Ehepartner voneinander trennen.

Machen Sie direkte Aussagen

Andeutungen und versteckte Hinweise bringen wenig. Ob wir ein Friedensgespräch oder eine normale Unterhaltung führen, wir müssen sagen, was wir meinen. Sonst wird auch alles andere nicht zur Lösung des Problems beitragen.

Lynne: Ich weiß nicht, warum, aber das ist mir sehr schwer gefallen. Ich konnte viel eher sagen: »Das war ein langer, arbeitsreicher Tag. Wie dumm, daß ich jetzt auch noch kochen muß«, als: »Bill, ich habe einen schweren Tag gehabt und nicht mehr die Kraft, jetzt noch zu kochen. Können wir nicht ausgehen?« Natürlich hielt ich Bill, wenn er meine Andeutung nicht aufnahm und daraufhin vorschlug, zum Abendessen auszugehen, für unsensibel und mitleidlos.

Ich mußte sehr hart an mir arbeiten, damit ich meine Wünsche und meinen Frust ehrlich und offen ausdrücken konnte. In Friedensgesprächen bedeutete das, daß ich sagte: »Ich war wütend, weil du mich nicht angerufen und mir gesagt hast, daß du später kommst«, und nicht: »Meiner Meinung nach sollten Ehemänner mehr Rücksicht auf den Terminplan ihrer Frauen nehmen.« Ich mußte meine Gedanken und Gefühle eingestehen und sie klar formulieren. Es war sehr viel leichter für uns, einen konkreten Punkt aufzuarbeiten – beispielsweise meine Enttäuschung darüber, daß Bill mich nicht angerufen hatte –, als mit vagen Verallgemeinerungen in bezug auf Ehemänner, Ehefrauen und Respekt umzugehen.«

Machen Sie Aussagen zu Ihren Gefühlen

Viele Friedensgespräche werden durch Anklagen sabotiert, die die Ehepartner vor den Kopf stoßen und dem Friedensprozeß häufig ein Ende setzen, bevor er überhaupt begonnen hat.

»Du hilfst mir nicht genug im Haushalt.«
»Du arbeitest zu lange.«
»Du kannst nicht richtig mit Geld umgehen.«
»Du bist unsensibel.«

Aussagen zu Ihren Gefühlen bieten sehr viel weniger Zündstoff und öffnen die Tür zu weiteren Gesprächen und praktischer Problemlösung.

»Die Hausarbeit wird mir zuviel. Ich habe darüber nachgedacht, wie wir die Aufgaben ein wenig verteilen könnten. Wollen wir darüber sprechen?«

»Ich fühle mich häufig aus deinem Leben ausgeschlossen, weil du soviel Zeit an deinem Arbeitsplatz verbringst. Können wir bitte darüber reden?«

»Unsere finanzielle Situation frustriert mich. Bist du bereit, über Wege zu sprechen, wie wir unser Budget besser einhalten können?«

»Deine Bemerkungen heute morgen haben mich verletzt. Bestimmt wolltest du mich nicht beleidigen, aber ich möchte dir sagen, wie ich das empfunden habe.«

Meiden Sie »niemals« und »immer«

Lynne: Ich bin ein Extremist. Für mich gibt es keine Mitte. Das Leben ist schwarz oder weiß, glücklich oder traurig, hoch oder tief, wundervoll oder schrecklich. Leider spiegelt sich das auch in meiner Kommunikation wider. Sehr oft verwende ich Übertreibungen.

»Nie kommst du pünktlich nach Hause.«

»Immer vergißt du anzurufen.«

»Immer läßt du schmutziges Geschirr im Wohnzimmer stehen.«

Ich habe vielleicht tatsächlich Grund zur Kritik, doch wenn ich sie auf eine solche Weise anbringe, mache ich sie damit ungültig. Ich mache die Wahrheit zu einer Lüge. Kommt Bill nie pünktlich nach Hause? Vergißt er wirklich immer, mich anzurufen? Läßt er immer schmutziges Geschirr im Wohnzimmer stehen?

Wenn wir möchten, daß unsere Gefühle ernstgenommen werden, müssen wir genaue, wahrheitsgetreue und realistische Aussagen machen.

»Immer« und »nie« werden immer – nun, fast immer – den Blick von dem eigentlichen Problem ablenken. Der beschuldigte Partner wird den eigentlichen Grund für die Mißstimmung abtun und die Spannung in der Beziehung auf die schlechten Kommunikationstechniken des anderen schieben.

Ich habe eine Idee!

Treten Sie darum mit einem Geist der Versöhnung in die Friedensgespräche ein. Bestätigen Sie Ihre Beziehung und scheuen Sie sich nicht zu sagen: »Es tut mir leid.« Sprechen Sie über das, was Sie gekränkt hat und machen Sie direkte und wahrheitsgetreue Aussagen zu Ihren Gefühlen.

Konzentrieren Sie sich darauf, Lösungen zu suchen. Ein Ehemann sagte uns einmal: »Ich habe getan, was Sie vorgeschlagen haben. Ich ging mit meiner Frau essen, um ein Friedensgespräch zu führen. Aber es hat nichts geholfen. Ich habe ihr meine Meinung gesagt, und sie hat mir ihre Meinung gesagt. Dann gingen wir mit einem Korb voll Anschuldigungen nach Hause. Was hat das gebracht?« Es hat nichts gebracht, weil es diesem Paar nicht darum ging, eine Lösung zu finden. Beide haben ihren Fall dargelegt und gehofft, der andere würde nachgeben. Ein besserer Ansatz wäre gewesen, sich zusammenzusetzen und zu fragen: »Wie können wir einen Kompromiß schließen? Wie können wir miteinander klarkommen? Was wäre eine Alternative, die uns beide zufriedenstellen könnte?«

Wenn die Ehepartner vor dem Gespräch gebetet haben, haben sie vielleicht schon mögliche Lösungsvorschläge im Sinn, vielleicht sogar aufgeschrieben. Sie können diese Ideen in das Friedensgespräch einbringen, nicht als absolute Antworten auf das Problem, sondern als Ausgangsbasis, als Möglichkeiten, die gemeinsam ausgearbeitet und verfeinert werden können.

Wir haben früher sehr häufig wegen Geld gestritten. »Warum hast du dafür Geld ausgegeben?« »Ich dachte, wir wollten dafür sparen.« »Du hast gesagt, wir müßten diesen Monat sparen, und jetzt hast du das da gekauft.« Schließlich einigten wir uns darauf, ein Jahresbudget aufzustellen. Wir beteten um Flexibilität und Weitsicht, dann setzten wir uns zusammen und stellten ein Budget auf, das wir beide unterschrieben und an das wir uns halten wollten. Jedes Jahr überarbeiten wir es, und seither haben wir keine ernsthaften finanziellen Schwierigkeiten mehr gehabt.

Ähnliche Gespräche führten wir in bezug auf die Terminplanung. In den ersten Jahren unserer Ehe waren unsere Termine sehr verstreut, darum fühlten wir beide uns in diesem Bereich häufig gekränkt und frustriert. Schließlich mußten wir einen Plan ausarbeiten, in dem wir festlegten, wie viele Abende wir jede Woche fort sein konnten, wie viele Reisen wir machen konnten, wann wir unseren Eheabend ansetzen und was wir tun wollten, wenn Termine sich überschnitten. Das Aufsetzen von Richtlinien, mit denen wir beide einverstanden waren, befreite uns von ständigen Unstimmigkeiten und Enttäuschungen.

Der Augenblick der Wahrheit

Wir haben festgestellt, daß Probleme, die uns in der Vergangenheit sehr viel zu schaffen gemacht hatten, oder Probleme, für die komplexe Lösungen erforderlich waren, immer wieder das Schlimmste in uns zum Vorschein gebracht haben, sogar in Friedensgesprächen. In solchen Fällen müssen wir sehr hart arbeiten, damit wir den Friedensprozeß nicht in negativer Weise beeinträchtigen.

Bill: Bei einem besonders schwierigen Gespräch hielten Lynne und ich uns so gut wir konnten an die Schritte zur Konfliktlösung, doch es war schwierig, eine Lösung zu finden. Es war kein Flugblatt vom Himmel gefallen, auf dem uns ein Drei-Phasen-Plan serviert wurde. Wir steckten irgendwie fest. Wir beide erkannten allmählich, daß wir sehr viel stärker, als wir gedacht hatten, an den Punkten auf unserer persönlichen Tagesordnung festhielten. Wir versuchten, einen Kompromiß zu finden, doch wir beide wurden auf die Probe gestellt – eine sehr viel härtere Probe, als wir uns vorgestellt hatten.

Schließlich gewann der Stolz die Überhand, böse Mächte reckten ihre häßlichen Hälse, und die dunkle Seite in mir beschloß, ihre Karte auszuspielen. Ich mußte an eine Szene aus einem Fernsehfilm denken, den ich gerade gesehen hatte. Ein Mann und eine Frau standen sich in einer hitzigen Auseinandersetzung gegenüber. Das Licht warf einen düsteren Schein, die Kamera fuhr immer dichter heran, die Musik spielte ein Crescendo, und auf der Höhe der emotionalen Spannung warf der Mann seiner Frau tödliche Worte an den Kopf, drehte sich auf dem Absatz um und verließ den Raum. Die Tür knallte er hinter sich zu. Dieses Bild stand mir vor Augen, und ich dachte: Das möchte ich jetzt auch tun! Es würde so gut tun, ihr alle aufgestauten Worte an den Kopf zu werfen und die Tür hinter mir zuzuknallen.

Doch ich wußte, daß ein solches Verhalten für das Gefühlsleben zwar sehr gut sein konnte, in einer Ehe jedoch eher das Gegenteil bewirkte. Außerdem war es eine überaus feige Reaktion auf einen Konflikt. Es erfordert sehr viel mehr Mut, gegen Stolz und böse Wünsche anzukämpfen als gegen meine Frau. Wenn man sich mitten in einer Auseinandersetzung befindet, kann man nur zu leicht die Kontrolle verlieren. Man kann seinem Frust Ausdruck verleihen, seinem Zorn freien Lauf lassen, kleinlich und ungerecht sein. Im Innern möchte man sich kindisch verhalten, man möchte den leichten Weg gehen, man möchte gewinnen. Doch der Heilige Geist fordert einen auf zu tun, was richtig ist: »Behalte die Kontrolle über dich. Bleibe dran. Streite deine Gefühle nicht ab, sondern äußere sie konstruktiv. Verhandle. Schließe Kompromisse. Versöhne dich.« Auf wen Sie in jenen Augenblicken der Entscheidung hören, offenbart Ihren Charakter und Ihren Mut.

Ich habe Männer sagen hören: »Ich hatte eine Auseinandersetzung mit meiner Alten. Junge, der hab ich die Meinung gesagt ...« Und ich denke: Glaubst du wirklich, daß Mut dazu gehört, ein Friedensgespräch zu verlassen, eine Tür hinter sich zuzuknallen und sich dann auch noch vor einem Freund damit zu brüsten? Denkst du wirklich, so etwas könnte mich tatsächlich beeindrucken?

Mutig ist es, wenn man am Tisch sitzen bleibt und sagt: »Wir haben heute einen kleinen Fortschritt erzielt. Vielleicht können wir morgen da weitermachen. Aber wir werden nicht aufgeben, bis wir dieses Problem gelöst haben.«

Würdest du uns bitte helfen?

Was ist, wenn Ihre Friedensgespräche nichts bringen? Wenn Sie nicht weiterkommen? Wenn Sie unablässig einen Zentimeter weiterkommen, dann aber zwei wieder zurückfallen? Der nächste Schritt ist, den Rat eines vertrauenswürdigen Freundes oder Ehepaares zu suchen. »Fehlt es an Führung, kommt ein Volk zu Fall, Rettung ist dort, wo viele Ratgeber sind« (Spr 11,14). Wir schaudern zusammen bei dem Gedanken, wo wir ohne den weisen, einsichtigen und manchmal auch schmerzlichen Rat unserer Freunde wären.

Wir sprechen hier nicht von Golfkameraden oder Bridgepartnern. Auch plädieren wir nicht für Kaffeekränzchen, bei denen ein Ehepartner über den anderen herzieht. Wir sprechen von vertrauenswürdigen und engen Freunden und von konstruktiven Gesprächen, in denen wir uns nicht mit dem Verhalten des Ehepartners auseinandersetzen, sondern mit unserem eigenen.

Bill: Ein enger Freund sagte mir einmal: »Deiner Frau gegenüber bist du zu geizig. Wenn es um Spenden für das Reich Gottes geht, kommt es dir nicht darauf an. Auch deinen Kindern gegenüber bist du großzügig. Du gibst gern, wenn Freunde in Not sind. Aber deiner Frau gegenüber bist du sehr knauserig. Du solltest dein Verhalten ihr gegenüber einmal überdenken.«

Ein anderer Freund sagte: »Du forderst mehr von deiner Frau als dir klar ist. Du erwartest zuviel von ihr. Du solltest ihr ein wenig mehr Freiraum geben.«

Ein dritter sagte: »Du solltest dich mehr für dein Haus und deinen Garten interessieren. Du möchtest gern ein ordentliches, gepflegtes Heim haben, in das du nach Hause kommen kannst, aber du kümmerst dich nicht ausreichend darum, daß es auch so wird.«

Solche Ratschläge zu hören, gefiel mir überhaupt nicht, doch ich brauchte diese Kritik. Sie war berechtigt, und diese Dinge belasteten meine Beziehung zu Lynne. Ich bin sehr dankbar, daß ich Freunde hatte, die mich kannten und denen ich soviel bedeutete, daß sie das Risiko auf sich nahmen, mir die Wahrheit zu sagen. Und ich bin dankbar, daß ich erfahren habe, wie wichtig es ist, Rat anzunehmen.

Suchen Sie Rat bei einer Eheberatung

Was können Sie tun, wenn Sie keine verläßliche Beziehung zu Freunden aufgebaut haben? Wenn es keine Ehepaare gibt, mit denen Sie über solche Dinge sprechen können? Oder was ist, wenn diese versucht haben, Ihnen zu helfen, es aber nicht können? Gehen Sie dann bitte zu einer Eheberatung.

Die meisten Menschen der heutigen Zeit haben keine Probleme damit, in allen möglichen Bereichen des Lebens Rat zu suchen. Wir denken uns nichts dabei, einen Unternehmensberater zu beauftragen oder einen Buchhalter zu bitten, uns bei Finanzproblemen zu helfen. Wir zögern nicht, uns mit körperlichen Problemen an einen Arzt, mit rechtlichen Problemen an einen Rechtsanwalt zu wenden. Bereitwillig gehen wir mit Ernährungsfragen zur Ernährungsberatung und zur Farbberatung, um herauszufinden, wie wir uns kleiden sollten. Doch wenn jemand vorschlägt, eine Eheberatung aufzusuchen, wehren wir ab. »Auf keinen Fall. Mit meinen Eheproblemen werde ich allein fertig. Ich brauche keine Hilfe. Ich nicht. Auf keinen Fall.«

Einige Leute weigern sich, Rat zu suchen, weil es ihnen peinlich ist. Niemand soll erfahren, daß ihre Ehe auf der Kippe steht. Einige Leute weigern sich auch, weil sie Angst davor haben, sich einer schmerzlichen Wahrheit zu stellen oder weil sie Angst haben vor dem, was sie über sich selbst oder ihren Partner in Erfahrung bringen könnten. Andere weigern sich, weil sie eigensinnig und grausam sind. Sie würden

den Gefühlszustand des Ehepartners lieber verschleiern als die Energie aufwenden, sich helfen zu lassen. Wieder andere stellen die theologische »Richtigkeit« einer Beratung in Frage. »Sollten wir nicht in der Lage sein, dieses Problem durch das Gebet zu lösen? Sollten wir nicht Antwort in der Bibel suchen?«

Wir sind der Meinung, daß das Gebet und das Lesen in der Bibel wichtige Bestandteile einer Ehe sind. Doch wir sind auch der Meinung, daß Gott bestimmte Menschen mit einem höheren Maß an Unterscheidungsfähigkeit, Wissen und Weisheit ausgestattet hat, die es ihnen ermöglichen, Paaren bei ihren Problemen oder ungesunden Beziehungsmustern zu helfen.

Einige Paare stecken so lange in einer Krise fest, daß sie vergessen, was eine gute Ehe ist. Sie fangen an, sich mit einer mittelmäßigen Ehe zufriedenzugeben, sogar mit einer schlechten. Sie brauchen einen Menschen, der ihnen neue Denkanstöße gibt und ihnen zeigt, wie sie zu einem positiven und liebevollen Umgangston zurückfinden können.

Manchmal ist nur einer der Partner bereit, Hilfe zu suchen. Wir möchten ihm daher Mut machen, alleine zur Beratung zu gehen. Es ist besser, daß einer der beiden aus dem Engpaß herauskommt, als daß beide in demselben unbefriedigenden Zustand bleiben. Wir haben erlebt, daß Gott erstaunliche Dinge getan hat durch einen der Ehepartner, der bereit war, sich der Herausforderung des Wachstums zu stellen. Sehr oft wurde der Partner durch die sichtbare Veränderung des anderen positiv beeinflußt.

Wirkliche Konfliktlösung erfordert Mut und Beharrlichkeit. Sie erfordert Demut und Ehrlichkeit. Sie arbeitet an unseren verhärteten Herzen und bereitet manchmal auch Schmerzen. Aber der Aufwand lohnt sich.

Kapitel 9

Wo ist die Romantik geblieben?

Lynne: Nachdem wir mehrere Jahre verheiratet waren, wurde ich durch ein Gespräch mit einem Bekannten, der als Berater für eine internationale Firma tätig war, auf ein ernstes Problem in unserer Ehe aufmerksam. Wir drei saßen beim Mittagessen in einem Restaurant, und er beklagte sich darüber, daß er durch seine Reisen so oft von seiner Frau getrennt war.

»Ich mache trotzdem das Beste daraus«, sagte er. »Ich rufe sie jeden Abend an, und wir sprechen über das, was tagsüber passiert ist. Ich schicke ihr Karten und kleine Briefe, um ihr zu zeigen, daß ich an sie denke. Wenn ich mich in interessanten Ländern aufhalte, kaufe ich ihr ein für dieses Land typisches Schmuckstück. Und ich bringe ihr auch immer schöne Wäsche mit – etwas Lustiges und Aufreizendes, das uns in romantische Stimmung versetzt. Wir sind so oft voneinander getrennt, daß wir das Beste aus der Zeit, die wir zusammen verbringen, herausholen wollen!«

Im Laufe des Gespräches erwähnte er mehrmals seine Frau, und es war offensichtlich, daß er auch nach fünfundzwanzig Jahren Ehe noch »verrückt« nach ihr war. Sie war ihm wichtig. Er freute sich darauf, mit ihr zusammen zu sein. Er hatte Spaß mit ihr. Es bedeutete ihm etwas, mit ihr sexuell intim zu sein.

Während ich ihm zuhörte, fühlte ich mich seltsam zu diesem Mann hingezogen, und das erschreckte mich. Ich verstand es nicht. Da saß ich neben meinem gutaussehenden, erfolgreichen jungen Ehemann, den ich von ganzem Herzen liebte. Und doch fühlte ich mich zu einem Mann in den Fünfzigern hingezogen, der ununterbrochen von seiner Frau schwärmte. Was ging hier vor?

Den ganzen Nachmittag dachte ich über dieses Gespräch nach, und schließlich wurde mir klar, daß ich mich danach sehnte, so geliebt und geachtet zu werden, wie dieser Mann seine Frau liebte und achtete, und daß ich mich deshalb zu diesem Mann hingezogen fühlte. Ich wollte das Gefühl haben, etwas ganz Besonderes zu sein; ich wollte spüren, daß mein Mann sich an mir freute und mich umwarb – doch das war unserer Ehe zu diesem Zeitpunkt verlorengegangen.

Mittlerweile haben wir wieder dazu zurückgefunden, und im folgenden Kapitel werden Sie erfahren, wie diese Veränderung zustande kam. Doch vor der romantischen »Wiedergeburt« unserer Ehe mußten Bill und ich viele schwierige Gespräche führen. An dem Abend nach unserem Mittagessen mit dem Geschäftsmann sprach ich mit Bill über das, was ich bei dieser Begegnung empfunden hatte und was mir im Laufe des Nachmittags klargeworden war.

»Ich liebe dich, Bill, und mehr denn je liegt mir unsere Ehe am Herzen. Doch irgend etwas haben wir unterwegs verloren. Unsere Ehe scheint eher eine Geschäftsverbindung zu sein, eine Partnerschaft, ein gemeinsames Unternehmen, aber keine intime, liebevolle Verbindung. Wir kämpfen uns durch, versuchen, so gut wir können, friedlich miteinander auszukommen, doch in unserer Beziehung gibt es nur noch wenige Funken. Zu wenig Spaß. Zu wenig Romantik. Ich möchte so nicht mehr weitermachen. Eine Ehe sollte mehr als das sein. Wir könnten sehr viel glücklicher sein als wir sind. Wir müssen die Romantik wiederfinden.«

Wir sollten die Romantik wiederfinden. Diese Bemerkung haben wir von so vielen Ehepartnern gehört. Ehepaare, die in ihrer Ehe nicht zufrieden sind, sagen, daß sie mehr als alles andere die fehlende Romantik stört. *Wenn ich den Richtigen geheiratet habe,* fragt einer der Eheleute, *warum hat er dann so abrupt nach der Hochzeit aufgehört, um mich zu werben? Warum sind die Flammen so schnell erloschen? Warum gibt es soviel weniger »Gefühl« in unserer Ehe als vorher?*

Nur wenige Ehepaare rechnen damit, die intensive, gefühlsüberladene Beziehung aufrechterhalten zu können, die sie vor der Eheschließung erlebten. Die meisten Leute sind sogar ein wenig erleichtert, wenn das Leben wieder in etwas geordneteren Bahnen verläuft und sie sich wieder den Aufgaben des »realen« Lebens zuwenden können. Aber viele Ehen verlaufen zu sehr in geordneten Bahnen. Innerhalb von wenigen Jahren ist der Funke vollkommen erloschen. Die Gefühle sind nur noch Erinnerungen. Romantik ist etwas, von dem man in Groschenromanen liest. Die Eheleute verhalten sich wie Zimmergenossen, die gelegentlich eine Nacht miteinander verbringen. Und gemeinsam stehen ihnen dreißig Jahre voller Enttäuschung und Frustration bevor.

Was hat den Stecker der Romantik gezogen?

Eine ganze Reihe von Faktoren entziehen einer Ehe die Romantik. Einer ist sicherlich der Fluch der Gewohnheit. Das passiert in allen Lebensbereichen. Sie kaufen sich einen neuen Wagen, und ein paar Wochen lang suchen Sie immer wieder neue Gründe, damit zu fahren. Sie waschen ihn in der Mittagspause. Ihre Kinder müssen duschen, bevor sie in seine Nähe kommen. Doch ohne es zu merken, gehen Sie nach einer Weile mit Ihrem neuen Wagen genauso um wie mit dem alten. Der Hund darf darin herumtoben. Die Kinder dürfen Milchshakes darin trinken. Sie sagen sich: »Ich sollte ihn nicht anbeten. Es ist doch nur ein Wagen.«

Das gleiche passiert, wenn Sie ein neues Haus kaufen, einen neuen Schrank oder ein neues Kleidungsstück. Eine Zeitlang gehen Sie äußerst vorsichtig damit um, doch wenn der erste Lack einmal ab ist und die Gewohnheit wieder einsetzt, hören Sie auf, es zu hegen und zu pflegen.

Leider gehen wir mit Menschen häufig genauso um wie mit Dingen. In der Zeit der Freundschaft braucht ein Junge, wenn er seine Freundin abholt, kaum an der Tür zu klingeln, schon geht die Tür auf, und sie sagt: »Oh Tom, ich habe den ganzen Tag an dich gedacht. Ich habe die Stunden gezählt. Ich dachte schon, du würdest nie kommen.«

Und nach zwei Jahren Ehe kommt Tom fünfundvierzig Minuten zu spät nach Hause und ruft: »Ich bin zu Hause, Liebling.« Und seine Frau antwortet: »Ich auch. Was willst du, ein Empfangskomitee?«

Auch ein trügerisches Gefühl der Sicherheit kann die Ursache dafür sein, daß die Romantik in einer Ehe erstickt wird. In der Freundschaftszeit leben die verliebten jungen Leute mit der nagenden Furcht, daß sie den Freund oder die Freundin verlieren könnten, wenn sie nicht am Ball bleiben, wenn sie nicht umsichtig und höflich sind, wenn sie nicht in aufregender Weise miteinander umgehen und »die Konkurrenz nicht aus dem Feld schlagen«. Sind sie jedoch erst einmal verheiratet, werden manche ein wenig zu selbstzufrieden. Sie fühlen sich zu sicher. Sie werden nachlässig, gedankenlos und nehmen ihre Beziehung als selbstverständlich hin.

Auch körperliche Erschöpfung kann einer Ehe die Romantik nehmen. Wann haben die meisten Menschen die meiste Energie? In den späten Teenagerjahren und Anfang Zwanzig – die Zeit, in der sie Freundschaften schließen. Darum gedeiht die Romantik in dieser Zeit. Die jungen Leute sind wahre Energiebündel. Sie gehen an fünf Abenden in der Woche aus. Sie bleiben bis zwei Uhr morgens auf. Verabreden sich in der Morgendämmerung zum Frühstück, damit sie den Sonnenaufgang beobachten können. Viele Studentenpaare tun das, was wir auch getan haben. Sobald der Unterricht des jungen Mannes am Freitag nachmittag endet, springt er in seinen Wagen und fährt vierzehn Stunden zum College seiner Freundin, wo er anderthalb Tage mit ihr verbringt, bevor er zu seinem College für den Montagsunterricht zurückfährt. Am folgenden Wochenende besucht sie ihn.

Aber nur wenige Paare können diesen Schritt auf die Dauer beibehalten. In den kommenden Jahren sinkt ihr Energiespiegel immer weiter. An einem wunderschönen Sommerabend – einer der Art, der für Romantik wie geschaffen ist – schlägt die junge Frau, nachdem sie die Kinder um acht Uhr ins Bett gebracht hat, halbherzig vor, noch einen Spaziergang zu machen.

»Machst du Witze?« erwidert ihr müder Ehemann. »Ich könnte im Stehen einschlafen, und morgen muß ich um sechs Uhr im Büro sein.«

»Ja, ich weiß. Mir geht es genauso, und das Baby wird vermutlich in wenigen Stunden wieder wach sein. Vielleicht ein anderes Mal.«

Erschwert wird die Situation in dieser Zeit noch dadurch, daß im gleichen Maß, wie die Energie sinkt, die Pflichten zunehmen: der Beruf, die Kinder, das Engagement in der Schule der Kinder, das Haus, aufkeimende Familienspannungen, das Gemeindeengagement, der Dienst an der Gemeinschaft. Und dann sehen die Eheleute in den Spiegel und bemerken, daß auch ihr Körper ein wenig Aufmerksamkeit braucht, darum planen sie auch noch ein wenig Gymnastik mit ein.

Neben der größeren Verantwortung und den vielen Verpflichtungen drückt zudem häufig noch eine finanzielle Last. Während der Freundschaft leben die jungen Leute oft noch mit Eltern oder Kommilitonen zusammen und haben nur minimale Lebenshaltungskosten. Sie haben also reichlich Geld zur Verfügung, das sie mit dem Freund oder der Freundin ausgeben können. Ein junger Mann erzählte uns, er habe sich einmal einen Abendanzug ausgeliehen, um seine Freundin zum Abendessen auszuführen – einfach so aus Spaß. Wir dachten: *Warte nur, bis dieser Mann verheiratet ist. Warte nur, bis er Hypothekenzahlungen für sein Haus zu leisten hat, einen Wagen und Einrichtung kaufen muß. Und warte nur, bis er Kinder hat.* Kinder machen Freude, doch sie sind auch sehr kostspielig. Seine Frau wird ein ruhiges Abendessen vorschlagen, und er wird sich bei dem Versuch, seine drei Jahre alte Sportjacke anzuziehen, den Arm verrenken. Seine Tage mit einem feschen Abendanzug sind vorüber. Wer denkt noch an langstielige Rosen und ein romantisches Abendessen, wenn man ein Kinderbett, einen Rasenmäher und ein neues Dach braucht?

Und während die Jahre dahingehen, wird das Leben immer komplizierter. Und wer trägt die Hauptlast aller Probleme? Die Ehe. Er kann warten. Sie wird es verstehen. Wir werden uns später um die Ehe kümmern, wenn wir mehr Zeit, mehr Energie, mehr Kreativität und mehr Geld haben.

Aber das passiert nur selten. Warum? Während alle diese komplizierenden Faktoren die Ehe belasten, geht etwas noch Schlimmeres unter der Oberfläche vor. Wir haben festgestellt, daß viele Ehen, denen es an Romantik fehlt, auf demselben Weg an diesen schmerzhaften Punkt gekommen sind. Obwohl sich die folgende Darstellung vorwiegend auf das falsche Urteilsvermögen des Mannes bezieht, machen auch immer mehr Frauen denselben Fehler.

Oberste Priorität

Die Reise beginnt folgendermaßen. Ein junger Mann lernt die Frau, die er heiraten möchte, kennen und beginnt, um sie zu werben. Zeit und Geld sind kein Thema, darum investiert er viel Energie und Kreativität in die Beziehung. Er kauft Geschenke, schickt Karten, schreibt Gedichte, schickt ihr Blumen, plant romantische Abendessen in eleganten Restaurants, macht lange Spaziergänge mit ihr am Strand, Ausflüge aufs Land und bleibt mit ihr vor den funkelnden Auslagen von Juweliergeschäften stehen. Er hat eine Mission. Er hat ein Ziel, das zu verfolgen sich lohnt. Er ist motiviert. Er will die Frau seiner Träume für sich gewinnen und läßt nicht zu, daß sich seiner Beziehung zu ihr etwas in den Weg stellt. Sie hat für ihn oberste Priorität, und er wird nicht ruhen, bis sie zu ihm gehört.

Er ist verliebt, und das möchte er ihr zeigen. Er richtet es so ein, daß er jede freie Minute mit ihr verbringen kann. Er macht ihr viele Komplimente. Vor Freunden und Familienmitgliedern schwärmt er von ihr. Er spricht unablässig von ihr. Und ganz allmählich bricht er ihren Widerstand.

Ganz richtig, er bricht ihren Widerstand. Denn anfangs war sie ein wenig mißtrauisch. Ganz offensichtlich hatte er Feuer gefangen, aber was genau bedeutete das? Was wollte er? Wollte er ein kurzes Abenteuer oder eine dauerhafte Beziehung? Eine weibliche Trophäe oder eine Frau, die sein Ein und Alles ist? Sie kennt die Gefahren, weil sie bereits schlechte Erfahrungen gemacht hat. Darum nimmt sie ihr Herz sehr in acht und hält Distanz. Sie beobachtet, wartet und analysiert. Kann sie diesem Burschen trauen? Oder wird er sechs Monate nach der Hochzeit ihre Träume zerschmettern? Sie hat schon viele Horrorgeschichten gehört, und sie hat nicht die Absicht, den Stoff für eine weitere zu liefern.

In der Zwischenzeit überschüttet der junge Mann sie mit Aufmerksamkeit, Zuneigung und Achtung. Er ruft sie viermal am Tag an, füllt ihren Briefkasten mit Liebeserklärungen und kauft ihr sentimentale Geschenke und exotische Parfüms. Die Wochenenden verlaufen überaus romantisch und abwechslungsreich: Abendessen zu zweit, Kino, Sportveranstaltungen, Partys. Und dann – bietet er ihr einen Diamantring an.

Fast gegen ihren Willen fühlt sie sich geliebt. Sie fühlt sich sicher, wertvoll und begehrt. Sie beginnt ihm zu vertrauen. Sie beginnt zu glauben, daß die Beziehung halten wird. Tatsächlich überzeugt sie sich davon, daß sie sogar von Tag zu Tag besser werden wird und die Ehe ihr die Tür zu unvorstellbarem Glück öffnen wird.

Endlich ist die letzte Brücke des Zweifels überquert, und sie sagt: »Ja, ich werde dich heiraten. Du hast zweifelsfrei bewiesen, daß du mich liebst. Du hast um mich geworben und mir das Gefühl gegeben, etwas Besonderes zu sein, von dir geachtet zu werden und dir wichtig zu sein. Du hast mich überzeugt, daß ich an oberster Stelle auf deiner Prioritätenliste stehe. Du hast mein Herz für dich gewonnen. Ich werde dich heiraten!«

Das Hochzeitsdatum wird festgesetzt, die Feier wird sorgfältig geplant und die Flitterwochen vorbereitet. Alles ist wie im Märchen. Das frisch verheiratete Paar zieht in eine gemütliche Wohnung, und die junge Frau gewöhnt sich langsam an den Ehealltag. Sie sonnt sich in dem Wissen, daß sie eine kluge Entscheidung in bezug auf ihren Lebenspartner getroffen hat.

Das wäre erledigt!

Und dann passiert es. Ihr Mann tut etwas Schreckliches, Entsetzliches, Undenkbares, Unbegreifliches. Oh, er merkt nicht einmal, daß er etwas falsch macht. Aber er tut es trotzdem und verletzt seine aufrichtige, vertrauensvolle Frau damit sehr tief.

Was hat er getan? Er wechselt die Gangart. Er richtet seinen Blick neu aus. Er stellt sich vor, daß er sich nun, da er diese »Ehesache« erledigt hat, auf eine andere Aufgabe konzentrieren muß. Er hat sich einer Herausforderung gestellt und sie bewältigt; nun ist es an der Zeit, sich der nächsten zu widmen. Darum geht er, ohne auch nur darüber nachzudenken, welchen Einfluß dies auf seine Frau haben wird, ruhig daran, seine Prioritäten neu zu ordnen, seine Energie neu einzuteilen, und macht sich an seine nächste Mission, höchstwahrscheinlich im Berufsleben.

Seine Entscheidung ist nicht böse gemeint. Vermutlich ist ihm nicht einmal klar, daß er eine Neuorientierung vornimmt. Wenn man ihn nach der Liebe zu seiner Frau fragte, würde er sagen, daß sie immer noch gleich stark ist. Er liebt sie genauso sehr wie an dem Tag, an dem er sie geheiratet hat. Er tut nur, was er tun muß.

Die Ursache dafür liegt in seiner Kindheit. Der Vater gibt dem kleinen Jungen eine Liste mit Aufgaben und sagt: »Mach jetzt zuerst das, und wenn du damit fertig bist, dann tust du das nächste, bis alle Arbeiten auf der Liste erledigt sind.« Und der kleine Junge tut genau, was man ihm sagt. Er erledigt eine Aufgabe und geht zur nächsten über. Wenn er älter wird und sich im Sport engagiert, lernt er, wie das System funktioniert. Zuerst die Ausscheidungswettkämpfe; dann das Training und die Spiele, schließlich die Turniere und die Siegesbankette. Und dann legt man das Trikot beiseite und richtet drei Wochen später seinen Blick auf die nächste Sportart.

So ist es auch im Geschäftsleben. Er bekommt von seinem Chef eine Aufgabe und den Auftrag, daran zu arbeiten, sie fertigzustellen und zu präsentieren. Danach wird er befördert und bekommt die nächste Aufgabe. Dieser *Modus operandi*, dieser aufgabenorientierte Ansatz wird für viele Männer zum Lebensstil, und er erstreckt sich bis hinein in ihr Beziehungsleben. Die Ehe scheint perfekt in dieses Muster zu passen. Mit ihrer ganzen Energie umwerben die Männer die geliebte Frau, erledigen die Sache mit der Heirat und nehmen an dem Siegesbankett teil – der Hochzeitsreise. Dann gehen sie zur nächsten Aufgabe über, zur nächsten Herausforderung.

Natürlich sind nicht alle Männer so. Aber es ist auch keine Seltenheit. Viele Männer sind auf diese Weise erzogen worden, und ohne auch nur eine Sekunde nachzudenken, agieren sie so. Für sie ist das ganz natürlich und logisch. »Ja«, sagt ein Mann, »ich verhalte mich so. Aber was soll's? Es ist interessant, aber keineswegs welterschütternd.«

Ein Alptraum wird Wirklichkeit

Leider aber erschüttert es die Welt der ahnungslosen und vertrauensseligen Frau. Zu Beginn ihrer Beziehung war sie vorsichtig. Sie hatte Fragen gestellt und analysiert. Doch er war so wagemutig, so überzeugend. Und schließlich hat sie nachgegeben. Sie gab ihren Gefühlen Raum, fühlte sich von ihm geachtet. Und nun, während sie mit dem Stift in der Hand dasitzt und darauf wartet, die Geschichte ihres Eheglücks zu schreiben, schließt ihr Mann das Buch, damit er sich auf eine neue Aufgabe konzentrieren kann. Er möchte Geld verdienen. Er möchte die Erfolgsleiter hochklettern. Eine Gemeinde gründen, oder auch zwei. Und er arbeitet so schwer, daß er keine Zeit und keine Energie mehr hat für Liebesbriefe oder lange Spaziergänge, für ein Abendessen bei Kerzenschein; für Blumen, Telefonanrufe, Liebkosungen oder dreistündige Gespräche über die gemeinsame Zukunft. Das waren die wichtigen Themen, als er versuchte, diese »Eheangelegenheit« unter Dach und Fach zu bekommen, aber nun ist das erledigt. Was alles noch verkompliziert, ist seine Überzeugung, der beste Weg, seiner Frau seine Liebe zu zeigen, liege darin, gut für sie zu sorgen. Darum macht er sich mit noch größerem Eifer an die Arbeit.

Die junge Frau ist am Boden zerstört. Ihr schlimmster Alptraum ist wahr geworden. Sie betrachtet seine Neuorientierung als Beweis seiner Zurückweisung. »Zweieinhalb Jahre habe ich mein Herz in acht genommen«, weint sie. »Und dann habe ich mich doch zum Narren halten lassen. Ich habe ihm seine Maske abgekauft. Und da sitze ich nun. Ich wurde getäuscht. Wie konnte ich nur so dumm sein?«

Manchmal erstickt das Verhalten des Mannes das Selbstwertgefühl der Frau. Manchmal macht es sie einfach nur wütend. Wie auch immer, es bestätigt ihre Annahme, daß sie den falschen Mann geheiratet hat.

Vor kurzem nahmen wir an einer kleinen Konferenz mit einer Reihe von fünfzig- und sechzigjährigen Ehepaaren teil. Wir beobachteten, daß viele der Männer ihren Frauen gegenüber ungewöhnlich aufmerksam waren. Da wir gerade mitten in der Arbeit für dieses Buch steckten, fragten wir sie nach dem Grund. Fast ausnahmslos erwiderten die Männer: »Das ist meine zweite Frau. In meiner ersten Ehe war ich zu sehr damit beschäftigt, die Karriereleiter zu erklimmen, als daß ich mich um meine Frau hätte kümmern können. Ich habe sie viele Jahre lang sehr tief verletzt, und schließlich konnte sie es nicht mehr ertragen. Und nun mache ich es anders. Ich habe meine erste Frau verloren, doch diesen Fehler werde ich nicht noch ein zweites Mal machen.«

Die meisten Männer kränken ihre Frauen nicht mit Absicht. Sie handeln einfach ohne nachzudenken. Und, wie wir bereits gesagt haben, Ehemänner sind nicht die einzigen, die in dieses Muster verfallen. Der Einstieg der Frauen ins Berufsleben stellt die Frauen vor dieselbe Gefahr, wenn es darum geht, ihre Energien neu auszurichten und die Romantik zu vernachlässigen. In der heutigen Zeit nehmen in vielen Ehen beide Ehepartner diesen verhängnisvollen Wechsel vor. Ein uns bekanntes junges Paar war bereits in der High-School befreundet; sie gingen auch noch während der Collegezeit miteinander und heirateten schließlich mit dem Segen der Eltern und Freunde. Doch nach fünf Jahren Ehe saßen sie sich auf dem Fußboden ihres Wohnzimmers gegenüber und weinten über den Mangel an Gefühlen in ihrer Ehe. Ihre geistliche Ausrichtung stimmte überein. Sie hatten auch nicht den Respekt voreinander verloren. Sie hatten keine ernsthaften Temperamentsunterschiede oder mangelnde Fähigkeiten bei der Konfliktlösung. Sie hatten sich einfach nur zu sehr auf ihren Beruf konzentriert und den anderen vernachlässigt.

Bei einigen ist der Beruf der Grund für das Nachlassen der Romantik, bei anderen die Erziehung. Sie lassen sich einfangen von den Pflichten der Kindererziehung und vergessen, daß sie in erster Linie Mann und Frau sind, erst dann Eltern. Bei dem Versuch, ihren Kindern ihr Bestes zu geben, versäumen sie es, ihnen das zu geben, was sie am meisten brauchen: glücklich verheiratete Eltern.

Wäre es nicht schön, wenn ...

»Wie geht's zu Hause?«

»Wie kommst du mit deiner Frau aus?«

»Wie ist dein Verhältnis zu deinem Mann?«

Viel zu oft verweisen die Antworten auf solche Fragen auf eine alles andere als glückliche Ehe.

»Ach, es geht so, erträglich. Du weißt ja, wie das ist.«

»Oh, in Ordnung. Ich nehme an, es könnte besser sein.«

»Die Frage kommt zu einem schlechten Zeitpunkt.«

Wäre es nicht schön, wenn mehr Paare solche Fragen etwa folgendermaßen beantworten könnten:

»Großartig. Unsere Ehe ist besser als je zuvor.«

»Ich bin ganz verrückt nach meiner Frau. Ich bin gern mit ihr zusammen.«

»Ich bin verrückt nach meinem Mann. Wir haben soviel Spaß miteinander.«

Wäre es nicht schön, wenn mehr Männer und Frauen sich aneinander freuen könnten? Und eine tiefe Seelenverwandtschaft entwickeln könnten? Und ihre lebenslange Hingabe aneinander vertiefen könnten? Wäre es nicht schön, wenn mehr Ehepaare ihren Kindern eine gute Ehe vorleben würden, damit ihre Kinder wissen, wonach sie streben sollten, wenn sie selbst sich einmal verheiraten? Wäre es nicht schön zu sehen, daß die Romantik in der Ehe ihren rechtmäßigen Platz einnimmt?

Einige Menschen halten eine zweite Heirat für den einzigen Weg, die Romantik in die Ehe zurückzuholen. Aber viele, die ihre unromantische Ehe beendet haben, müssen zwei oder drei Jahre später feststellen, daß auch in ihrer zweiten Ehe die Romantik fehlt. Sie hatten geglaubt, einen neuen Partner zu brauchen, doch eigentlich hatten sie ein neues Vorbild gebraucht, das ihnen hilft, mit dem ersten Partner richtig umzugehen und ihm seine Liebe zu zeigen. Sie dachten, sie brauchten eine neue Ehe, doch eigentlich brauchten sie nur eine neue Motivation, ihre alte wieder neu anzufachen.

Unsere Reise zurück

Bill: In den Anfangsjahren unserer Ehe hat mich sehr gestört, daß Lynne immer darauf drang, eine gute Ehe aufzubauen. Unsere Ehe sollte außergewöhnlich sein. Sie hatte hohe Ziele in bezug auf Einssein, Kameradschaft und Romantik. Sie hatte sich der Aufgabe verschrieben, eine ideale Ehe zu führen.

Ich dagegen war wie viele Menschen mit einer mittelmäßigen Ehe zufrieden. Fünf auf einer Skala von eins bis zehn war mir genug. Ich liebte Lynne und hielt an der Institution der Ehe fest, doch ich konnte nicht verstehen, warum ich so viel Energie auf die Ehe verwenden sollte, wo es doch so viel anderes gab, das mich beschäftigte. Ich baute eine Gemeinde auf. Ich erweiterte den Mitarbeiterstab. Ich wollte Menschen zu Christus führen. Ich war damit beschäftigt, die monatlichen Raten für das Haus aufzubringen. Ich wollte meinen Kindern ein guter Vater sein. Ich war sehr beschäftigt, das können Sie mir glauben! Ich konnte nicht verstehen, warum Lynne entschlossen war, so hohe und zeitraubende Ziele für unsere Beziehung aufzustellen. Obwohl ich ihren Erwartungen mit Worten nie widersprach, so machte ich auf tausenderlei nonverbale Weise meine Position klar. Ich war mehr als bereit, mich mit dem Mittelmaß zufriedenzugeben.

Ich versuchte mich davon zu überzeugen, daß es ein zeitliches Problem war, daß mein Tag nicht genügend Stunden hatte, um viel Zeit auf meine Ehe zu verwenden. Doch letztendlich war es ein Motivationsproblem. Ich fühlte mich innerlich nicht getrieben, an meiner Ehe zu arbeiten.

Als ich mit sechzehn Jahren Christ wurde, erkannte ich, daß Jesus Christus für mich etwas getan hatte, das ich selbst nicht hätte tun können – er hat mir das ewige Heil erkauft. Und ich war entschlossen, ihm meine Dankbarkeit zu zeigen, indem ich seinen Geboten gehorchte und ihm bereitwillig diente. Einen Vers, der mir viel bedeutete, lernte ich auswendig: »Tut eure Arbeit gern, als wäre sie für den Herrn und nicht für Menschen« (Kol 3,23).

Ich wußte, dem konnte ich nicht gerecht werden, doch ich meinte es ernst und gab mir Mühe. Von ganzem Herzen las ich in der Bibel und betete. Ich war auch mit ganzem Herzen bei meiner Arbeit für Gott. Mit ganzem Herzen entwickelte und gebrauchte ich meine geistlichen Gaben. Ich strebte nach Reinheit und Liebe in meinen Freundschaften. Von ganzem Herzen wollte ich ein guter Vater sein.

Aber in der Beziehung zu meiner Frau war ich nur mit halber Kraft dabei. Ich weiß nicht mehr genau, warum. Vielleicht wußte ich nicht, wie ich mich mit ganzem Herzen der Ehe widmen konnte. Vielleicht war die Herausforderung zu groß für mich. Vielleicht war ich wirklich der Meinung, Gott hätte nur eine mittelmäßige Ehe für uns im Sinn. Aus welchem Grund auch immer, auf jeden Fall wandte ich bei meiner Ehe andere Maßstäbe an.

In fast jedem anderen Bereich meines Lebens war ich diszipliniert und zielorientiert, und ich bemühte mich darum, Gott zu gefallen und ihn zu ehren. Doch in meiner Ehe war ich undiszipliniert, waren meine Ziele niedrig gesteckt, und ich versäumte es, das Wachsen meiner Ehe als eine Angelegenheit des Gehorsams zu sehen. Ich erlebte, wie Gott in allen Bereichen meines Lebens eingriff und sie segnete, nur in meine Beziehung zu Lynne nicht.

Schließlich brachte mich der Kontrast zwischen dem, was in meinem Leben passierte, und in meiner Ehe eben nicht – und die ermahnenden Worte einiger enger Freunde, die mein Verhalten Lynne gegenüber beobachtet hatten – zur Vernunft. Ich nahm schließlich die Scheuklappen ab und entdeckte, was in der Bibel zu lesen ist. Im Epheserbrief fordert Paulus die Ehemänner auf, ihre Frauen zu »lieben« (Eph 5,25). Dieser Vers traf mich wie ein Keulenschlag. Ich liebte Lynne nicht, wie ich es sollte. Ich hatte sie aus dem Blickfeld verloren. Ich hatte die Sache mit der Ehe abgehakt und mich auf neue Herausforderungen konzentriert. Ganz offen verstieß ich gegen das Gebot Gottes.

Im ersten Petrusbrief wird den Ehemännern gesagt: »Ebenso sollt ihr Männer im Umgang mit euren Frauen rücksichtsvoll sein; ehrt sie« (1 Petr 3,7). Das tat ich nicht. Ich war Lynne gegenüber nicht einfühlsam. Ich zeigte ihr keine Höflichkeit oder Respekt und ehrte sie nicht. Wenigstens nicht rückhaltlos.

Ich weiß nicht, warum ich so blind gewesen bin, doch als mir endlich die Augen geöffnet wurden, beschloß ich, etwas dagegen zu unternehmen. Ich muß gestehen, daß ich an diesem Punkt nicht durch meine Gefühle für Lynne motiviert wurde. Obwohl sie und unsere Ehe mir am Herzen lagen, hatte mein gleichgültiges Verhalten sie so tief verletzt, daß sie sich ihrerseits mir gegenüber kalt und abweisend verhielt. Da ich nicht verstand, warum sie so geworden war, reagierte ich mit Zorn, Ungeduld und Frust. Die Spannung zwischen uns war groß, es herrschte keine Wärme, und auf der Gefühlsebene gab es nur wenig, was mich motivierte, auf sie zuzugehen.

Motiviert war ich nur durch die plötzliche Erkenntnis, daß zu meiner Hingabe an Gott auch gehörte, meine Frau zu lieben und zu ehren – und unsere Ehe wieder neu anzufachen.

Seit dem Tag, an dem ich Christ geworden bin, habe ich mich danach gesehnt, Gott eines Tages sagen zu hören: »Gut gemacht, Bill. Du bist mir treu gewesen. Du hast mir gewissenhaft gedient. Du hast mir in deiner Beziehung zu mir Freude gemacht, in deinem Dienst, in deinem Lehren, in deinem Umgang mit Geld, in der Kindererziehung, in deinen Freundschaften, im Umgang mit deinem Körper. Gut gemacht. Danke, daß du mir vertraut hast. Danke, daß du für mich eingetreten bist.«

Und nun wollte ich noch meine Ehe auf die Liste setzen. Ich wollte auch eines Tages hören: »Gut gemacht, Bill. Du bist ein guter Ehemann gewesen. Du hast deine Frau geliebt.« Und so schwor ich mir, mich ihr mehr zuzuwenden, sie so zu lieben und zu ehren, wie Gott das von mir erwartete. Und ich versprach, das zu tun, auch wenn Lynne selbst nur halbherzig dabei war.

Wie sich herausstellte, war es eine gute Sache. Als ich diesen Bund mit Gott schloß, war es beinahe zu spät für Lynne. Sie fühlte sich durch meine Vernachlässigung so verletzt, daß sie über einen Zeitraum von fast zwei Jahren hinweg auf meine dramatische Umkehr ziemlich gleichgültig reagierte. Das war äußerst frustrierend für mich, doch ich hatte mir geschworen, mein Verhalten Lynne gegenüber nicht von ihrem Verhalten abhängig zu machen. Ich lernte, daß Gott treu ist und uns die Kraft und den Mut gibt, die wir brauchen, um die Veränderungen vorzunehmen, die der Gehorsam fordert. Und mein Gehorsam gab uns die Chance, die lange Reise zurück zur Romantik anzutreten.

Gesunde Entscheidungen

Es war eine sehr lange Reise. Die Zeit, in der wir die Romantik aus unserer Ehe ausgeschlossen hatten, hatte in unserer Beziehung so großen Schaden angerichtet, daß er nicht so schnell wieder behoben werden konnte. Rückblickend jedoch erkennen wir, daß wir den Schaden hätten begrenzen und den Heilungsprozeß hätten abkürzen können.

Lynne: In den Anfangsjahren unserer Ehe versuchte ich, um Hilfe zu rufen und meinen gekränkten Gefühlen Ausdruck zu verleihen. Ich versuchte Bill zu sagen, daß ich mich vernachlässigt fühlte, daß ich das Gefühl hatte, ganz unten auf seiner Prioritätenliste zu stehen und daß wir uns meiner Meinung nach voneinander entfernten. Doch er erkannte es nicht. Er hielt mich für überempfindlich. Und er weigerte sich, sich zu ändern.

Schließlich wurden meine gekränkten Gefühle jedoch zu Wut, und ich schwankte zwischen schmollendem Zurückziehen und haßerfüllten Ausbrüchen hin und her. Beide Reaktionen veranlaßten Bill, sich nur tiefer in seine Arbeit zu vergraben. Warum, fragte er sich, sollte er zu einer Frau nach Hause kommen, die den einen Tag schmollte und sich am nächsten ihm gegenüber ausgesprochen feindselig verhielt? In seiner Arbeit war er erfolgreich und produktiv; er bekam Bestätigung; er verbrachte den Tag mit angenehmen Leuten. Zu Hause fühlte er sich verurteilt, und tagtäglich mußte er sich mit einer unglücklichen Frau auseinandersetzen. Wenn er sich nicht durch das Wort Gottes hätte überzeugen lassen, hätte er das Buch der Romantik vermutlich nie wieder geöffnet und die Ehe an die erste Stelle in seinem Leben gerückt, wie es auch sein sollte.

Bill hatte unrecht mit seiner Einstellung, die »Ehe abzuhaken« und sich anderen Dingen zuzuwenden. Aber mein Fehler war es, zuzulassen, daß meine gekränkten Gefühle sich in Wut verwandelten und so das Problem noch verschlimmert wurde. Ich hätte meine Einstellung ändern müssen, dann hätte ich nicht »in meinem Zorn gesündigt«.

Zuerst hätte ich meine Gefühle beharrlicher zum Ausdruck bringen müssen. Ich hätte mich immer wieder an Bill wenden und die im achten Kapitel beschriebenen Techniken zur Konfliktlösung anwenden sollen. Ich hätte ihm immer wieder sagen müssen, was ich empfand. Ich habe zu schnell die positiven Formen der Kommunikation aufgegeben und bin zu schnell in die destruktiven Formen abgeglitten, die uns schließlich auseinandergetrieben haben.

Natürlich ist es rückblickend leicht zu sagen, was ich hätte anders machen sollen. In Wirklichkeit fiel es mir sehr schwer, über meine Gefühle zu sprechen, weil mein Selbstwertgefühl durch Bills Veränderung sehr stark angeknackst war. Ich traute meinen eigenen Erkenntnissen nicht mehr. Ich war unsicher in bezug auf meine Gefühle und Ansichten. Außerdem würde meine Bitte an Bill, mehr Zeit mit mir zu verbringen, bedeuten, daß er sich dem »Werk Gottes« weniger widmen konnte. Und das war eine ziemlich schwerwiegende Forderung für eine junge Frau.

Ich erkenne jetzt, daß ich mich besser bei einer guten Freundin ausgesprochen hätte, die mir vielleicht den Blick hätte öffnen können für das, was in unserer Ehe passierte. Ich brauchte objektive Außenstehende, die mich bestärkt und mir das Vertrauen gegeben hätten, Einspruch zu erheben, mich aber gleichzeitig auf die Gefahren meines Schweigens und meiner inneren Wut aufmerksam gemacht hätten. Wenn meine Offenheit nichts geholfen hätte, hätte mein nächster Schritt sein müssen, Bill vorzuschlagen, uns mit einem anderen Ehepaar auszusprechen. Wenn Bill nicht verstand, was ich sagte oder wenn meine Wut den Heilungsprozeß sabotierte, hätte eine dritte Partei den Kommunikationsprozeß vielleicht positiv beeinflussen und das gegenseitige Verständnis erleichtern können.

Und wenn das auch nichts geholfen hätte, hätte ich eine Eheberatung vorschlagen müssen. Wenn Bill sich geweigert hätte, hätte ich allein gehen sollen. Ich hätte mit jemandem sprechen müssen, der mir hätte helfen können, die Kränkungen zu verarbeiten, bevor sie unsere Beziehung vergifteten, und einen durchführbaren Plan zu schmieden oder als letzte Zuflucht ein Ultimatum zu stellen.

Ein Ultimatum? Ja, Sie haben richtig gelesen. Ein Ultimatum hätte Bills Aufmerksamkeit bestimmt geweckt. Es hätte ihn gezwungen zu handeln. Es hätte besagt: »Ich liebe dich, aber ich kann das nicht mehr ertragen.«

Eine kurze Zeit der Trennung hätte ein mögliches Ultimatum sein können. Wir haben uns oft gefragt, welche Auswirkung eine Trennung, überwacht von einem fähigen Eheberater, in den Anfangsjahren unserer Ehe auf unsere Beziehung gehabt hätte. Natürlich wäre das schrecklich gewesen, doch vielleicht hätte es uns geholfen, unser kränkendes Verhalten abzulegen, das uns jahrelang gequält hat. Vielleicht wäre dadurch der Schaden an unserer Beziehung begrenzt und der Heilungsprozeß bedeutend verkürzt worden.

Selten ist nur einer der Partner für ein Scheitern verantwortlich. Einer mag zwar am Wenden der Seiten schuld sein, doch vielleicht schließt die Reaktion des anderen das Buch dann endgültig. Um die Geschichte neu zu schreiben, ist es notwendig, daß beide Partner ihre Fehler zugeben, Vergebung suchen und einen neuen Plan für die Zukunft machen.

Der Ausgangspunkt

Was ist mit Ihnen? Haben Sie Ihr Verhalten geändert und Ihren Partner verletzt? Sind Sie von Ihren Aufgaben zu sehr in Anspruch genommen? Haben Sie zugelassen, daß Erschöpfung, finanzielle Probleme oder auch Kinder die Romantik in Ihrer Ehe ersticken? Haben Sie es zugelassen, daß Ihre Gefühle nachlassen? Sind Sie zu dem Schluß gekommen, daß Sie die falsche Person geheiratet haben? Haben Sie es satt, an Ihrer Ehe zu arbeiten? Fehlt Ihnen die Motivation, es noch einmal zu versuchen?

Vielleicht brauchen Sie eine persönliche Begegnung mit Gott. Vielleicht müssen Sie die Scheuklappen abnehmen und lesen, was die Bibel über die Ehe zu sagen hat. Vielleicht müssen Sie auf die Knie gehen und versprechen, ein vollwertiger Ehepartner zu werden. Vielleicht müssen Sie sagen: »Vergiß, was alle anderen tun. Vergiß, was ich in der Vergangenheit getan habe. Herr, aus Dankbarkeit für das, was du für mich getan hast, möchte ich dir in jedem Bereich meines Lebens gehorchen, auch in meiner Ehe. Ich werde damit anfangen, meinen Partner zu lieben. Ich werde der Romantik in unserer Ehe wieder ihren Platz einräumen.«

Wenn die Herausforderung zu groß für Sie ist, verlieren Sie bitte nicht die Hoffnung. Gott kann helfen, Ihre Ehe wieder neu zu beleben. Er bietet Ihnen seine Motivation, seine Weisheit, seine Macht, seine Ermutigung und sein Eingreifen an. Im Epheserbrief lesen wir, daß Gott »unendlich viel mehr tun kann, als wir erbitten oder uns ausdenken können« (Eph 3,20).

Aber wir sind am Zug. Wir müssen ihn bitten. Wir müssen uns selbst dem Gehorsam verschreiben. Dann kann Gott uns die Überraschungen bereiten. Nicht über Nacht. Nicht ohne Arbeit, Schmerz und ehrliche Kommunikation. Aber wenn sein göttliches Eingreifen unser eigenes Bemühen unterstützt, kann die Romantik wieder angefacht werden.

Im folgenden Kapitel wollen wir uns mit einigen praktischen Techniken beschäftigen, durch die die Romantik wieder aufflammen kann.

Kapitel 10

Ein Streichholz für die Flamme der Ehe

Lynne: Es war ein Mittwochabend im Mai 1989. Nach der Bibelstunde luden wir um zehn Uhr unser Gepäck in unseren Wagen und traten unsere nächtliche Reise zu einem Ziel an, das ich nicht kannte. Es war unser fünfzehnter Hochzeitstag, und Bill hatte alles arrangiert. Er hatte sogar jemanden organisiert, der in der Zeit für die Kinder sorgte. Ich brauchte nur nach sorgfältigen Anweisungen zu packen.

Nach zwei Stunden Fahrt kehrten wir in einem die ganze Nacht geöffneten Restaurant ein und aßen ein Dessert. Es war ein Lokal, in dem die Fernfahrer verkehrten, und lag auf halber Strecke von Kalamazoo nach Chicago. Als wir noch befreundet waren, kehrten wir häufig hier ein, wenn wir für Bills Vater Waren in Chicago kaufen mußten. Oder auch wenn Bill mich zum College zurückbrachte oder mich am Wochenende abholte. Als wir dort saßen und heißen Apfelkuchen aßen, erinnerten wir uns an diese Jahre. Wir sprachen darüber, wie sehr wir diese Fahrten genossen hatten. Über die pausenlosen Gespräche, mit denen wir uns die achtstündige Fahrt verkürzt hatten, und wie traurig wir immer waren, wenn auf dem Heimweg die Abfahrt Kalamazoo in Sicht kam, weil wir dann wieder in das richtige Leben zurückkehren mußten. Als wir unsere Fahrt fortsetzten, fühlten wir uns wieder wie diese Jugendlichen von damals. Nur dieses Mal gab es keinen mitternächtlichen Zapfenstreich.

Als wir schließlich auf einen anderen Highway abbogen, konnte ich raten, wohin wir fuhren, und ich hatte recht. Eine Stunde später spazierten wir am Strand von South Haven entlang, wohin wir bei unserer ersten offiziellen Verabredung 1969 gefahren waren. Der Betonwellenbrecher, auf dem wir gesessen hatten, war noch immer da. Der Leuchtturm, zu dem wir gewandert waren. Derselbe Mond, dessen Schönheit wir bewundert hatten.

Um drei Uhr morgens saßen wir am Strand, bohrten unsere Zehen in den Sand und sahen zu, wie die mondbeschienen Wellen sich am Strand brachen. Jede Welle brachte eine Erinnerung mit sich: die Erinnerung an eine zugeknallte Tür und eine beendete Freundschaft; an die Versöhnung und an das rauschende Hochzeitsfest; die Erinnerung an die Freude über die Geburt des Babys und an vergossene Tränen in dem winzigen Haus; an Augenblicke in Bills Dienst, bei denen uns vor Freude schwindelig wurde, und an eine herzzerreißende Fahrt in unserem blauen Suburban; Erinnerungen an einen vollkommenen Urlaub, an Kritik und Verurteilung, an fröhliche Feiern; Erinnerungen an verletzte Gefühle und eine neuentfachte Romantik.

Wir waren siebzehn, als wir zum ersten Mal am Strand des Michigansees saßen – und sehr naiv. Wir sahen nur sonnige Tage vor uns liegen. Mit siebenunddreißig war unsere Naivität durch Gewitterstürme, Blitz und Donner erschüttert und schließlich zerstört worden. Zwar hat unsere Naivität das nicht überlebt, wir jedoch schon. Wir haben uns der Realität gestellt und ihr getrotzt. Wir haben durchgehalten, hart gearbeitet und gewonnen. Wir saßen stärker und reifer, toleranter und verliebter an diesem Strand als je zuvor.

Kann die Romantik in der Ehe wieder neu entflammt werden? Kann die glimmende Asche sterbender Gefühle neu angefacht werden? Wir glauben schon. Wir glauben, daß die Liebe, die ein Paar zueinander geführt hat, neu belebt und gestärkt werden kann, trotz Enttäuschungen, Rückschlägen und Stürmen. In diesem Kapitel wollen wir einige praktische Vorschläge dazu machen.

Reden, reden, reden

Gefühle entstehen am besten aus Gesprächen, darum wollen wir damit beginnen. Ehepaare müssen miteinander reden – über alles und jedes, über Wichtiges und Unwichtiges, Angenehmes und Unangenehmes. Die Romantik beginnt mit dem Kennen des anderen, und der Schlüssel zum Kennenlernen ist eine offene und ehrliche Kommunikation, die niemals abreißt.

Unsere Tochter im Teenageralter hat einen neuen Freund. Neulich verbrachte sie einen Samstagnachmittag mit ihm. Sie erledigten ein paar Einkäufe, dann saßen sie an einem Picknicktisch in einem Waldunterstand und redeten. »Ihr habt geredet?« fragten wir. »Den ganzen Nachmittag? Worüber denn?«

»Ihr wißt schon, über alles. Über die Schule, die Gemeinde, unsere Freunde. Über das, was wir mögen und nicht mögen. Über das, was wir im Sommer machen werden. Über unsere Ziele, das College, was uns glücklich macht oder ärgert. Über Männer! Es war herrlich.«

Erinnern Sie sich noch an die Zeit, als der Tag nicht genügend Stunden für Ihre Gespräche hatte? Erinnern Sie sich noch daran, wie nah Sie sich gefühlt haben? Wie sehr Sie aufeinander eingestellt waren?

Ist es ein Wunder, daß die Wärme in unseren Beziehungen verlorengegangen ist, wenn wir nur noch im Vorübergehen miteinander reden, wenn wir uns Zettel auf dem Küchentisch und Nachrichten auf dem Anrufbeantworter hinterlassen? Viele Ehepartner empfinden nichts mehr füreinander, weil sie sich nicht mehr kennen. Sie wissen nichts mehr von den Ängsten und Träumen des anderen, von seinen Enttäuschungen und Plänen. Sie wissen nicht mehr, was der andere erlebt. Sie kennen die Freuden, die Anspannungen, die Pflichten des Partners nicht und erfahren nichts von seinem Erfolg.

Ehemänner und Ehefrauen sollten Trost in der Gegenwart des anderen finden. Ihre Ehe sollte eine Zuflucht für sie sein. Sie sollten die Einstellung haben: »Du und ich gegen den Rest der Welt.« Aber so wird es niemals sein, wenn sich die Partner nicht die Zeit für regelmäßige, intime Gespräche nehmen. Darum ist eine wöchentliche Verabredung außerhalb des Hauses so wichtig. Und darum sollten wir jede

Gelegenheit wahrnehmen, uns darüber zu informieren, was bei dem anderen passiert. Eine Unterhaltung nach dem Abendessen, während die Kinder den Tisch abräumen, ein abendlicher Spaziergang um den Block, oder ein Telefonanruf am Nachmittag, um zu erfahren, was der Arzt gesagt hat oder wie die Sitzung verlaufen ist, informiert die Partner darüber, was im Leben des anderen vorgeht und stärkt das Gefühl der Einheit, auf dem durch ausführliche Gespräche aufgebaut werden kann.

Wenn die Romantik in Ihrer Ehe einen beinahe tödlichen Schlag erlitten hat, werden Ihre Gespräche sich ohne Zweifel um verborgene Feindseligkeiten drehen müssen. Wenn es Ihnen so geht wie uns, dann sind Sie vermutlich versucht, dies zu umgehen und sich angenehmeren Dingen zuzuwenden. »Das Vergangene ist vergangen«, sagen Sie vielleicht. »Wir wollen es vergessen und in die Zukunft sehen.« Aber das wird nicht funktionieren. Im Untergrund schwelende Kränkungen werden sogar Ihre aufrichtigen Versuche, die Romantik wieder aufzubauen, unterminieren, und Sie werden hinterher frustrierter sein als vorher.

»Ich weiß, du wolltest mich nicht verletzen, aber du hast es getan. Jedesmal, wenn du gesagt hast, du seist zu beschäftigt, um Zeit mit mir zu verbringen, habe ich mich zurückgewiesen und gedemütigt gefühlt.« Mit solchen Worten hoffte eine Freundin von uns ein für alle Mal dem Zorn Luft zu machen, der sich in ihr aufgestaut hatte, weil ihr Mann permanent überlastet war. Ihr Mann war einsichtig und bereit, das Buch der Romantik erneut zu öffnen, und sie nahm an, sie könne nun in die Zukunft sehen. Doch kurze Zeit später explodierte sie wieder vor Wut. »Ist dir eigentlich klar, wie es ist, sich als letzten Punkt auf deiner Prioritätenliste zu fühlen? Kannst du dir vorstellen, wie schrecklich das war?«

Die Frau lernte etwas sehr Wichtiges in bezug auf verborgene Feindseligkeiten: Es ist unrealistisch zu erwarten, daß negative Gefühle, die sich über eine Reihe von Jahren aufgebaut haben, durch ein Gespräch verschwinden. Menschen, die tief verletzt sind, müssen sich die Freiheit zugestehen, immer wieder konstruktiv über diese Verletzungen zu sprechen, wenn das notwendig ist. Diejenigen, die den Schmerz verursacht haben, müssen geduldig zuhören und begreifen, daß die Aufarbeitung zugefügten Schmerzes sehr schwierig und manchmal zuerst sogar kontraproduktiv ist. Sie ist jedoch unerläßlich, wenn die Romantik wieder entfacht werden soll.

Kompliziert wird der Vorgang meistens dadurch, daß beide Partner verletzt haben und auch verletzt wurden. Manchmal kann ein Eheberater dabei helfen, die Gefühle zu verstehen und den eigenen Schmerz einzugestehen, gleichzeitig aber auch dem Schmerz des anderen verständnisvoll zu begegnen. Auch hier wieder ist man leicht versucht, diesen Schritt zu überspringen. Doch eine verantwortungsbewußte Aufarbeitung der Vergangenheit schmerzt, und vielleicht ist ein halbes oder sogar ein ganzes Jahr Eheberatung nötig, bevor die schwelende Asche wieder zu einem lodernden Freudenfeuer wird.

Nachdem Sie sich Ihren verletzten Gefühlen gestellt und sie aufgearbeitet haben, können Sie Ihr neues Gefühl der Einigkeit und Herzlichkeit schützen, indem Sie neue Konflikte sofort ansprechen, sobald sie entstehen. Häufige Friedensgespräche werden die Luft reinigen und verhindern, daß sich Kränkungen wieder aufstauen. Nichts zerstört die Romantik mehr als unterschwellige Wut. Wie ein altes Sprichwort sagt, es macht keinen Spaß, ein Stachelschwein zu umarmen.

Werben Sie kreativ

Nachdem Sie Ihre unterschwellige Feindseligkeit aufgearbeitet und erfahren haben, was es bedeutet, wieder miteinander zu sprechen, können Sie damit beginnen, kreativ zu werben. Die meisten Paare räumen die Hochzeitsgeschenke weg und mit ihnen auch die Zeit der Werbung. Wenn Sie die Romantik wieder aufbauen wollen, müssen Sie wieder beginnen, um den anderen zu werben.

Glücklicherweise ist es beim Werben wie beim Fahrradfahren: Man rostet ein wenig ein, aber man verlernt es nicht. Darum nehmen Sie sich beim Mittagessen ein wenig Zeit und schreiben Sie Ihrem Partner einen kleinen Zettel. »Ich habe gerade an dich gedacht und wollte dir sagen, daß ich dich liebe.« »Wenn ich noch mal die Wahl hätte, würde ich dich auf der Stelle wieder heiraten. Ich freue mich auf das, was die Zukunft uns bringen wird.« Legen Sie diesen Zettel in den Briefkasten.

Stellen Sie sich vor, wie Ihre Partnerin eine Liste mit Dingen, die erledigt werden müssen, erwartet und statt dessen eine Liebeserklärung vorfindet.

Sie können Ihren Partner aber auch einfach mal tagsüber anrufen. »Hallo, wie geht es dir? Ich wollte wissen, wie dein Tag ist.« Es bedeutet einem Ehemann oder einer Ehefrau sehr viel, wenn er oder sie weiß, daß der andere an sie denkt – und sich die Zeit nimmt, das auch zu sagen.

Lynne: Ich weiß, wie beschäftigt Bill ist, wenn er im Büro arbeitet, und er weiß, wie hektisch mein Tag manchmal verläuft. Wenn wir uns dann ein paar Minuten Zeit nehmen und fragen, wie es dem anderen geht, bedeutet uns beiden das sehr viel. Es sagt mir, daß ich Bill mehr bedeute als die Papiere auf seinem Schreibtisch und die Anrufe, die er zu erledigen hat. Ihm sagt es, daß der Artikel, an dem ich gerade arbeite, oder die Pflichten, die meinen Tag ausfüllen, mir nicht so wichtig sind wie er.

Eine Berührung ohne sexuelle Motivation gehört auch zum Werben. Wenn Sie der Meinung sind, das sei Quatsch, dann ist es kein Wunder, daß die Romantik aus Ihrer Ehe verschwunden ist. So wichtig die sexuelle Berührung auch ist – darüber werden wir später noch sprechen –, eine herzliche, liebevolle, nichtsexuelle Berührung ist genauso wichtig für die Romantik in der Ehe.

Sehr viele Eheleute tun wenig mehr, als sich beim Abschied am Morgen den obligatorischen Kuß zu geben. Dieselbe Routine wiederholt sich, wenn sie sich abends wiedersehen. Ihre Lippen berühren sich, doch sie merken es kaum. Der Kuß ist zu einer unfreiwilligen Geste geworden. Wenn man eine Berührung ein wenig variiert, so kann man ihr die Routine nehmen und ein wenig mehr Gefühl hineinlegen. Wenn Sie zum Beispiel nach dem Abendessen einen Spaziergang machen, nehmen Sie doch die Hand Ihres Partners – und tun Sie das bewußt. Lassen Sie ihre ineinandergelegten Hände ein Symbol sein für die lebenslange Verpflichtung, die Sie miteinander eingegangen sind. Wenn

Ihr Partner die Zeitung liest, können Sie ihm sanft über den Nacken fahren. Sehen Sie dies als eine tröstende Geste der Zärtlichkeit, als eine Art, die Anspannung des Tages ein wenig abzumildern. Legen Sie, während Sie abends die Nachrichten sehen, den Arm um Ihren Partner. Diese Geste besagt: »Ich bin so froh, daß wir auch diesen Tag miteinander verbringen konnten.« Ein obligatorischer Kuß wird kaum bemerkt. Aber eine Berührung, die aus dem Gefühl heraus gemacht wird, kann wie ein Streichholz sein, das eine sterbende Flamme neu entfacht.

Blumen tragen noch immer den Zauber der Romantik. Aber kaufen Sie nicht nur das Sonderangebot des Tages. Denken Sie zurück an die Zeit Ihrer Freundschaft. Hat Ihre Partnerin bestimmte Lieblingsblumen? Gibt es eine besondere Situation, die durch eine rote Rose gekennzeichnet war? Erinnern Sie sich an einen romantischen Abend, der mit einem wundervollen Blumenstrauß abgerundet wurde? Seien Sie kreativ. Überreichen Sie Ihrer Frau auf dem Weg zum Abendessen eine dunkelrote Orchidee. Kaufen Sie einen Strauß Rosen zum Andenken an die Blumen, die sie an Ihrem Hochzeitstag getragen hat.

Wenn Blumen keinen Platz in ihrer Erinnerung haben, verzweifeln Sie nicht. Fragen Sie Ihre Frau, welche Blumen sie mag. Es kann gut sein, daß sie es nicht mehr weiß – so lange spielte das schon keine Rolle mehr –, aber geben Sie ihr Zeit. Wenn der Schock erst einmal abgeklungen ist und ihre Sinne zurückkommen, wird Sie Ihnen sagen, wie sie sich einen Blumenstrauß vorstellt. Wenn Sie ihr dann genau so einen Strauß mitbringen, wird sie das Gefühl haben, daß ihre Vorlieben, ihre Wünsche, ihr Geschmack Ihnen wichtig sind. Es wird ihr sagen: »Ich liebe dich noch immer.«

Miteinander auszugehen gehört ebenfalls zum Werben. Die Vorbereitungen unserer Tochter für eine Verabredung sind den Vorbereitungen auf ein nationales Ereignis vergleichbar. Zuerst werden zahllose Telefongespräche geführt, um die Verabredung zu treffen. Dann weitere Telefonanrufe, um festzulegen, wo man hingeht. Schließlich kommt eine Modenschau, um zu entscheiden, was an diesem Abend getragen werden soll. Leider nimmt diese Begeisterung im Laufe der Jahre ab. Für viele Ehepaare ist Ausgehen nichts Besonders mehr. Sie schenken ihm kaum einen Gedanken oder ein Wort, bevor es soweit ist, und quetschen den Abend zwischen »wichtigere Verpflichtungen«, fahren hin, wo immer ihr Wagen sie hinbringt, und denken nicht einmal daran, sich »nur füreinander« schick zu machen. Kein Wunder, daß solche Abende keine Bereicherung für ihre Beziehung darstellen.

Freunde von uns besprechen ihre Verabredung für Freitag bereits am vorhergehenden Montag während des Abendessens. Sie sehen den Veranstaltungskalender in der Sonntagszeitung durch, ziehen mehrere Möglichkeiten in Betracht und entscheiden dann gemeinsam, was sie tun wollen. Die ganze Woche über freuen sie sich auf diesen Abend und erinnern sich durch kleine Zettel oder Telefonanrufe daran, daß sie sich am Freitag abend großartig amüsieren werden. »Es ist eine lange Woche, aber wir werden bald feiern können.« Sie tragen zum Gelingen des Abends bei, indem sie Kleidungsstücke tragen, die der andere besonders mag. »Es gefällt mir«, sagt die Frau, »wenn mein Mann aus dem Schlafzimmer kommt und etwas trägt, von dem er weiß, daß ich es mag. Ich habe dann das Gefühl, als sei es eine ›richtige‹ Verabredung, so wie damals, als wir uns kennenlernten und uns freuten, einen Blick des anderen aufzufangen. Es sagt mir auch, daß mein Mann mich immer noch so hoch einschätzt, daß er sich für mich herausputzt. Das bedeutet mir eine Menge!«

Ein weiterer Aspekt des kreativen Werbens ist, dem anderen zu dienen. Während der High-School-Zeit trägt der junge Mann dem jungen Mädchen die Bücher, sie backt ihm Schokoladenplätzchen. Im College schleppt er ihre Koffer, sie tippt ihm seine Semesterarbeit. In der Verlobungszeit repariert er ihren Wagen, sie wäscht seine Wäsche für ihn – oder umgekehrt. Aber sechs Monate nach der Hochzeit hängen sie ihre Dienstbotenuniform an den Nagel. Auf einmal steht jeder für sich allein. Sie verstecken die Uniformen im hintersten Winkel des Kleiderschranks und mit ihnen das warme Gefühl, das der Dienst hervorruft. Wenn ein Mann oder eine Frau diese Gefühle wieder zum Leben erwecken will, muß er sich wieder in diese Uniformen zwängen, den Staub von den Schultern klopfen und wieder in den Dienst gehen. Durch liebevolle kleine Dienste, die dem anderen große Freude machen, kann der Ton einer Beziehung sehr verändert werden.

Bill: Nach fünfzehn Jahren, in denen Lynne alte Familienkutschen fahren mußte, kaufte sie sich einen neuen, kleinen, roten

Toyota, den sie liebte. Er verkörperte für sie einen Übergang, eine willkommene Befreiung vom Transport von Kinderbetten und Autositzen, von Fahrrädern und Basketball-Mannschaften. Ich konnte ihr einen Liebesdienst erweisen, indem ich dafür sorgte, daß ihr kleiner Wagen immer blitzte und blinkte. Ich gab eine Unmenge Geld für Wachs und Pflegemittel aus, doch für mich war Belohnung genug, das Lächeln auf ihrem Gesicht zu sehen, wenn sie sich hinter das Steuer ihres blitzblanken Wagens setzte.

Trotz des Einflusses der Frauenbewegungen fällt den Frauen immer noch der größte Teil der zeitraubenden, erschöpfenden und undankbaren Haushaltspflichten zu, die alltäglich anfallen. Die Männer können ihren Frauen zeigen, daß sie es ernst meinen, wenn sie freiwillig mehr dieser Pflichten übernehmen. In den ersten Jahren unserer Ehe habe ich häufig gegen dieses Prinzip verstoßen. Seither habe ich jedoch gelernt, daß die Planung einer Feier für die Kinder oder das Geschirrspülen, das Sortieren der Einkäufe, das Staubsaugen des Wohnzimmers oder das Vorbeifahren bei der Reinigung wichtige, wenn auch zumeist vernachlässigte Bestandteile der Romantik sind.

Zum kreativen Werben gehört auch das Inspirieren unseres Partners. Erinnern Sie sich noch, wie oft Sie Ihren Partner vor der Ehe gelobt haben? »Du bist so begabt!« »Du wirst eines Tages ein großartiger Rechtsanwalt sein.« »Dir gelingt aber auch einfach alles.« »Du gehörst auf die Bühne; diese Rolle hast du perfekt gespielt.« »Ich stehe hinter dir, egal was auch passiert.« »Ich kann es kaum erwarten zu sehen, daß du auf der Karriereleiter hochkletterst.« »Du hast unglaubliche Talente und Fähigkeiten.« »Ich bin so stolz auf dich.« Aber bemerken Sie nun, da das Leben zur Routine geworden ist, überhaupt noch, was Ihr Partner tut? Nehmen Sie Leistungen zur Kenntnis oder ermutigen Sie nach einem Versagen? Sind Sie der größte Bewunderer Ihres Partners?

Als wir unsere Gemeinde gründeten, gingen wir in unserer Stadt von Tür zu Tür. Wir fragten die Leute, die nicht regelmäßig zur Kirche kamen, was sie davon abhielt. Die meisten Antworten lauteten, Gottesdienste seien langweilig, es würde nichts Neues gebracht, es sei immer dieselbe alte Leier. Leider gilt das auch für viele Ehen. Darum sprechen wir davon, kreativ zu werben. Langeweile schläfert sowohl Gottesdienstbesucher als auch Ehepartner ein, doch Kreativität kann die Menschen wach halten und ihre Emotionen anregen. Kreativität zeigt Ihrem Partner, daß Sie die Romantik wieder anfachen wollen. Sie investieren Zeit, Ideen und Energie. Es ist Ihnen wichtig. Nach Jahren der Vernachlässigung ist dies häufig die Botschaft, die Ihr Partner hören muß. Es ist das Sprungbrett, das die verletzten Gefühle wieder heil machen kann.

Die Sprache der Liebe

Obwohl wir einige Vorschläge zum kreativen Werben gemacht haben, wissen nur Sie allein, welcher Weg in Ihrer Beziehung der beste ist. Warum? Weil jeder Mann und jede Frau anders ist und Liebe auf unterschiedliche Art gibt und empfängt. Um effektiv um Ihren Partner werben zu können, müssen Sie erkennen, welches die Sprache der Liebe ist, die ihn am ehesten anspricht.

Für einige Menschen ist Berührung die wichtigste Sprache der Liebe. Ihr Partner kann zwanzigmal am Tag sagen: »Ich liebe dich«, und es durch unzählige Liebesdienste beweisen, doch ohne eine Umarmung, einen Kuß oder einen Händedruck fühlen sie sich nicht geliebt.

Andere müssen immer wieder die verbale Bestätigung der Liebe hören. Sie wollen konkret hören, warum ihr Partner sie liebt. »Ich bin froh, daß ich dich geheiratet habe, weil ...« Das zeigt ihnen, daß ihr Partner ihre Individualität anerkennt und wertschätzt.

Einigen anderen Menschen wiederum zeigt ein Liebesdienst am ehesten, daß sie geliebt sind. Sie reagieren am besten auf Zuneigung, die sich in praktischen Dingen ausdrückt: das Kochen einer Mahlzeit, Rasenmähen, das Reparieren eines Wasserhahns, eine Besorgung, ein wenig Hilfe im Haushalt. Diese Leute sehen Liebesdienste als Indikatoren für die Gefühle des Partners.

Wieder andere Menschen fühlen sich geliebt, wenn sie Geschenke bekommen – nicht wegen der Kosten, sondern weil sie ihnen zeigen, daß der andere sich Gedanken gemacht hat. Diese Menschen freuen

Ein Streichholz für die Flamme der Ehe

sich an greifbaren Zeichen der Liebe des Partners, ja, sie brauchen sie sogar.

Andere Leute fühlen sich geliebt, wenn ihr Partner ihnen Gelegenheiten zum Vergnügen oder zum Weiterkommen bietet. Sie schätzen es, wenn der Partner sagt: »Ich habe von einem Seminar gehört, das dir Freude machen könnte. Möchtest du nicht daran teilnehmen?« Das überzeugt sie davon, daß ihrem Partner die Dinge, die ihnen wichtig sind, am Herzen liegen.

Viele Menschen fühlen sich geliebt, wenn ihr Partner Zeit mit ihnen verbringt. Es ist egal, wie diese Zeit gefüllt wird, solange sie gemeinsam verbracht wird. Sie haben dann das Gefühl, ganz oben auf der Prioritätenliste zu stehen.

Wissen Sie, welche Sprache der Liebe Ihr Partner am ehesten versteht?

Bill: Jahrelang nahm ich an, daß ich Lynne am besten meine Liebe zeigen konnte, wenn ich ihr immer wieder sagte, warum ich sie geheiratet hatte. »Ich bewundere deine geistlichen Erkenntnisse«, sagte ich ihr, »und deine Intelligenz und Gewissenhaftigkeit. Ich respektiere deinen Charakter, und ich glaube, daß du eines Tages eine prächtige Mutter sein wirst.« Ich war sicher, daß ich ihr so das Gefühl geben konnte, geliebt zu sein.

Aber so war es nicht. Sie wußte das zu schätzen, doch das allein konnte sie von meiner Liebe nicht überzeugen. Sie wollte Berührung; sie brauchte Unmengen körperlicher Zuwendung. Und sie brauchte auch meine Zeit. Sie wollte, daß ich die Initiative ergriff und mir regelmäßig Zeit für sie nahm. Jahrelang gab ich ihr nichts von beidem.

Warum ging ich davon aus, daß Liebesbezeugungen ausreichend wären? Weil dies die Sprache der Liebe war, die ich bevorzugte. Ich fühlte mich großartig, wenn Lynne mir sagte, sie sei stolz auf etwas, das ich getan hatte, oder daß sie einen bestimmten Charakterzug an mir schätze. Ich brauchte keine Umarmung, keinen Händedruck, keine Zeit, doch ich brauchte, daß sie mich mit Worten aufbaute. Ich wollte hören, daß sie mich liebte und die einzigartigen Eigenschaften, die meine Persönlichkeit ausmachten, schätzte. Darum nahm ich an, auch sie brauche das.«

Annahmen in bezug auf die Sprache der Liebe, die der Partner braucht, führen häufig zu Enttäuschung und manchmal auch zu herben Mißverständnissen.

Lynne: Bill zeigte mir auch seine Liebe, indem er mir Gelegenheiten bot – mehr als ich wahrnehmen konnte. Er sagte immer: »Du solltest diesen Artikel schreiben. Du würdest das großartig machen.« Oder: »Dieser Vortrag ist eine tolle Gelegenheit. Du könntest diesen Frauen wirklich etwas weitergeben.« Oder: »Du solltest mich auf dieser Reise begleiten. Du könntest dich amüsieren und außerdem noch eine Menge interessanter Leute kennenlernen.« »Warum meldest du dich nicht für ein Überlebenstraining am Wochenende an? Du würdest so vieles lernen.«

Auf der einen Seite wußte ich das Vertrauen zu schätzen, das er in meine Fähigkeiten zu haben schien. Auf der anderen Seite hatte ich den Eindruck, daß er mit mir so, wie ich war, nicht zufrieden war. Er drängte mich immer, noch mehr zu tun, mehr zu vollbringen, mehr Beziehungen zu pflegen und mehr zu lernen. Doch auch nur einen Bruchteil der Gelegenheiten wahrzunehmen, auf die er mich aufmerksam machte, füllte mich bereits vollkommen aus.

Als ich schließlich mit ihm über meine Gefühle sprach, war er schockiert. »Ich wollte dir doch nur Gelegenheiten zur Weiterentwicklung bieten, weil ich dich liebe«, sagte er. »Keinesfalls wollte ich dich drängen.«

Bill ist ein wundervoller Gemeindeleiter, Freund und Vater, weil er den Leuten in seiner Umgebung gern Gelegenheiten zur Weiterentwicklung bietet. Auf diese Weise zeigt er seine Liebe. Als ich das begriff, wußte ich die Möglichkeiten zu schätzen, die er mir bot, und ich begann, mich geliebt zu fühlen anstatt »gedrängt«. Ich hatte die Freiheit, das, was mich interessierte, zu tun und das andere abzulehnen.

Eheleute sollten darüber sprechen, welche Sprache der Liebe sie bevorzugen, und darauf achten, daß jeder dem anderen seine Liebe auf eine Weise zeigt, die der andere verstehen kann. Das erfordert häufig Flexibilität, Einfühlungsvermögen und die Bereitschaft, sich in den Bereichen weiterzuentwickeln, in denen wir schwach sind.

Lynne: Wie ich bereits sagte, versteht Bill die Liebe am besten, wenn sie mit Wortenl ausgedrückt wird. Er möchte hören, daß ich ihn liebe – und daß ich ihm auf kreative, bedeutungsvolle Weise sage, warum. Leider ist der verbale Ausdruck nicht meine starke Seite. Ich mußte mich täglich daran erinnern, daß Bill meine Worte braucht, so wie er sich täglich daran erinnern muß, daß ich seine körperliche Zuneigung brauche. Und wenn einer von uns nachlässig oder vergeßlich wird, muß der andere seinen Stolz beiseite schieben und sagen: »Ich fühle mich nicht sehr geliebt. Würdest du es mir bitte so zeigen, daß ich es verstehe?«

Spaß muß sein

Wenn Sie die Romantik wieder anfachen wollen, sollten Sie tiefgehende Gespräche führen, kreativ um Ihren Partner werben, die Sprache der Liebe erforschen, die Ihr Partner versteht, aber auch anfangen, wieder Spaß miteinander zu haben.

Es hilft Ihnen vielleicht, an die Jahre vor Ihrer Ehe zurückzudenken und einige fröhliche Augenblicke einzufangen, die Sie damals gemeinsam erlebt haben. Frischen Sie Ihre Tenniskünste doch noch einmal auf. Gehen Sie zu einer Sportveranstaltung. Verbringen Sie einen ganzen Samstag am Strand. Stellen Sie ein Volleyballnetz im Garten auf. Gehen Sie in ein Konzert. Planen Sie ein Picknick. Machen Sie eine Fahrradtour. Oder besuchen Sie eine Kunstausstellung. Gehen Sie ins Kino. Braten Sie Kartoffeln über einem Lagerfeuer.

Das Leben wird schnell viel zu ernst. Die Eheleute sprechen über die Kinder und die Finanzen, über ihren Arbeitsplatz und die verschiedenen Pflichten, über Ängste und das Alter. Und sie vergessen dabei, was es bedeutet zu lachen, zu spielen und sich wieder wie ein Kind zu fühlen.

Selbst die beste Ehe erfordert eine unglaubliche Menge Arbeit. Wenn die Arbeit nicht durch Spaß und Freude ausgeglichen wird, beginnen auch sehr verantwortungsvolle Ehepartner, ihre Motivation und Energie zu verlieren. Je größer die Herausforderung einer Ehe ist, desto wichtiger ist es, auch Spaß miteinander zu erleben. Wir haben gelernt, daß Erlebnisse, die beiden Spaß machen, Wunden heilen und zu Brücken über den Fluß frustrierender Gegensätze werden können.

Wir besuchen gern gemeinsam kulturelle Veranstaltungen, lesen dieselben Bücher und sprechen darüber. Wir verbringen gern Zeit mit gemeinsamen Freunden. Doch am liebsten betätigen wir uns sportlich. Wir segeln gern und fahren Wasserski, wir wandern und fahren im Winter Ski, wir joggen gemeinsam. Weil wir so unterschiedlich waren, freuten wir uns über diese gemeinsamen Interessen und verplanten ganz bewußt unsere Freizeit mit diesen gemeinsamen Aktivitäten. Wenn wir einmal ein Wochenende für uns haben wollen, fahren wir irgendwohin, wo es viele Wanderwege gibt, oder an einen See, wo man Segelboote mieten kann. Wir haben gelernt, daß ein gesunder Schuß Spaß für viel harte Arbeit entschädigen kann, darum schämen wir uns nicht, solche Gelegenheiten zu planen, so oft wir nur können.

Vor mehreren Jahren sprachen wir mit einem Christen, der Ehebruch begangen hatte. Er legte uns liebevoll die Hand auf die Schulter und bat uns, dafür zu sorgen, daß wir viel Spaß in unserer Ehe haben. »Ich habe meine Frau immer geliebt«, sagte er. »Aber unsere Beziehung wurde geschäftsmäßig. Wir investierten unsere Energie in unseren Beruf, in die Erziehung der Kinder und in die Gemeinde, doch wir nahmen uns nicht die Zeit, Spaß miteinander zu erleben. Und als jemand daherkam und mir Lachen und Fröhlichkeit bot, eine Pause von der Arbeit und der Verantwortung, ging ich nur zu gern darauf ein. Die Verlockung, ein wenig Spaß zu haben, hat mich zu Fall gebracht. Wie sehr wünschte ich, meine Frau und ich hätten uns die Zeit fürs Vergnügen genommen.«

Wie steht es in Ihrer Ehe mit dem Vergnügen? Wenn dieser Punkt ein wenig Verbesserung braucht, fangen Sie an zu experimentieren. Planen Sie verschiedene Aktivitäten und probieren Sie aus, was Ihnen am ehesten zusagt. Besuchen Sie einen Kurs und sehen Sie, ob Sie vielleicht ein neues Interessensgebiet entdecken. Fragen Sie andere Paare nach Ideen. Lesen Sie den Veranstaltungskalender Ihrer Zeitung. Seien Sie offen. Seien Sie mutig. Probieren Sie neue Dinge aus. Spaß und Lachen können Hemmungen überwinden, Wärme hervorbringen und führen zu ...

Noch mehr Spaß

Wenn Sie sich gefragt haben, wann wir endlich zum Thema Sex kommen, dann brauchen Sie nun nicht mehr länger zu warten. Wir haben bis zum Ende dieses Kapitels damit gewartet, weil wir gelernt haben, daß Sex, der beide Partner befriedigt, mit Kommunikation, kreativem Werben, ernstgemeinten Zeichen der Liebe und gemeinsamem Spaß beginnt. Der Geschlechtsakt ist der Höhepunkt einer Reihe von Begegnungen, die den Ton bestimmen und den Wunsch nach vollkommener, liebevoller körperlicher Intimität wecken.

Wir sind der Meinung, daß Sex das Schönste sein sollte, das ein Paar gemeinsam tun kann. Leider schafft der Sex bei den meisten Paaren – auch bei uns in den ersten Jahren unserer Ehe – mehr Frustration als Vergnügen. Ein kleiner Prozentsatz von Paaren leidet unter tatsächlichen sexuellen Disfunktionen, die entweder körperliche oder psychische Ursachen haben. Ihnen wollen wir Mut machen, einen Arzt oder einen Therapeuten aufzusuchen. Ihnen lediglich einfache Antworten auf ihre komplexen Probleme anzubieten, würde ihre Frustration nur noch steigern.

Doch auch abgesehen von sexuellen Disfunktionen ist die menschliche Sexualität ein sehr komplexes Gebiet und durch eine Vielzahl von persönlichen und beziehungsgeprägten Faktoren bestimmt. Natürlich können wir ein so breites Thema nicht auf ein paar Seiten behandeln. Wir haben jedoch festgestellt, daß viele Paare in dem Prozeß der Wiedererweckung der Romantik von einer geringfügigen Verhaltensänderung oder einer neuen Idee bezüglich ihrer sexuellen Erfahrungen profitieren können. Genau das war es, was wir brauchten.

Spaß für wen?

Wie viele jungverheiratete Paare lasen wir eine stattliche Anzahl von Büchern über Sex. Schnell legten wir die Autoren beiseite, die den Geschlechtsakt nur als Mittel der Fortpflanzung sahen, und befürworteten Autoren, die eingestanden, daß Gott den Eheleuten die Sexualität – zumindest zum Teil – zum Vergnügen gegeben hatte. Solche Autoren beschrieben das sexuelle Vergnügen als kostbares Geschenk, das die Ehepartner sich geben können – ein Geschenk, das sie sich machen müssen.

Der Gedanke, daß Sex etwas Wichtiges ist, das wir unserem Partner geben müssen, ist biblisch. Im ersten Korintherbrief, Kapitel 7 lesen wir, daß die Ehepartner ihrer »ehelichen Pflicht« nachkommen und sich einander nicht entziehen sollen. Diesem Abschnitt zufolge kann eine Frau nicht über ihren Körper bestimmen, sondern ihr Mann. In ähnlicher Weise hat sie Macht über seinen Körper. Diese Verse erinnern uns sehr deutlich daran, daß wir unserem Partner eine befriedigende sexuelle Beziehung schuldig sind. Immerhin ist unser Partner in diesem Bereich auf uns angewiesen. Das Festhalten an der ehelichen Treue, die jedes christliche Ehepaar ernstnehmen sollte, bedeutet, daß wir keine sexuelle Befriedigung finden werden, wenn wir sie in der Ehe nicht bekommen. So einfach und manchmal auch so tragisch ist das. Jeder von uns sollte seine sexuelle Verantwortung sehr ernst nehmen und liebevoll und sensibel den sexuellen Bedürfnissen und Wünschen des Partners entgegenkommen.

Und nachdem wir dies alles gesagt haben, wollen wir kurz auf die andere Seite von gesundem Sex eingehen. Wir sind der Meinung, daß eine Überbetonung des Sex als etwas, das man für seinen Partner tut, negative Auswirkungen auf die Einstellung einiger Menschen haben kann. Ihnen wird der Sex zu einer Verpflichtung, einer weiteren Aufgabe, die sie erfüllen müssen, um eine »gute Frau« oder ein »guter Mann« zu sein. Sie vergessen, daß Sex etwas ist, das sie für sich genießen sollten.

Einige Menschen können sich am Sex nicht freuen, weil sie sich an ihrer eigenen Sexualität nicht freuen können. Einige Ehemänner und Ehefrauen sehen sich nicht einmal als sexuelle Wesen. Sex ist etwas, das sie tun, ein Verhalten, das sie an das Ende eines arbeitsreichen Tages zwängen, anstatt es als eine natürliche Erweiterung einer wichtigen Dimension dessen zu sehen, was sie sind. Diese Menschen würden zu sehr viel interessierteren und interessanteren sexuellen Partnern werden, wenn sie sich selbst gestatten würden, ihre Sexualität zu genießen, sie als einen wichtigen Teil ihrer Identität zu sehen und sich daran freuen würden. Leute, die ihrer Sexualität gegenüber eine positive Einstellung haben und versuchen, ihre sexuellen Fertigkeiten auszubauen, so wie sie andere Talente und Fertigkeiten ausbauen, empfinden ein sexuelles Selbstvertrauen, das sie frei macht, aktive Partner in der sexuellen Beziehung zu werden, keine passiven. Sie bereiten ihrem Partner sehr große Freude.

Lynne: Windeln wechseln. Abendessen. Geschirr. Sex. Alles gehörte zu derselben Routine, alles gehörte zu meinen Pflichten als Hausfrau und Mutter. Und alles war etwa gleich schön.

Aber zu irgendeinem Zeitpunkt änderte sich meine Einstellung zum Sex. Ich begann, ihn als eine Zerstreuung zu sehen, als eine Flucht, eine Gelegenheit, den Alltagspflichten einmal zu entkommen. Als eine Chance, einen neuen Hut aufzusetzen, ein anderer Mensch zu sein. Als eine Chance, in meinem eigenen Haus Spaß zu haben, ohne eine Eintrittskarte kaufen oder einen Babysitter engagieren zu müssen. Ich begann, ihn als eine Pause zu sehen, die ich mir verdient hatte, eine romantische Belohnung.

Als ich anfing, Sex als etwas zu sehen, das mir Spaß brachte, das ich für mich selbst tun konnte, als ich aufhörte, mein Augenmerk allein auf das zu richten, was Bill glücklich machen würde und spürte, daß es auch mir Freude machte, wurde ich ein sehr viel aktiverer Partner beim Sex. Ich machte mir keine Gedanken mehr darum, wie ich Bill etwas Gutes tun könnte. Ich tat ihm etwas Gutes. Er würde sogar sagen, daß meine positive Umkehr unsere sexuelle Beziehung sehr bereichert hat. Wenn eine Frau selbst ein Maximum an Vergnügen erlebt, dann steigert das auch das Vergnügen des Mannes.

Wir sprechen hier nicht von selbstsüchtigem Sex. Wir gehen davon aus, daß Ehemänner und Ehefrauen den Wunsch haben, sich gegenseitig sexuelle Befriedigung zu schenken, und daß sie den Bedürfnissen, Wünschen und Vorlieben des anderen gegenüber sehr sensibel sind. Wir sprechen hier von authentischem, engagiertem und fröhlichem Sex, den beide Partner genießen können.

Wie fängt man an?

Fröhlicher Sex beginnt nicht im Schlafzimmer. Er beginnt in der Küche, wenn eine nichtsexuelle Berührung zu einer sexuellen wird. Er beginnt mit einer Bemerkung, einem offenen Vorspiel oder auch einer koketten Bemerkung.

Bill: Im Laufe der Jahre haben wir unsere eigene Sprache der körperlichen Liebe entwickelt. Wenn ich am Abend zu einer Sitzung gehe und Lynne mir zuflüstert: »Wenn du rechtzeitig von deiner Sitzung zurückkommst, werde ich dich dafür entschädigen«, weiß ich genau, was sie meint. Ich weiß, daß es eine Einladung ist, und Sie können darauf wetten, daß ich rechtzeitig nach Hause komme. Vielleicht erklärt das die Effizienz unserer Ältestensitzungen!

Wenn ich unterwegs bin, zu Hause anrufe und Lynne sagt: »Du weißt nicht, was du heute abend verpaßt«, weiß ich, sie will mich daran erinnern, daß ich eine interessierte Frau zu Hause habe. Und ich komme ernstlich in Versuchung, ein Flugzeug nach Chicago zu besteigen.

Zu sexueller Begeisterung ermutigen kann man auch, wenn man den anderen spüren läßt, daß man ihn begehrt. Ehemänner und -frauen werden sehr viel mehr Interesse am Sex haben, wenn sie das Gefühl haben, als sexueller Partner begehrenswert zu sein.

Lynne: In den Medien werden uns fast ausschließlich überwältigend gutaussehende, sexuell stimulierende Frauen präsentiert, darum braucht die normale Durchschnittsfrau ein hohes Maß an sexueller Bestätigung. Wir müssen hören, daß wir, obwohl wir keinen vollkommenen Körper haben, trotzdem in der Lage sind, unseren Partner zu erregen und zu erfreuen.

Bill macht mir unablässig Komplimente mit bestimmten, sexuell orientierten Worten. Er weiß, was mir an meinem Körper nicht gefällt, und beruhigt mich einfühlsam in Hinsicht auf diese Bereiche. Auch hebt er immer wieder meine positiven körperlichen Merkmale hervor. Immer wieder bemüht er sich, mich davon zu überzeugen, daß meine körperlichen Makel für ihn keine Bedeutung haben und meine Vorzüge diese negativen Dinge bei weitem überwiegen.

Mein Selbstbewußtsein im sexuellen Bereich und meine Fähigkeit, meine Sexualität zu genießen, hängen sehr eng mit Bills begeisterter, verbaler Bestätigung zusammen, daß ich für ihn begehrenswert bin. Viele Leute wünschen sich, ihre Partner hätten größeres Interesse an und Selbstbewußtsein in der Sexualität.

Auch die Art sich zu kleiden, kann die sexuelle Begierde steigern – oder auslöschen. Wir wissen, daß einigen Menschen Kleidung vollkommen egal ist. Die meisten Eheleute gestehen jedoch ein, daß die Kleidung des Partners ihr sexuelles Interesse beeinflußt.

Lynne: An einem wunderschönen Frühlingsmorgen konfiszierte Bill meinen schon ziemlich abgetragenen Lieblingsmorgenrock, zerriß ihn in unterschiedlich große Stoffetzen und benutzte ihn zum Wagenwaschen. Er hatte mir kurz zuvor vorgeschlagen, meine Liebesaffäre mit diesem Kleidungsstück zu beenden, doch ich hatte ihn nicht ernst genommen. Und jetzt hatte ich keine Wahl mehr.

Ich rächte mich, indem ich im Gegenzug einen Nachmittag in der Nachtwäsche-Abteilung eines Warenhauses verbrachte und nach einem Ersatz für Bills Lieblingsfreizeitkluft suchte – ein zerrissenes T-Shirt und ein sackiges Sweatshirt. Auch ich »entsorgte« beides, sobald ich Ersatz dafür gefunden hatte.

Im Ernst, wir haben einige sehr heftige Diskussionen zum Thema Kleidung geführt. Ich tendierte dazu, mich zu bescheiden und unauffällig zu kleiden. Bill bevorzugte lässige, fast schon nachlässige Kleidung. Er gestand schließlich ein, daß er sich ein wenig mehr »Pep« in meiner Kleidung wünschte (ein wenig mehr verführerisch), vor allem zu Hause. Und ich gestand schließlich ein, daß ich es gern sehen würde, wenn er sich ein wenig stilvoller kleidete, zu Hause und außer Haus.

Vielleicht ist Ihnen dieser Punkt nicht so wichtig. Immerhin ist die Kleiderfrage ein relativ triviales Thema im Alltag. Doch trivial oder nicht, wir haben festgestellt, daß die Art, wie wir uns kleiden, das sexuelle Klima in unserer Ehe bestimmt. Darum sind wir zu der Auffassung gekommen, daß wir diesem Thema mehr Beachtung schenken sollten.

Auf die Gesundheit zu achten, ist ein weiterer Weg, das sexuelle Interesse zu steigern. Das allgemeine Gefühl des Wohlbehagens und das gesteigerte Gefühl für seinen Körper, das aus regelmäßiger Gymnastik entsteht, steigern die Sexualität. Richtige Ernährung und ausreichend Schlaf sind ebenfalls wichtig. Alle wissen, daß Müdigkeit der größte Sextöter ist.

In diese Kategorie fallen auch innere Feindseligkeit und mangelnde Kreativität, und darum sind wir in diesem Kapitel auch zuerst auf diesen Bereich eingegangen. Um das sexuelle Interesse zu steigern, ist es wichtig, die verborgenen Feindseligkeiten aufzuarbeiten und zu lernen, kreativ zu werben.

Und wieder – reden, reden, reden

Die körperliche Beziehung eines jeden Ehepaares ist einzigartig. Einige Paare können sich eine sexuelle Begegnung ohne Musik und Kerzenlicht nicht vorstellen. Andere bevorzugen Stille und den Mantel der

Dunkelheit. Einige Menschen ziehen eine morgendliche Begegnung dem Abend vor. Andere finden allein den Gedanken an eine morgendliche sexuelle Begegnung lachhaft. Auch die Häufigkeit der sexuellen Aktivität variiert sehr stark.

Warum entwickeln Sie nicht einen eigenen Stil in der Sexualität, anstatt sich andere Paare oder Hollywood zum Vorbild zu nehmen. Experimentieren Sie. Erforschen Sie neue Wege des sexuellen Ausdrucks. Und vor allem reden Sie miteinander. Sprechen Sie offen und regelmäßig über Ihre sexuelle Beziehung, zeigen Sie Verletzlichkeit und gehen Sie ins Detail. Wir haben einen direkten Zusammenhang zwischen der Kommunikation über Sex und dem Grad der sexuellen Erfüllung festgestellt. Viel zu viele Menschen erwarten von ihren Partnern, daß sie einfach wissen, was sie sich wünschen, und sie sind dann enttäuscht, wenn ihre Partner nicht reagieren.

Eine konstruktivere Möglichkeit ist es, die sich auf die Sexualität beziehenden Themen offen zu besprechen. Sie könnten Vorschläge machen, wie Ihr Partner Ihnen helfen kann, daß Sie sich sexuell begehrenswerter fühlen, und Sie könnten ihn fragen, was Sie für ihn tun können. Auch könnten Sie darüber sprechen, welche Umstände, Ereignisse oder Gespräche Ihr sexuelles Verlangen anfachen könnten. Sie könnten ebenfalls über die Dinge sprechen, die Ihr Interesse in der Vergangenheit erstickt oder Sie enttäuscht haben. Oder Sie könnten Ihre schönsten sexuellen Erinnerungen beschreiben und erklären, warum diese Erfahrung so schön war. Hilfreich wäre auch, bestimmte Ideen auszutauschen, was jeder von Ihnen tun, sagen oder anziehen kann, um die sexuelle Aufmerksamkeit des anderen auf sich zu lenken.

Einige Paare werden bei diesen Ausführungen erschrecken. Sie haben noch nie offen über ihre sexuelle Beziehung gesprochen, und ihnen fällt es häufig schwer, den Anfang zu finden. Mit einer Frage zu beginnen und sie nach einem fröhlichen Tag zu besprechen, scheint ein guter Einstieg zu sein. Nach und nach können Sie sich tiefergehenderen Fragen zuwenden.

Einfühlsame, offene Kommunikation ist eine große Herausforderung, egal, ob Sie nun über eine aufgestaute Wut oder einen Weg sprechen, Ihre sexuelle Beziehung ein wenig aufzufrischen. Doch sie zahlt sich immer aus. Darum versuchen Sie es. Stopfen Sie sich das Kissen unter den Kopf, legen Sie sich bequem hin und sprechen Sie mit Ihrem Partner über Sex. Hinterher sind Sie vielleicht froh, daß Sie es versucht haben.

Wir jedenfalls waren es.

Kapitel 11

Ein Leben im Krisenzustand

Bill: Es war ein Samstagmorgen im Dezember 1989. Ich ging früh in mein Arbeitszimmer, um die Predigt fertigzustellen, die ich an diesem Abend in der Gemeinde halten wollte. Um halb sechs morgens war ich auf Seite zwölf meiner Predigt. Um halb zwei nachmittags auf Seite acht. Ich war in großen Schwierigkeiten.

Außerdem hatte ich an diesem Nachmittag noch eine Trauung vor fünfhundert Leuten abzuhalten, und ich hatte mir noch keine Gedanken gemacht, was ich dem jungen Paar, seiner Familie und seinen Freunden erzählen wollte. Ich dachte über meine löchrige Predigt, über die Hochzeit und über den Abendgottesdienst nach, und in einem Augenblick totaler Frustration legte ich meinen Kopf auf den Schreibtisch und weinte.

Doch sofort erinnerte ich mich daran, daß meine Verzweiflung reine Zeitverschwendung war, und riß mich schnell wieder zusammen. Doch in diesem kurzen Augenblick, in dem ich mich hatte gehen lassen, hatte ich die Wahrheit erkannt: Die Räder meines sorgfältig konstruierten Waggons liefen aus der Spur.

In diesem Herbst hatte unsere Gemeinde mit einem weiteren wöchentlichen Gottesdienst begonnen, was bedeutete, daß ich Mittwoch-, Donnerstag- und Samstagabend und zweimal am Sonntagmorgen zu predigen hatte. Neben den zeitaufwendigen Predigtvorbereitungen nahmen auch die ständigen Verwaltungsangelegenheiten und meine Reisetätigkeit zu. Für mich war der zusätzliche Gottesdienst eine Herausforderung gewesen, und als wir damit begonnen hatten, war ich entschlossen, mein Bestes zu geben. Doch ganz plötzlich fühlte ich mich vollkommen überfordert.

Während der Herbstmonate hatte ich mich abgemüht; mein einziger Lichtblick waren die Weihnachtsferien gewesen. Ich fuhr mit meiner Familie zu einer, der Beschreibung nach ruhigen Familienzuflucht. Durch unvorhergesehene Ereignisse landeten wir in einem überfüllten Hotel. Es war die Art von Hotel, in dem man zwanzig Minuten auf einen Aufzug wartet, und wenn er dann schließlich kommt, ist er so überfüllt, daß man nicht mehr hineinpaßt. Das war der letzte Tropfen. Die ganze Woche über befand ich mich in einem Zustand wilder Hektik.

Als wir nach Hause kamen, fuhr ich für drei Tage allein nach Wisconsin, um wieder zu mir zu kommen, nachzudenken und zu beten. »Gott, was ist mit mir los? Ich verstehe nicht, was in meinem Leben vorgeht, doch ich habe das Gefühl, als würde ich untergehen. Hilf mir.«

In dem folgenden Jahr setzte ich die Scherben meines Lebens wieder zusammen. Ich gab verschiedene Verpflichtungen an andere ab, und so war ich in der Lage, weiterzuarbeiten, doch mit verringerter Geschwindigkeit. Die restliche Zeit verwendete ich zu meiner eigenen Heilung und für einige längst überfällige Überlegungen bezüglich meines Lebensstils, der mich schließlich an den Punkt gebracht hatte, wo es nicht mehr weiterging.

Vorsicht vor der Achillesferse

Es war nur eine kleine Stelle an der Ferse des Kriegers aus der griechischen Mythologie, doch sie führte zu seinem Tod im Trojanischen Krieg. Seither haben wir von der griechischen Sage diesen Ausdruck übernommen, der den Schwachpunkt eines starken Mannes oder einer starken Frau beschreibt, durch den sie oder er leicht zu Fall kommen kann. Die Klugen unter uns, die ihre Schwächen erkennen und sie sorgfältig vor Angriffen schützen, halten stand; die weniger Klugen, die ihre Schwächen preisgeben, gehen in der Schlacht unter.

Ein Merkmal der Achillesferse – wie immer sie aussehen mag – ist, daß sie uns auch in die Ehe folgt. In diesem Kapitel wollen wir über unsere Achillesfersen sprechen, weil wir rückblickend auf unsere siebzehnjährige Ehe entdeckt haben, daß unsere persönlichen Schwächen unsere Beziehung weit mehr als alles andere belastet haben, über das wir bereits gesprochen haben.

Lynne: Bills Achillesferse ist sein Übereifer in seiner Arbeit. Er war auch die Ursache für seinen Zusammenbruch im letzten Monat des Jahres 1989.

Jahre vorher hat diese Schwäche beinahe unsere Ehe zerstört, doch wie wir bereits in einem vorhergehenden Kapitel erwähnt haben, nahm Bill nach fünf Jahren Ehe einige dramatische Veränderungen in seiner Terminplanung vor. Um unseres Ehe- und Familienlebens willen war er bereit, unsere Frühstücksverabredung am Donnerstagmorgen einzuhalten und auch vier Abende pro Woche zu Hause zu sein. Das bedeutete natürlich, daß er häufig Einladungen zu Gemeindeveranstaltungen und anderen Vorträgen ablehnen mußte. Wenn seine Reisetätigkeit mit der Zeit, die er für seine Familie reserviert hatte, kollidierte, so machte er das so bald wie möglich wieder gut: Er plante einen besonderen Ausflug mit den Kindern oder führte mich abends aus. Er nahm auch einen jährlichen Sommerurlaub, der sowohl dem persönlichen Studium als auch der Familie gewidmet war. Und er investierte Zeit und Kreativität, um das ganze Jahr über Familienaktivitäten zu planen. Er nahm unser Ehe- und Familienleben sehr, sehr ernst. Auch als sein Aufgabengebiet sich ausweitete, hielt er an seiner Verpflichtung fest, mehr Zeit zu Hause zu verbringen.

Doch im Laufe der Jahre bemerkte ich eine Veränderung bei Bill. Immer mehr hatte ich den Eindruck, daß er nur körperlich zu Hause war. Seine Gedanken waren woanders; er beschäftigte sich mit Dingen, die mit der Familie nichts zu tun hatten. In der Vergangenheit hatte er immer sehr aktiv unser Familienleben mitgestaltet, doch nun schien er nur noch wenig zu geben zu haben. Er war nicht unfreundlich oder schroff, aber er war immer erschöpft. Wenn er zu Hause war, wollte er nichts mehr hören und sehen. Die Kinder und ich mußten auf Zehenspitzen durch das Haus schleichen, um ihn nicht zu stören.

»Schsch, Daddy schläft.«

»Nein, du kannst ihn jetzt nicht stören; er braucht eine Ruhepause.«

»Vielleicht kannst du morgen mit ihm sprechen.«

Er war zwar zu Hause; er hatte sein Versprechen nicht gebrochen. Aber wir freuten uns überhaupt nicht über seine Anwesenheit. Er steckte fast seine gesamte Energie in seine Arbeit, und wir bekamen eine leere, ausgelaugte Hülle, die wir füllen und wieder ins Büro schicken mußten.

Bills Achillesferse hatte ihn dazu getrieben, einen Lebensstil anzunehmen, der jegliche Energie aus ihm heraussaugte und unsere sehr ernsthaften Versuche unterminierte, eine gegenseitig befriedigende Ehe aufzubauen. Er lebte im, wie wir es nennen, »Krisenzustand«.

Wenn die Nadel permanent im roten Bereich bleibt

Leben im Krisenzustand heißt, jeden Augenblick des Tages darüber nachzudenken, wie man alle Bälle in der Luft und alle Teller in Bewegung hält. Wer im Krisenzustand lebt, beschleunigt das Tempo immer mehr, hetzt von Projekt zu Projekt, von Termin zu Termin, von Quote zu Quote, von Versammlung zu Versammlung, von Predigt zu Predigt. Die Nadel schlägt immer weiter aus, bis sie in den roten Bereich kommt.

Die meisten aktiven Menschen müssen einen bestimmten Teil ihrer Zeit im Krisenzustand leben. Das Leben ist eben so. Sie sind Beamter bei der Steuerbehörde. Sie reparieren Klimaanlagen, und es ist August in Phönix. Sie mühen sich ab, um das Juraexamen zu schaffen. Ihre Kinder bekommen die Windpocken. Sie haben zwei Wochen Zeit, um die geforderten Verkaufsquoten zu erzielen.

Problematisch wird es, wenn Sie zuviel Zeit im Krisenzustand verbringen. Dann ist die Krise nicht mehr zeitlich begrenzt, sondern wird zum Lebensstil. Wenn das passiert, wenn die Nadel permanent im roten

Bereich bleibt, dann beginnen Sie, das einzig Mögliche zu tun – Sie sparen. Sie kürzen Ihre Energieinvestitionen in bestimmten Lebensbereichen, damit Sie sie in andere einbringen können – gewöhnlich in die verhaltensorientierten Bereiche, mit denen Ihr Selbstwertgefühl verknüpft ist. Nichts anderes zählt mehr, Sie konzentrieren sich nur noch darauf, die Bälle in der Luft und die so wichtigen Teller in Bewegung zu halten. Dieses Meisterstück nimmt also Ihre gesamte Energie in Anspruch. In allen anderen Lebensbereichen werden Sie geizig: Sie horten Ihre Energie, Sie schrauben Ihr Engagement auf ein Minimum herab, Sie berühren nur oberflächlich, Sie schlittern über die Oberfläche.

Zuerst zeigt sich das in Ihrer Beziehung zu Ihrem Partner. Ihre Bindung an Ihren Partner, die so stark und intim war, wird schwach und distanziert. Sie hoffen, daß er oder sie keine ernsthaften Bedürfnisse hat, weil Sie sich nicht in der Lage fühlen, sich damit auseinanderzusetzen. Sie gehen über Konflikte hinweg. Sie gehen nicht auf ernsthafte Probleme ein. Sie nehmen Zuflucht zu einer oberflächlichen Lösung, tun so, als sei alles gar nicht so schlimm.

Es zeigt sich aber auch in der Beziehung zu Ihren Kindern. Sie verfolgen nicht mehr so genau, was in ihrem Leben passiert. Sie wissen nicht mehr, was sie beschäftigt. Sie nehmen kleine Anzeichen von Schwierigkeiten wahr, aber Sie verdrängen sie. Wenn Warnflaggen gehißt werden, drehen Sie einfach den Kopf beiseite. Sie haben nicht die Energie, sich ihnen zu stellen – jetzt nicht, überhaupt nicht. Vielleicht morgen. Vielleicht löst sich aber auch alles in Wohlgefallen auf.

Ihre einst so tiefen Freundschaften sind oberflächlich geworden. Ihre beiläufigeren Bekanntschaften existieren kaum noch. Sehr bald hat niemand mehr Zugang zu Ihnen, weil Sie so beschäftigt sind.

Dieser Lebensstil hat auch Auswirkungen auf Ihre Beziehung zu Gott. Ihre Gebete reduzieren sich auf Verzweiflungsschreie. Die Anbetung Gottes wird auf Dankgebete für die Hilfe in der Hektik der Woche reduziert. Sie laufen zu schnell, um Zeit für Reflexion oder Meditation zu haben, für Selbstkritik oder Bekenntnis. Sie beginnen, kleine Sünden zu entschuldigen, und schließlich auch die größeren. Bevor es Ihnen bewußt wird, haben Sie sich sehr weit von der geistlichen Unschuld entfernt.

Und dann beginnen Sie auch emotional oberflächlich zu werden. Sie stellen fest, daß Sie sehr viel schneller wütend werden, doch Sie nehmen sich nicht die Zeit, den Grund dafür herauszufinden. Sie widmen Gefühlen wie Gekränktsein, Traurigkeit oder Schuld keine Aufmerksamkeit mehr. Sie werden zu einem mechanischen Soldaten: Sie marschieren immer weiter, tun, was notwendig ist und verschließen Ihre Gefühle immer tiefer in Ihrem Innern. Wenn Sie wüßten, daß sich diese Gefühle in Ihrem Innern zusammenschließen und einen emotionalen Aufstand planen, der Sie eines Tages bis ins Tiefste erschüttern wird, würden Sie ihnen vielleicht mehr Beachtung schenken. Aber das wissen Sie nicht. Außerdem haben Sie nicht die Energie, unter Steinen nachzusehen und durch den Schlamm Ihres emotionalen Lebens zu waten. Sie haben keine Zeit, in sich hineinzuhorchen.

Überprüfen Sie alle Meßgeräte

Selbst wenn Sie die Zeit hätten, Ihren emotionalen Zustand zu überprüfen, würden Sie es vermutlich nicht tun. Die Christen sind Meister darin, ihr Gefühlsleben zu ignorieren. Wenn es darum geht, die Meßgeräte am Armaturenbrett ihrer Psyche abzulesen, sehen sich die meisten Christen nur ein Meßgerät an: das für das geistliche Leben. Sie gehen davon aus, daß alles in Ordnung ist, wenn sie aufrichtigen Herzens mit Christus leben, wenn sie beten und gute Predigten hören, wenn sie Gott in der Öffentlichkeit und im privaten Bereich anbeten.

Einige Christen gehen noch einen Schritt weiter und überprüfen das Meßgerät für das körperliche Wohlbefinden. Wie wir sind sie der Meinung, daß die sorgfältige Pflege des Körpers zum Gehorsam gehört, damit sie Gott ganz zur Verfügung stehen können. Darum essen sie Vollwertkost, sie machen Diäten und Aerobicübungen. Sie sind davon überzeugt, daß sie, wenn sie die geistlichen und körperlichen Meßgeräte in Ordnung halten, in der Lage sein werden, fest verwurzelt zu sein und bis zu ihrem Tod allen Stürmen standhalten zu können.

Doch so wichtig diese beiden Meßgeräte auch sind, es gibt noch ein drittes: das Meßgerät für den emotionalen Zustand. Wenn dieses Gerät vernachlässigt wird, kann das zum Untergang vieler geistlich starken und körperlich gesunden Menschen führen.

Wir haben beobachten können, daß fast jeder Mensch mindestens vor einem großen, energiezehrenden Problem steht. Das kann finanzieller Druck, eine Krankheit oder ein rebellischer Teenager sein. Es könnte auch ein behindertes Kind oder ein persönlicher Konflikt mit einem Freund oder Nachbarn sein. Bei einigen Menschen ist es ein sehr strenger Chef oder eine ungeklärte Rechtssache. Andere werden von einer nicht funktionierenden Ehe niedergedrückt oder von den hohen Anforderungen ihres Berufs. Manchmal ist es auch nur eine unangenehme Pflicht, die nicht ignoriert werden kann. Was immer es auch ist, immer wieder leert es die emotionalen Tanks des Menschen.

Zudem müssen sich Menschen, die permanent im Krisenzustand leben, täglich einer langen Liste kleinerer energiezehrender Situationen stellen. Am Ende eines anstrengenden Tages sind darum ihre emotionalen Vorräte aufgebraucht, und diese Menschen enden damit, daß sie ihr Leben in einem Zustand vollkommener emotionaler Erschöpfung verbringen.

Ein schrumpfendes Herz

Die Folge der emotionalen Erschöpfung, die aus dem Leben im Krisenzustand resultiert, ist schließlich ein schrumpfendes Herz. Ein solches Herz betet Gott nicht so an wie früher, liebt Gott auch nicht so leidenschaftlich wie einst. Ein solches Herz achtet nicht mehr auf die Bedürfnisse anderer; es hat das Feuer des Mitleids verloren.

Das Herz gesunder Christen wird immer weiter, während die Herzen von Christen im Krisenzustand zusammenschrumpfen und schwach werden. Ein Mann aus unserer Gemeinde sagte: »Das mit dem Krisenzustand stimmt. Ich habe mehr Angestellte, ein größeres Budget, ein größeres Gebäude, ein größeres Haus, ein größeres Bankkonto und eine breitere Gürtellinie als noch vor fünf Jahren. Und alles, was ich aufzuweisen habe, ist eine leere Höhle an der Stelle, wo früher mein Herz gewesen ist.«

Bill: Ich weiß genau, was dieser Mann meint. Ich habe es in diesem Sommer nach meinem emotionalen Zusammenbruch, den ich zu Beginn dieses Kapitels beschrieben habe, selbst erlebt. Obwohl ich begonnen hatte, die notwendigen Veränderungen in meinem Leben vorzunehmen, war ich immer noch emotional ausgelaugt, als ich mit Lynne und den Kindern in Michigan ankam, wo wir unseren Jahresurlaub verleben wollten.

Am Tag nach unserer Ankunft sprach ich mit einem Freund in einem dort ansässigen Geschäft. Gerade als wir unser Gespräch beendet hatten und ich das Geschäft verlassen wollte, bemerkte ich einen Vietnamveteranen in einem elektrischen Rollstuhl, den ich auch schon im vorherigen Sommer dort gesehen hatte. Auch er wollte das Geschäft verlassen und erreichte die Tür kurz vor mir. Während ich ungeduldig darauf wartete, daß er seinen Rollstuhl durch die schmale Tür manövrierte, kam mir eine beunruhigende Erkenntnis.

Ich spürte, daß der Heilige Geist zu mir sagte: »Geh einmal in dich, Bill, gleich jetzt. Stimmt es nicht, daß du dich mehr über die Unannehmlichkeit ärgerst, dreißig Sekunden warten zu müssen, bis du das Geschäft verlassen kannst, als dir Gedanken zu machen über die zerbrochenen Träume, die dieser Mann in seinem elektrischen Rollstuhl mit sich herumschleppt? Stimmt es nicht, daß diese triviale Unannehmlichkeit dich mehr bewegt als die Tragödie dieses Mannes?«

Als ich zu meinem Wagen ging, dachte ich: Was ist nur los mit mir? Ich habe die Menschen früher doch geliebt. Ich hatte Mitleid. Ich machte mir Gedanken um die Verlorenen, die Bedürftigen, die Trauernden. Und nun liegt mir nur noch meine eigene Annehmlichkeit am Herzen: »Belästige mich nicht, Bursche. Geh mir aus dem Weg.« Das durfte doch nicht wahr sein!

Während der folgenden vier oder fünf Wochen füllte ich meinen emotionalen Speicher wieder auf. Ich distanzierte mich von dem Druck meiner Arbeit. Ich las zum Vergnügen. Ich tat, was mir Spaß machte und verbrachte viel Zeit mit meiner Familie. Ich genoß fröhliche Gespräche mit engen Freunden. Ich verbrachte auch viel Zeit allein.

Eines Nachmittags, als ich draußen joggte, sah ich denselben Vietnamveteranen in seinem Rollstuhl auf der anderen Straßenseite. Als er auf meiner Höhe war, drehte ich mich zu ihm hin. Unsere Blicke trafen sich, und es war, als würde Gott mir Röntgenaugen geben. Ich hatte das Gefühl, als könnte ich tief in seine Seele hineinblicken, und ich begann über die Tragödie seines Lebens zu weinen. Er war etwa in meinem Alter, und vermutlich hatte er dieselben Träume gehabt wie ich, dieselben Ziele wie ich. Doch irgendwo in einem feindlichen Dschungel war er auf eine Landmine getreten, und sein ganzes Leben lag in Trümmern vor ihm.

Er rollte eine Betonrampe zu einem kleinen Häuschen hoch, und ich war traurig, daß ich ihn nicht mehr erreichen konnte. Ich wollte mit ihm sprechen, ihm zeigen, daß er mir am Herzen lag. Ich war erfüllt von Mitleid.

Während ich weiterjoggte, dachte ich nach über das, was sich ereignet hatte. Ich spürte, daß der Heilige Geist sagte: »Du bist auf einem guten Weg, Bill. Dein emotionaler Speicher füllt sich wieder, und du kannst wieder etwas empfinden. Du hast wieder Mitleid.«

Von der Sünde verführt

Zwar wird die emotionale Erschöpfung häufig ignoriert, das Unheil, das sie in unserem Leben anrichtet, kann jedoch nicht verdrängt werden. Außer der Tatsache, daß sie uns des Mitleids beraubt, macht uns emotionale Erschöpfung auch empfänglich für Sünde. Menschen, die emotional erschöpft sind oder deren Gefühle vernachlässigt worden sind, schreien auf der psychologischen Ebene nach Trost, Erleichterung und Flucht; nach etwas, das ihnen Wohlbefinden bereitet oder ihre Sinne befriedigt. Sie gieren nach einem schnellen Vergnügen. Sie werden von Versuchungen angelockt, die früher keine Macht auf sie hatten ausüben können. Aktivitäten, die sie früher nie in Betracht gezogen haben, werden plötzlich zu realen Möglichkeiten.

Bill: Ich konnte nicht herausfinden, was während dieser Monate vor dem Jahresurlaub in mir vorging. Immer wieder mußte ich an das Lied von Burt Reynolds *Let's Do Something Cheap and Superficial* (»Laß uns etwas Billiges und Oberflächliches tun«) denken. Immer und immer wieder spielte ich mit diesen verlockenden Worten.

Ich gab der Versuchung zwar nicht nach, doch ich sprach mit anderen, die dies getan hatten. Ich erzählte ihnen von meiner emotionalen Erschöpfung und dem nagenden Wunsch, ihr auf eine Art zu entkommen, die ich vorher nie in Betracht gezogen hatte. Wieder und wieder hörte ich dieselben Antworten:

»Genau so habe ich mich gefühlt, bevor ich der Sünde nachgegeben habe.«

»Genau das hat zu meinem Fall geführt.«

»An diesem Punkt habe ich nachgegeben.«

Im vorhergehenden Kapitel haben wir von einem Christen erzählt, der Ehebruch begangen hatte. Er hatte uns darauf hingewiesen, wie wichtig es sei, Spaß in der Ehe zu haben. Er sagte uns auch, wie wichtig es sei, die Meßgeräte unseres emotionalen Zustandes genau im Auge zu behalten. »Lassen Sie nicht zu, daß die Speicher leer werden«, warnte er. »Denn wenn Sie emotional erschöpft sind, sehnen Sie sich danach, schnell eine Änderung herbeizuführen. Und viel zu häufig kommt es dann vor, daß Sie Beziehungen eingehen, die Sie nicht eingehen sollten. Ein heimliches Treffen oder eine verschwiegene Unterhaltung bieten einem manchmal das schnelle Aufladen, nach dem sich ein emotional erschöpfter Mensch sehnt. Doch ein solches Hoch garantiert eine schlechte Reise.«

Entscheiden Sie sich für ein langsames Aufladen

Wenn das schnelle Aufladen nicht die Antwort auf emotionale Erschöpfung ist, was dann? Ganz einfach: das *langsame* Aufladen!

Wenn Sie hinaus in Ihre Garage gehen und alle Funktionen Ihres Wagens auf einmal in Gang setzen, wird die Batterie bald leer sein. Um sie wieder aufzuladen, bleiben Ihnen zwei Möglichkeiten. Da ist zuerst das schnelle Aufladen. Das geht sehr fix, und in kürzester Zeit kann Ihr Auto wieder gestartet werden. Doch wenn man das zu oft macht, geht die Batterie kaputt. Die zweite Methode wird von allen Mechanikern empfohlen: das langsame Aufladen. Auf diese Weise braucht die Batterie sechs bis acht Stunden, bis sie aufgeladen ist, doch sie geht wenigstens nicht kaputt. Die verlorene Energie wird ersetzt und das Leben der Batterie erhalten.

Auch leere emotionale Batterien brauchen ein langsames Aufladen. Dazu gehört, herauszufinden, was Sie emotional wieder aufbaut, und diese Tätigkeiten in Ihre Terminplanung miteinzubeziehen. Es bedeutet auch, die Tätigkeiten, die Sie emotional auslaugen, so zu beschneiden, daß Sie zwischendurch Ihre Batterien wieder aufladen können. In unserer Kultur ist das keine kleine Sache.

Die heutige Technologie bürdet manchen Männern und Frauen eine unglaublich hohe Verantwortung auf. Jede Minute ist kostbar. Es kann vorkommen, daß ein Pastor auf dem Weg zum Flughafen per Autotelefon Planungssitzungen abhält, im Flugzeug seine Predigten auf dem Laptop schreibt, in zwei Tagen in fünf Städten predigt und auf die letzte Minute Memos an seine Gemeindemitarbeiter faxt. Dasselbe gilt auch für andere Berufe.

Wir beenden eine emotional auslaugende Tätigkeit und haben fünfzehn Minuten Zeit, bevor die nächste beginnt. Wir laufen zur Mikrowelle, schieben ein Fertiggericht hinein und beklagen uns nach einer halben Minute, daß »dieses Ding ewig braucht!« Die Hektik unseres Lebens macht es uns unmöglich, einmal aufzutanken.

Zur Zeit Jesu war es bestimmt leichter, ein ausgewogeneres Leben zu führen. Stellen wir uns vor, Jesus beschließt, nachdem er in Jerusalem zu den Menschen gesprochen hat, mit seinen Jüngern die etwa zwanzig Kilometer nach Jericho zu laufen. Nachdem sie einige Stunden gelaufen sind, rasten sie unter einem Feigenbaum. Sie erzählen sich ein paar Witze, essen ein paar Trauben und gehen dann langsam weiter. Eine Weile später rasten sie an einem Brunnen und plaudern mit anderen Reisenden, die ihre Kamele tränken, dann trinken sie selbst ein wenig Wasser, bevor sie weitergehen. Im Handumdrehen ist es Zeit für das Abendessen, darum machen sie sich auf die Suche nach Feuerholz. Schnell haben sie einige Zweige aufgesammelt, doch es dauert einige Zeit, bis die Kohle heiß wird. Als das Abendessen endlich fertig ist, ist es bereits dunkel, sie können nicht mehr weitergehen, darum bereiten sie sich darauf vor, die Nacht dort zu verbringen. Sie versammeln sich um das Lagerfeuer und sprechen über die Ereignisse des Tages.

Keinesfalls wollen wir die Härten, die das Reisen im ersten Jahrhundert mit sich brachten, hier herunterspielen, doch es ist mehr als wahrscheinlich, daß während dieser langen Stunden, die für prosaische Dinge verwendet werden mußten, etwas sehr Wichtiges passierte. Die Zeit wurde gefüllt mit körperlicher Betätigung, freundlicher Konversation, langen Ruhephasen, die für Nachdenken und Planung verwendet werden konnten, und genügend Zeit, den emotionalen Speicher vor der nächsten Anforderung wieder aufzufüllen.

Bill: Keinesfalls war dies in meinem Leben so. Das Leben im Krisenzustand läßt keine Zeit für ein langsames Aufladen. Der erste Schritt, meinen emotionalen Speicher wieder aufzufüllen, war also, den Krisenzustand zu überwinden.

Ich erkannte, daß mich das häufige Predigen in diesen Krisenzustand gebracht hatte. Fast jeden Augenblick eines jeden Tages verbrachte ich damit, über meine Predigten nachzudenken, zu beten, mich darauf vorzubereiten oder von ihnen zu erholen. Selbst wenn ich mit meinen Mitarbeitern zusammensaß oder einen Abend mit Freunden verbrachte, mit Lynne oder den Kindern zusammen war, fühlte ich die Last der Predigtvorbereitung, und ich war nicht frei, mich auf sie zu konzentrieren.

Ich betete darum, und ich hatte das Gefühl, daß die Antwort auf das Problem war, ein Team von Leuten zusammenzustellen, die sich mit dem Predigen abwechselten. Doch die meisten Pastoren, die ich um Rat fragte, meinten, es würde nicht funktionieren. Eine Gemeinde könnte nur einen Lehrer haben. Sie würde sonst auseinandergerissen. Das würde eine Kluft in der Gemeinde schaffen. Die Linien der Autorität würden verwischt.

Die Führung der Mitarbeiter würde darunter leiden. Das sei zu radikal. Zu riskant.

Doch ich wußte, daß eine radikale Veränderung notwendig war. Die Größe meines Herzens hing davon ab. Der Zustand meiner Ehe hing davon ab. Ich mußte das Risiko auf mich nehmen.

Im Herbst 1990 teilte ich die Predigtverpflichtungen zwischen mir und drei anderen Lehrern auf. Wider Erwarten war die Resonanz der Gemeinde auf diese Veränderung erstaunlich positiv. Für mich persönlich war es genau das, was ich gebraucht habe. Ich konnte der Hektik des Lebens im Krisenzustand entkommen und einen ganz neuen Lebensstil annehmen.

Spiele spielen

Aber dem Krisenzustand zu entkommen, ist nur der Anfang. Unser Leben zu reorganisieren und einen Zeitplan aufzustellen, den wir besser bewältigen können, bietet uns Zeit für ein langsames Aufladen. Doch dann müssen wir die Tätigkeiten erkennen, die unseren emotionalen Speicher auffüllen. Wir müssen die Aktivitäten in unsere Terminplanung mit einbeziehen, die uns tatsächlich Erholung bieten.

Bill: Es dauerte nicht lange, bis ich herausfand, was ich tun mußte. Als ich die vergangenen Jahre überdachte, wurde mir klar, warum ich emotional so erschöpft war. In den ersten Jahren als Pastor hatte ich alle möglichen Hobbys und Freizeitinteressen. Sport gehörte zu meinem Leben dazu – ich liebte Auto- und Motorradrennen, Skifahren, Fliegen, Wasserski, Fußball, Softball, Basketball –, und diese Sportarten gaben mir Energie und minderten die Auswirkungen des Streß. Damals war ich den Anforderungen meiner Arbeit sehr viel besser gewachsen; ich hatte relativ wenig Verantwortung und viel Spaß und Erholung.

Zwischen 1973 und 1989 erweiterte sich mein Aufgabenbereich jedoch immer mehr, während die Erholungsphasen immer mehr abnahmen: Ich hatte keine Zeit mehr für das Spiel. Mit achtunddreißig lastete der Druck meiner Verpflichtungen auf meinen Schultern und ließ mir keinen Raum mehr für Erholungspausen.

Nach meinem Zusammenbruch wurde mir klar: Ich mußte meine Tätigkeit soweit einschränken, daß wieder Zeit für den Sport in meinem Leben war, der mir soviel Entspannung bot. Im Sommer 1990 meldete ich mich für einen Kurs im Rennfahren an, der meinem »Wunsch nach Geschwindigkeit« Rechnung tragen sollte. Ich erlebte den Adrenalinstoß des Barfuß-Wasserski – und ich brachte es auch Lynne bei. Im Herbst schloß ich mich einer Fußballmannschaft an und spielte sogar ein wenig Golf. Es war, als sei ich an eine Infusion angeschlossen, die mir unablässig emotionale Energie einflößte. Mir ging es von Woche zu Woche besser.

Irgendwann spürte ich, daß mein eingeschrumpftes Herz sich weitete; ich empfand wieder Mitleid für andere Menschen. Und ich dachte ungläubig an die Sünden, die mich in Versuchung geführt hatten. *Davon hast du dich verlocken lassen? Du mußt verrückt gewesen sein!*

Das Traurige an der emotionalen Erschöpfung ist, daß sie gottesfürchtige Menschen dazu bringt, so zu handeln, als seien sie »nicht recht bei Trost«. Die Menschen handeln verdreht, und ihr Verhalten wird verändert bis zu dem Punkt, an dem Mitarbeiter, Freunde und Ehepartner sie kaum noch wiedererkennen. Und schließlich bringt sie die Menschen dazu, die Menschen zu verletzen, die sie am meisten lieben.

In der gegenwärtigen westlichen Kultur neigen wir dazu, Erholung als einen Luxus zu betrachten, als etwas, das wir betreiben können, wenn wir nichts Wichtiges oder Produktives zu tun haben. Das gilt natürlich nicht für alle Menschen. Sicher werden einige Leute, die diese Seiten lesen, ihrem Partner vorwerfen, sich zu sehr der Erholung zu widmen. Viele Leute jedoch würden sich selbst, ihrem Partner und ihrer Familie einen Gefallen tun, wenn sie ein wenig mehr spielen würden, wenn sie lernen würden zu entspannen, wenn sie Ventile entdekken würden, die sie erfrischen. Keinesfalls ist das ein Luxus, es ist viel eher eine notwendige Medizin gegen emotionale Erschöpfung.

Laß uns wieder zusammensein

Ein weiterer Weg, den emotionalen Speicher wieder aufzufüllen, ist das Zusammensein mit Freunden, die Sie erfrischen.

Vermutlich gibt es bei Ihnen wie bei uns drei Arten von Beziehungen. Da sind erst einmal die erschöpfenden Beziehungen, die Sie auslaugen. Die Leute sind vielleicht nett, doch aus irgendeinem Grund finden Sie keinen Gefallen an ihnen; oder sie wollen immer etwas von Ihnen und bieten ihrerseits nie etwas an. In einer Stunde, die Sie mit solchen Bekannten verbringen, sehen Sie sechsmal auf die Uhr, und wenn sie gegangen sind, schlagen Sie Ihrem Partner vor, das nächste Treffen auf das Jahr 2025 festzusetzen. Nicht, daß Sie sie nicht mögen, Sie fühlen sich nur immer leer, wenn sie gehen.

Das zweite sind die neutralen Beziehungen. Solche Menschen laugen Sie eigentlich nicht aus; sie nehmen ein wenig, geben aber auch ein wenig zurück. Die Beziehung ist also ausgewogen. Trotzdem bereichern diese Beziehungen Ihr Leben nicht, und Sie sind nicht besonders motiviert, sie zu pflegen.

Und schließlich gibt es die erfrischenden Beziehungen, die Sie lebendig machen. Sie sitzen mit einem Ehepaar zusammen, und nach kurzer Zeit sagen Sie: »Ich kann nicht glauben, daß es bereits halb zwölf ist. Wo ist nur die Zeit geblieben?« Auf dem Heimweg überlegen Sie mit Ihrem Partner, ob Ihre Freunde wohl am kommenden Freitag Zeit haben. Sie haben keine versteckte Tagesordnung. Sie brauchen nichts von ihnen, Sie fühlen sich ihnen gegenüber auch nicht verpflichtet. Sie brauchen ihnen keinen Rat zu geben oder Dinge für sie in Ordnung zu bringen. Sie sind einfach nur mit ihnen zusammen. Sie können Ihre Füße auf den Couchtisch legen und entspannen. Sie können offen reden. In Ihrer Beziehung gibt es ein permanentes Geben und Nehmen, und wenn Sie sich voneinander verabschieden, fühlen sich alle erfrischt, energiegeladen und fröhlich.

Wir haben festgestellt, daß viele Menschen, vor allem die, deren Beruf das Helfen ist, einige neutrale Beziehungen haben, viele Bekanntschaften, die sie auslaugen und nur wenige erfrischende, falls überhaupt. Ist es da ein Wunder, wenn sie sich emotional erschöpft fühlen? Jesus schien in seinen Beziehungen sehr viel ausgewogener gewesen zu sein. Ganz bewußt stellte er sich den Menschen, die ihn erschöpften – den Massen, die an ihm zerrten, Heilung bei ihm suchten und ihm unendlich viele Fragen stellten. Und er schien auch einige neutrale Beziehungen zu unterhalten mit Freunden und Jüngern, die ihm folgten, jedoch am Rande seines Lebens standen. Doch es gab auch eine Reihe von erfrischenden Menschen in seinem Leben. Häufig stahl er sich mit Petrus, Jakobus und Johannes davon, und er kehrte auch immer wieder bei Maria, Martha und Lazarus ein. Er brauchte die Zeit mit Menschen, die seinen Geist erfrischten, ihn aufbauten und ihm den Freiraum gaben zu entspannen. Sicherlich ist Jesus am Grab des Lazarus auch deshalb zusammengebrochen, weil er einen erfrischenden Bruder verloren hatte.

Natürlich gehört es zum Leben eines Christen, den Menschen zu geben, die nichts zurückgeben können. Wenn wir Jesus folgen wollen, sollten wir bewußt einige erschöpfende Beziehungen unterhalten, genau wie er es getan hat, und ebenfalls einige neutrale. Aber wir dürfen unsere Beziehungswelt nicht mit anstrengenden und neutralen Menschen überlasten. Wenn Jesus erfrischende Beziehungen gebraucht hat, wieviel mehr brauchen wir sie?

Es lohnt sich!

Bill: Dieser Zusammenbruch an jenem Samstag im Dezember war das Beste, was mir je passieren konnte. Die Verzweiflung brachte mich dazu, mich dem zu stellen, was mein Krisenzustand und meine emotionale Erschöpfung meiner Beziehung zu den Menschen angetan hatten, die ich liebe, und sie brachte mich dazu, etwas dagegen zu unternehmen.

Sie zwang mich, eines der größten Risiken in meiner Arbeit auf mich zu nehmen, das ich je eingegangen bin. Sie gab mir die

Freiheit, der Erholung einen Platz in meinem Leben einzuräumen, ohne Schuldgefühle zu haben, etwas »Unproduktives« zu tun. Und sie veranlaßte mich, ein wenig mehr Ausgewogenheit in meine Beziehungen zu bringen. Es war offensichtlich, warum ich Lynne und den Kindern so wenig zu bieten hatte: Ich verwandte zu viel Energie auf die Beziehung zu Menschen, die mich auslaugten. Seither habe ich mich mehr auf erfrischende Beziehungen konzentriert. Diese haben mein Ehe- und Familienleben bereichert und dazu beigetragen, daß mein emotionaler Speicher wieder aufgefüllt ist.

Es war nicht leicht, diese Veränderungen vorzunehmen, und es könnte Leute geben, die mit den Schritten, die ich unternommen habe, nicht einverstanden sind. Doch von ganzem Herzen kann ich sagen, daß sich der Preis gelohnt hat, den ich zahlen mußte, um meinem Krisenzustand zu entkommen. Ich kann den Umgang mit meinen Mitarbeitern und Gemeindemitgliedern wieder genießen. Es ist großartig, Freunde zu haben, die wieder auf mich zählen können, Zeit zu haben, sich wieder aktiv mit meinen Kindern zu beschäftigen und kreative Energie für meine Ehe zu haben.

Lauthals könnte ich von einem Berg herunterrufen: »Wie radikal die Veränderung auch ist, die Sie vornehmen müssen, um sich aus dem Krisenzustand zu befreien, es lohnt sich. Es lohnt sich wirklich!«

Trauen Sie sich, herunterzuschalten

Kennen Sie diese Achillesferse? Sind Ihre emotionalen Speicher leer? Ist Ihr Herz zusammengeschrumpft? Ist die Liebe aus Ihren Beziehungen geschwunden? Sind Sie der Meinung, daß Sie auf einen Zusammenbruch zusteuern?

Wenn Sie im Krisenzustand leben, Vorsicht: Sie werden davon eingeholt, und es wird Einfluß auf Ihre Ehe und Ihr Familienleben haben. Darum stürzen Sie sich bitte nicht von einer emotional auslaugenden Aktivität in die nächste. Leben Sie nicht so hektisch, daß Sie keine Zeit mehr für Freizeitbeschäftigungen oder Beziehungen haben, die Sie erfrischen. Vernachlässigen Sie nicht das langsame Aufladen Ihrer leeren Batterien.

Vielleicht müssen Sie auch einige radikale Veränderungen in Ihrem Leben vornehmen. Vielleicht sollten Sie Ihre Arbeitsinhalte überarbeiten oder Ihre Reisetätigkeit einschränken. Vielleicht sollten Sie von diesem Komitee oder jenem Kurs zurücktreten. Ein anderer Weg könnte sein, nicht mehr so viele Projekte anzunehmen oder eine Aushilfskraft anzustellen oder auch ganz einfach Ihre Ziele herunterzuschrauben. Vielleicht sollten Sie auf eine Beförderung verzichten oder eine gute Gelegenheit ungenutzt verstreichen lassen. Möglichkeiten gibt es genug. Wie gut ist denn schon eine Gelegenheit, die Sie in eine Lebenskrise stürzt? Wie gut ist ein Lebensstil, der Ihnen nie Zeit läßt, das Leben zu genießen?

In ihrem Buch *Downshifting* beschreibt Amy Saltzman, Redakteurin von *U.S. News & World Report* die »wundervollen romantischen Veranden«, die die Häuser in der Newark Street in Washington D. C. zieren. Sie beschreibt sie als »wie geschaffen für das Lesen eines Buches von Faulkner, für ein Plauderstündchen mit Nachbarn, wie geschaffen dafür, dort zu sitzen und die Vorgänge um sich herum zu beobachten«.[1] Und doch, so schreibt sie weiter, hat sie bei allen ihren Spaziergängen in dieser Straßen nie einen Menschen auf diesen herrlichen Veranden gesehen. Erfolgreiche junge Männer rannten die Stufen hinauf und hinunter, doch keiner von ihnen hatte Zeit, einmal stehenzubleiben. Das, so meint Saltzman, »sagt viel« über den ungesunden Lebensstil so vieler Menschen aus.

Saltzman schlägt kreative und praktische Wege vor, wie emotional erschöpfte Menschen zu einem langsameren und angenehmeren Lebensstil »herunterschalten« können. Die Menschen, so sagt sie, müssen Erfolg für sich neu definieren und dieser neuen Vorstellung gemäß leben.

»Die neuen Bilder in den Köpfen derjenigen, die herunterschalten, sind redegewandter, rücksichtsvoller und letztendlich auch befriedigender. Die Vorderveranda ist vielleicht nicht so groß wie das Haus, zu dem sie gehört. Aber in diesem neuen Bild sitzen sie auf dieser

Veranda, plaudern mit den Nachbarn, schreiben einen Brief an einen Freund oder lesen ihr Lieblingsbuch zum zweiten Mal.«[2]

Menschen im Krisenzustand sitzen nur selten auf der Veranda und plaudern mit den Nachbarn. Sie schreiben nur selten Briefe an Freunde oder lesen ihr Lieblingsbuch zum zweiten Mal. Und vermutlich führen sie auch keine befriedigende und erfüllende Ehe.

Aber wir sind, wie die Menschen in Saltzmans Buch, die heruntergeschaltet haben, der lebende Beweis, daß ein Lebensstil sich ändern kann.

Was ist mit Ihnen?

Vielleicht leben Sie ja nicht im Krisenzustand. Vielleicht ist die emotionale Erschöpfung nicht Ihre Achillesferse. Aber wenn Sie nicht eine lobenswerte Ausnahme sind, haben auch Sie Ihren schwachen Punkt. Auch Sie sind in irgendeinem Bereich verletzlich.

Vielleicht ist es Ihr unkontrollierbares Temperament, das durch ungelöste Probleme aus Ihrer Vergangenheit oder Kindheitserinnerungen, die Sie verfolgen, genährt wird und Sie dazu bringt, sich von Ihrem Partner zurückzuziehen. Vielleicht ist auch Ihr Selbstwertgefühl angeknackst, und das bringt Sie dazu, unvernünftig eifersüchtig oder unsicher zu sein. Vielleicht verstehen Sie sich mit Ihren Eltern nicht so gut, und Sie lassen Ihren Frust an Ihrem Partner aus.

Wenn dieses Kapitel nicht mehr bewirken kann, so hoffen wir, daß es Sie wenigstens motiviert, Ihre Achillesferse zu entdecken, den negativen Einfluß anzuerkennen, den sie auf Sie als Individuum und als Ehepartner ausübt und Sie veranlaßt, Schritte zu unternehmen, wieder gesund und stark zu werden.

Bill: Keinesfalls wollen wir damit sagen, daß es leicht werden wird oder daß die Veränderungen schnell vorgenommen werden können. Ich brauchte ein ganzes Jahr, um wieder gesund zu werden. Doch am Ende dieses Jahres hatte ich das Gefühl, ein anderer Mensch zu sein. Ich hatte wieder Energie zu leben. Ich nahm wieder aktiv am Familienleben teil. Ich konnte meine Ehe wieder genießen.

Und das war auch höchste Zeit, denn ich wußte nur wenig von dem, was im Herzen und in den Gedanken meiner Frau vorging, die eine lange Leidenszeit hinter sich hatte.

Anmerkungen

1 **Amy Saltzman**, *Downshifting*. New York. Harper Collins Publishers. 1991. S. 13.
2 Ebd., S. 224.

Kapitel 12

Unterwegs verlorengegangen

Lynne: »Ich liebe dich. Nur kann ich anscheinend nicht mit dir verheiratet sein. Nach sechzehn Jahren Ehe weiß ich nicht mehr, wer ich bin. Mein Leben scheint in deinem verlorengegangen zu sein.«

Es war der Abend des Erntedanktages. Der Duft des gefüllten Truthahns füllte noch das Haus, als diese Worte aus mir hervorsprudelten. Doch die Probleme, die mich veranlaßt hatten, sie auszusprechen, hatten im vorhergehenden Mai begonnen. Nach einer schlaflosen Nacht hatte ich damals in den frühen Morgenstunden meinem Computer mein Herz ausgeschüttet.

»Ich kann so nicht mehr weitermachen«, schrieb ich. »Ich kann dieses Leben nicht mehr ertragen. Ich bin immer nur in Hektik. Ich bin immer in Bewegung, arbeite, decke alle Grundbedürfnisse ab, reagiere auf alle Forderungen, Wünsche und Vorschläge. Ich wünschte, ich könnte eine Woche lang einmal nur schlafen. Ich wünschte, ich könnte fortlaufen. Aber da sind zu viele Pflichten. Bill zählt auf mich. Ich muß weitermachen, wie ich es immer getan habe.

Aber ich bin so müde. Ich fühle mich so leer. Es ist, als würde jemand das Leben aus mir heraussaugen.

Ich fühle mich wie ein Roboter ... aber nicht ganz. Ich wünschte, ich wäre ein Roboter. Dann könnte ich mich einfach programmieren und alles tun, was von mir erwartet wird. Und es würde mir nichts ausmachen. Ich hätte keine Wünsche, keine Gefühle, ich würde mich nicht gekränkt fühlen und hätte keinen Kern Individualität, der von Zeit zu Zeit durchkommt.

Muß das Leben so sein? Gibt es nicht noch etwas anderes?«

Während der Sommermonate verstärkten sich der Frust und die Leere in mir. Ich fühle mich mehr und mehr wie eine leere

Hülle, wie ein Bild ohne Substanz. Als ich tief in mich hineinhorchte, wurde mir klar, daß »niemand zu Hause« war. In meinem Innern lebte keine Person. Ich war nicht mehr ich.

Ich blickte zurück auf die Zeit, in der ich noch »existiert« hatte. Ich sah ein rosiges Neugeborenes in den Armen seines Vaters. Ich sah ein Kleinkind, das auf einem weißen Strand Sand in einen Eimer häufte. Ich sah eine Erstkläßlerin mit Schleifen im Haar, die wie eine Dame neben ihrer Mutter stand. Ich sah eine Zehnjährige, die auf einem Pony über die grüne Weide hinter einem alten Bauernhaus ritt. Ich sah einen Teenager, der bei einem Fußballspiel die *Mustangs* anfeuerte. Ich sah Liebe, Angenommensein, Fröhlichkeit, Begeisterung und Glück. Ich sah eine Kindheit, wie sie schöner nicht sein konnte.

Aber warum fühlte ich mich als Erwachsene nun so leer? So erschöpft? So arm? So sehr wie ein ... wie ein Opfer?

Das war es! Das war das Wort, nach dem ich gesucht hatte. Ich fühlte mich wie ein Opfer. Ein Opfer des Lebens. Ein Opfer von Bills Leben. Sein Leben hatte meines überwältigt, hatte mein Leben geschluckt, hatte mein Leben ausgelöscht.

Vom Luftzug fortgerissen

Viele Menschen fühlen sich als Opfer des Verhaltens und der Entscheidungen anderer. Familienmitglieder von Alkoholikern fühlen sich als Opfer der Alkoholabhängigkeit des geliebten Menschen. Frauen, die körperlich mißhandelt werden, fühlen sich als Opfer des unkontrollierbaren Temperaments ihres Partners. Einige Menschen fühlen sich als Opfer der finanziellen Verantwortungslosigkeit eines anderen, als Opfer von Drogenmißbrauch oder ungesunden sexuellen Wünschen. Menschen mit Abhängigkeiten oder anderen Zwangsneurosen lassen häufig eine Spur von Freunden und Familienmitgliedern zurück, die sich wie Opfer fühlen, die das Gefühl haben, als sei ihr Leben durch das Problem eines anderen zerstört worden.

Lynne: Ich ging nicht so weit zu sagen, mein Leben sei zerstört worden. Doch ganz bestimmt hatte ich das Gefühl, als sei es von Bills Übereifer in seiner Arbeit und seinem Dienst trockengelaufen. Wir haben dies seine Achillesferse genannt, doch die Tatsache, daß wir diesem Wesenszug einen klugen Namen gegeben haben, machte das Ganze nicht weniger frustrierend für mich. Ich hatte es satt, damit leben zu müssen.

Bills Arbeit nahm viele Jahre lang fast seine gesamte Zeit und Energie in Anspruch. Das bedeutete, daß alle Verantwortung für unser Haus, die Familie und die Erziehung auf mir lastete. War irgend etwas kaputt gegangen? War jemand krank? Mußten die Rechnungen bezahlt werden? Mußten die Kinder irgendwohin gefahren werden? Mußte etwas gereinigt, gekauft, gekocht, gemäht oder in Ordnung gehalten werden? Ich mußte es tun – oder mir jemanden suchen, der mir half.

Das änderte sich auch nicht, als Bill nach fünf Jahren Ehe beschloß, häufiger zu Hause zu sein. Zwar ließ er sich mehr auf die Kinder und mich ein, und dafür war ich dankbar. In vieler Hinsicht wurde er sogar ein vorbildhafter Vater; die Kinder bewunderten ihn, fühlten sich von ihm geliebt und wußten, daß sie bei ihm oberste Priorität hatten – und so ist es heute noch. Doch er hatte immer noch keine Zeit für die praktischen, zeitraubenden, alltäglichen Aufgaben, die ein Haus und das Familienleben mit sich bringen.

Auch waren da die Pflichten in der Gemeinde, denen ich mich nicht entziehen konnte, weil ich ja die Frau des Pastors war. Ich mußte Verbindung zu Menschen aufnehmen, an den Veranstaltungen teilnehmen, Notizen schreiben, Telefonanrufe erledigen und Gastgeberin spielen.

Und dann waren da noch Bills Reisen. Obwohl er versuchte, sie auf ein Minimum zu beschränken, wurde es zusehends schwieriger, die Anfragen abzulehnen. Häufig begleitete ich ihn, entweder weil es ein Eheseminar war und meine Anwesenheit erwartet wurde, oder weil ich Angst vor einer Entfremdung hatte, verursacht durch seine häufige Abwesenheit. Und so kam es, daß ich sehr viel häufiger unterwegs war, als ich wollte, und unglaublich viel Zeit damit verbrachte, dafür zu sorgen, daß die Kinder gut aufgehoben waren. Ich schrieb Anweisungen und packte Koffer, die vom häufigen Gebrauch langsam die ersten Spuren des Verschleißes aufwiesen.

Ich schien immer in Bewegung zu sein, arbeitete, mühte mich ab. Nicht daß das, was ich tat, so schrecklich war. Einige Frauen wären hocherfreut gewesen, wenn sie ein solches Leben hätten führen können. Doch für mich war es nicht das Richtige. Ich war ein introvertierter Mensch, der ein extrovertiertes Leben führte. Ein Mensch, der die langsame Gangart liebte, aber in ständiger Hektik lebte. Ein Stubenhocker, der andauernd in Flugzeugen unterwegs war. Ich lebte ständig mit Magenschmerzen – nervöse Schmetterlinge, die nicht stillhalten wollten. Und nur selten schlief ich nachts gut. Oft ging ich zu Bett mit der Furcht vor dem neuen Tag, und ich erwachte enttäuscht, daß er so bald schon angebrochen war.

Das größte Problem war, daß ich nur selten Zeit für die Dinge hatte, die ich tun wollte. Ich wußte, daß ich Gaben und Fähigkeiten hatte, und manches Mal im Laufe der Jahre versuchte ich, sie zu entwickeln und zu gebrauchen. Aber das brachte soviel Chaos und Hektik in mein Leben, daß es sich kaum lohnte. Bills Arbeit, Talente und Projekte fraßen mich auf, und ich hatte keine Zeit für ein eigenständiges Leben. Mehr und mehr fühlte ich mich als Anhängsel seines Lebens und nicht mehr als eigenständige Person.

Bill war nicht unsensibel für die Situation. Häufig drängte er mich, Veränderungen vorzunehmen, meine Bedürfnisse auszusprechen, so zu leben, wie ich leben wollte. Aber ich wußte nicht, wo ich anfangen sollte. Ich wußte nicht, wie ich das Muster durchbrechen sollte. Bill raste durch das Leben, und wiederholt wurde ich von seinem Luftzug mitgerissen.

Ich schien keine Wahl zu haben, darum versuchte ich, es zu akzeptieren. Doch an diesem Morgen im Mai erkannte ich, daß ich es nicht akzeptieren konnte, und im folgenden Sommer hatte ich begonnen, mich selbst als Opfer zu betrachten. Im Herbst spürte ich, daß sich etwas zusammenbraute – etwas Häßliches und Ungewolltes, etwas, über das ich keine Kontrolle hatte. Ich empfand eine Wut, die sich jahrelang aufgestaut hatte.

Ich dachte, ich hätte meine Wut bewältigt. Ich dachte, die Kränkungen, die in sorgfältig durchgeführten Friedensgesprächen besprochen worden waren, wären alles gewesen. Ich dachte, der giftige Schlick, der von Zeit zu Zeit an die Oberfläche drang, sei auf meine Feindseligkeit zurückzuführen gewesen. Doch nun erkannte ich, daß da noch etwas war, das tiefer ging, das unter den Jahren der Enttäuschung und Frustration vergraben war.

Und plötzlich wollte es nicht mehr begraben bleiben. Plötzlich explodierte es. Und schluchzte. Und pochte. Und schrie.

Es war der Erntedanktag, und ich war nicht dankbar. Ich war verbittert und wütend. Ich hatte es satt, mir um Bills Bedürfnisse, Bills Wünsche, Bills Wohlbehagen, Bills Pläne Gedanken zu machen. Ich hatte es satt, ihm zu helfen, sein Leben zu führen und keine Zeit und Energie mehr für mein eigenes zu haben.

Geben, bis es weh tut

Solche Worte bekümmern uns. Sie sind in der Vergangenheit geschrieben, aber es ist noch nicht lange her. Der Schmerz, den sie offenbaren, ist immer noch frisch. Die Wunden sind noch nicht verheilt. Tatsächlich wird das Ende der Geschichte gerade erst geschrieben.

Mit diesem Kapitel begannen wir an einem stürmischen Märztag. Die vorhergehenden Wochen waren sehr hektisch gewesen, angefüllt mit Verpflichtungen in der Gemeinde, Reisen und Abgabeterminen von Manuskripten. Eine solche Hektik und solcher Druck verstärken unsere Temperamentsunterschiede, fördern unsere Kommunikationsschwächen zutage und fordern unsere Konfliktlösungsfertigkeiten bis aufs äußerste. Wir trugen ein aufgesetztes Lächeln auf dem Gesicht, wenn wir an gesellschaftlichen Ereignissen teilnahmen, gingen lustlos unseren Pflichten nach und kämpften beide gegen das Gefühl des Gefangenseins an, das wir zu Beginn des Buches beschrieben haben. Die Romantik gehörte vorübergehend der Vergangenheit an.

Als wir endlich Zeit hatten zu reden, war das gar nicht lustig. Wir saßen uns am Küchentisch gegenüber. Wir verlegten unser Gespräch ins Wohnzimmer, und schließlich saßen wir im Schlafzimmer auf dem Boden.

Wir sprachen über unsere Ehe und die Vergangenheit. Wir sprachen über Erntedank und über Wut. Wir sprachen über Leben in der Krise und Opfer. Das Gespräch war schmerzlich und anstrengend, und wir arbeiteten die zwei Jahrzehnte unserer Beziehung auf. Doch es war auch sehr konstruktiv. Durch unsere Tränen hindurch entdeckten wir Antworten. Wir begannen einen Sinn in der Reise zu sehen, auf der wir uns gemeinsam befanden.

Bill: Wir erkannten, daß Lynne die ungesunde Rolle der Fürsorgerin übernommen hatte. Sie war so davon in Anspruch genommen, für mich zu sorgen, mich vor den Gefahren des Lebens im Krisenzustand zu retten und zu beschützen, daß sie es versäumt hatte, auf sich selbst zu achten. Sie hatte ihre Bedürfnisse, Wünsche, Gefühle und Vorlieben ignoriert oder unterdrückt. Und schließlich hatte sich diese Vernachlässigung gerächt. Sie fühlte sich innerlich leer; sie fühlte sich benutzt und nicht geachtet, und verständlicherweise war sie wütend.

Für andere zu sorgen, ist ein normaler und gesunder Teil des Lebens. Eltern sorgen für ihre Kinder; Erwachsene Kinder sorgen häufig für ihre alten Eltern; Ärzte und Schwestern sorgen für die Kranken. Fürsorge ist gesund, wenn wir uns um die kümmern, die jemanden brauchen, der für sie sorgt – ein Kind oder ein kranker Freund zum Beispiel –, und wenn wir ernsthaft unsere Hilfe anbieten wollen.

Wenn wir gegen diese Richtlinien verstoßen, wird die Fürsorge jedoch ungesund. Wenn wir etwas tun, das wir eigentlich nicht tun wollen, wenn wir *ja* sagen, obwohl wir *nein* meinen, wenn wir Dinge für Menschen tun, die sie durchaus auch allein tun könnten, wenn wir über unsere Kräfte hinaus unsere Hilfe anbieten und wenn wir es versäumen, um das zu bitten, was wir wollen, brauchen und uns wünschen, dann sind wir in eine ungesunde Art der Fürsorge verfallen.[1]

Menschen retten andere aus den unterschiedlichsten Gründen. Einige Menschen haben ein schwaches Selbstwertgefühl und fühlen sich nur wertvoll, wenn sie anderen helfen können. Sie brauchen das Gefühl, gebraucht zu werden. Sie könnten sich Liebe nur verdienen, indem sie unablässig dienen.

Einigen Menschen ist beigebracht worden, anderen Hilfe zu verweigern, sei ein Zeichen der Selbstsucht. Sie sind der Meinung, es sei falsch, einen anderen zu enttäuschen oder seine Gefühle durch ein *Nein* zu verletzen. Sie glauben die Lüge, es sei selbstsüchtig, an sich selbst zu denken, und unhöflich, persönliche Wünsche und Bedürfnisse zu äußern.[2]

Frauen sind manchmal der Meinung, es sei ihre Pflicht, unablässig für andere zu sorgen. Gute Frauen und Mütter, denken sie, sollten ihr Leben der Fürsorge widmen, wie alt ihre Kinder oder wie fähig ihre Männer auch sind, und ungeachtet der Tatsache, wie wenig Zeit ihnen für ihre eigenen Bedürfnisse bleibt.

Sie retten andere, weil sie das für ein wohltätiges Tun halten, das Gott gefällt. »Liebe deinen Nächsten wie dich selbst«, heißt es in der Bibel. »Setze dich ein.« »Habe ein mitleidiges Herz.« Und danach richten sie sich. Doch sie vergessen dabei, sich selbst zu lieben. Sie setzen sich ein, bis sie am Ende ihrer Kräfte sind. Sie halten es für grausam und kaltblütig, Menschen gerechtfertigte Gefühle aufarbeiten oder die Konsequenzen unverantwortlichen Handelns tragen zu lassen. Und darum wird aus Mitgefühl ungesunde Fürsorge.[3]

Liebesdienste sind wünschenswert. Denen, die wir lieben, und denen, die unsere Hilfe wirklich brauchen, zu geben, was wir geben wollen, ist ein Vorrecht und ein Vergnügen. Das macht unsere Häuser, Gemeinden und Gemeinschaften zu warmen, einladenden Orten, wo Menschen auftanken können. Aber unser Geben muß auch Grenzen haben. »Das Geben und Arbeiten für und mit Menschen ist ein wichtiger Bestandteil eines gesunden Lebensstils und gesunder Beziehungen«, sagt Therapeutin und Autorin Melody Beattie. »Aber wir müssen lernen, wann wir nicht geben, nicht nachgeben und nichts für und mit anderen Menschen tun sollen. Auch das gehört wesentlich zu einem gesunden Lebensstil und gesunden Beziehungen dazu.«[4]

Sie fügt hinzu, daß »übereifrig fürsorgliche Menschen den Ausdruck ›geben, bis es weh tut‹ mißinterpretiert haben. Sie geben noch lange, nachdem es weh tut, gewöhnlich bis sie im Schmerz untergehen. Es ist gut, etwas wegzugeben, aber wir brauchen nicht alles wegzugeben. Es ist in Ordnung, auch einiges für uns zu behalten.«[5]

Unser Leben prallte aufeinander ...

Lynne: Es war nicht schwer nachzuvollziehen, warum ich in übereifriges Fürsorgen verfallen war. Von meinem Wesen her bin ich sehr mitfühlend veranlagt, darum fiel es mir leicht, der biblischen Aufforderung, andere zu lieben und bis zum Äußersten zu geben, nachzukommen. Auch erkannte ich, daß ich letztendlich der Gemeinde diente und Bill in seinem Dienst unterstützte, wenn ich ihm half, seine Last zu tragen. Wenn es nicht um die Arbeit Gottes gegangen wäre, hätte ich mich vielleicht widersetzt. Wenn Bill im Geschäftsleben gestanden hätte, hätte ich vermutlich gesagt: »Um des Geldes, einer Position oder deines Egos willen werde ich das nicht tun.« Aber hier ging es eben um das Reich Gottes. Wie hätte ich mich da weigern können?

Auch meine beinahe vollkommene Kindheit erschwerte es mir, *nein* zu sagen. Meine Kindheit war ungetrübt, und ich bin in einer bemerkenswert herzlichen und friedlichen Umgebung aufgewachsen. Zwischen meinen Eltern und mir herrschte eine ungewöhnliche Übereinstimmung, und daher gab es nur wenige Konflikte. Meine Eltern ermutigten mich und spornten mich an, ohne mich zu drängen, und darum verspürte ich nie den übermäßigen Druck, mir ihr Einverständnis zu verdienen. Ich war verantwortungsbewußt und durchlebte keine rebellische Phase, darum brauchten sie mir nur wenige Regeln auferlegen und konnten mir ein ungewöhnliches Maß an Freiheit lassen. Verglichen mit den meisten Eltern-Kind-Beziehungen war unsere ein Traum.

Das einzige Problem war, daß ich nie einen Kampfgeist hatte entwickeln müssen. Ich habe es nie gelernt, für mich einzutreten oder mich anderen zu widersetzen. Ich habe nie gelernt, Grenzen zu setzen und zu sagen: »Das bin ich. Bis hierher gehe ich. Du kannst mich nicht weiter stoßen.« Mein Familienleben war so sicher, so leicht, so bequem, so natürlich, daß ich diese Fertigkeiten niemals hatte lernen müssen.

Dann heiratete ich Bill, und die Kraft, Unabhängigkeit und Selbstsicherheit, die mich anfangs zu ihm hingezogen hatten, begannen mich zu überwältigen. Ich liebte ihn, doch ich wußte nicht, wie ich mich gegen seine Stärke zur Wehr setzten sollte. Ich fühlte mich von seiner Unabhängigkeit überrollt. Meine Selbstsicherheit schrumpfte in seinem Schatten zusammen.

Unsere Temperamente prallten aufeinander, und ich sah keinen Weg, mein eigenes zu behaupten. Unsere Vorlieben prallten aufeinander, und ich wußte nicht, wie ich für meine eintreten sollte. Unsere Bedürfnisse prallten aufeinander, und ich wußte nicht, wie ich dafür sorgen konnte, daß meine erfüllt wurden.

Unser Leben prallte aufeinander, und ich verlor.

Das bin ich!

Solche Schlachten werden verloren, weil die Menschen es versäumt haben, Grenzen zu setzen, wie die Psychologen es nennen.

Dr. Henry Cloud schreibt: »Grenzen sind eine Besitzlinie. Sie definieren, wer wir sind und wer wir nicht sind ... Grenzen geben uns ein Gefühl für das, was zu uns gehört und was nicht zu uns gehört, was wir zulassen und nicht zulassen werden.«[6]

Grenzen helfen uns zu bestimmen, wo wir aufhören und andere anfangen, was unsere Pflicht ist oder die eines anderen. Sie helfen uns zu bestimmen, wie wir mit anderen umgehen werden und wie wir uns davor schützen können, von anderen überwältigt zu werden. Grenzen machen uns fähig, enge Beziehungen zu Familienmitgliedern und Freunden aufzubauen, ohne das sehr wichtige Gefühl des Getrenntseins zu verlieren, das uns als Individuen definiert. Menschen, die es versäumen, starke und gesunde Grenzen zu setzen, empfinden häufig diese Art von brennender Pein, wie wir sie zu Beginn dieses Kapitels beschrieben haben.

Der hervorstechendste Aspekt der Persönlichkeit ist unser Körper: Unser Körper definiert uns als Individuen und hebt uns ganz eindeutig von anderen Menschen ab. Andere Aspekte unserer Persönlichkeit sind vielleicht weniger offensichtlich, jedoch nicht weniger wichtig für die Definition dessen, wer wir sind. Dies sind unsere Gefühle, unser Verhalten, unsere Gedanken, unsere Fähigkeiten, unsere Wünsche, unsere Entscheidungen, unsere Grenzen und unsere negativen Ansprüche.

Menschen, die sehr strikt Grenzen setzen, übernehmen die Verantwortung für diese Aspekte ihrer Persönlichkeit. Sie geben ihre Gefühle zu, ob sie nun traurig, wütend, froh oder verängstigt sind, und verarbeiten sie. Sie entdecken ihre Fähigkeiten und unternehmen aktive Schritte, sie zu entwickeln. Sie erkennen ihre Wünsche an, verleihen ihnen Ausdruck und befriedigen sie auch, falls angemessen. Sie treffen eigenständige Entscheidungen und lassen sich nicht von den Entscheidungen anderer Menschen bestimmen. Sie kennen ihre Grenzen und leben mit ihnen, damit sie sich nicht überfordern. Selbstbewußt machen sie auch negative Aussagen: Nein, das bin ich nicht. Nein, das möchte ich nicht tun. Sie wissen, wer sie sind, und sie fürchten sich nicht davor, anderen Menschen mitzuteilen, wer sie sind.

Menschen, die nur wenige Grenzen setzen, wissen nicht so genau, wer sie sind. Sie heben sich nicht deutlich von anderen ab. Sie wissen nicht so genau, wo ihre Verantwortung für andere endet und ihre Verantwortung für sich selbst beginnt. Das, was andere denken, fühlen, wollen oder entscheiden, ist ihnen wichtiger als das, was sie selbst denken, fühlen, wollen oder entscheiden.

Eine Situationsbeschreibung

Die Auseinandersetzung mit dem Thema »Grenzen setzen« hat uns sehr dabei geholfen, einige der negativen treibenden Kräfte in unserer Ehe zu verstehen.

Bill: In meiner Familie mußte ich ein sehr starkes Gefühl für Grenzen entwickeln. Mein Vater hatte eine ausgeprägte Persönlichkeit. Er war dominierend, selbstsicher und wirkte auf viele Menschen einschüchternd. Sein Wohlwollen bedeutete mir alles, doch ich erkannte schon sehr früh, daß es keinen Einfluß auf meine Entscheidungen haben durfte, wenn er etwas nicht guthieß. Um unter seiner Autorität überleben zu können, mußte ich riskieren, mich ihm zu widersetzen.

Obwohl ich in meiner Kindheit nie eine Definition von psychologischen Grenzen gehört hatte, entwickelte ich diese Grenzen. Als ich neunzehn war, unterzog ich sie der Zerreißprobe.

An einem Frühlingsmorgen ging ich in das Büro meines Vaters und sagte: »Dad, dies ist eine große Firma, und ich weiß, daß du es gern sehen würdest, wenn ich dir helfe, sie zu leiten. Aber Gott will mich anders führen. Ich glaube, er möchte mich im christlichen Dienst haben. Ich werde die Firma verlassen.«

Ich verließ sein Büro und zitterte unter der Last, ihm offensichtlich mißfallen und ihn enttäuscht zu haben. Ich betete: »Gott, was soll ich tun? Der Mensch, den ich mehr als jeden anderen auf diesem Planeten liebe und respektiere, hat gerade nein zu dem gesagt, was du von mir möchtest. Was soll ich jetzt tun?«

Ich dachte an den zwölfjährigen Jesus, der im Tempel in Jerusalem stand und Maria und Josef erklärte, er müsse tun, was sein himmlischer Vater von ihm wolle.

Ich dachte an den erwachsenen Jesus, der seine Jünger mit den Worten verwirrte: »Wenn jemand zu mir kommt und nicht Vater und Mutter, Frau und Kinder, Brüder und Schwestern, ja sogar sein Leben gering achtet, dann kann er nicht mein Jünger sein« (Lk 14,26).

Es kommt der Zeitpunkt, schien die Bibel mir zu sagen, wo du dir deine eigene Meinung zu den Dingen bilden mußt. Du mußt selbst entscheiden, was du glauben und wem du folgen willst. Eines Tages wirst du vor einem heiligen Gott Rechenschaft ablegen müssen, und du wirst dich nicht im Schatten deiner Eltern verstecken können. Also steh auf und übernimm die Verantwortung für dein Leben. Du bist erwachsen. Triff deine eigene Entscheidung.

Einige Tage später ging ich wieder in das Büro meines Vaters und sagte: »Dad, du kannst mich von allem ausschließen, wenn du mußt – sogar aus der Beziehung zu dir. Aber ich muß tun, wozu Gott mich berufen hat. Ich hätte gern deine Zustimmung, und wenn du sie mir nicht geben kannst, so wird mir das sehr weh tun. Aber ich muß tun, wozu Gott mich berufen hat.«

Dieser Kampf um die Grenze prägte mein Leben. Obwohl mein Vater starb, bevor er die Frucht meines Dienstes sehen konnte, unterstützte er schließlich doch meine Entscheidung. Aber selbst wenn er nicht nachgegeben hätte, ich wäre meinem Entschluß treu geblieben. Ich hatte gelernt, schwierige Entscheidungen zu treffen, an meiner Meinung festzuhalten und für das zu kämpfen, was ich für richtig hielt.

Ich entwickelte diese Fähigkeit in meiner Jugend, praktizierte sie im jungen Erwachsenenalter und nahm sie mit in meinen Dienst und meine Ehe.

Wie Lynne bereits sagte, als wir heirateten, hatte sie nicht gelernt, für sich einzutreten, ihre Rechte zu behaupten und Grenzen zu ziehen. Ich dagegen hatte sehr klar abgesteckte Grenzen. Ist es da verwunderlich, daß Lynnes Leben in meinem unterging?

Überschrittene Grenzen

Übereifrig fürsorgliche Menschen oder Leute, die keine klaren Grenzen setzen, fühlen sich immer für andere verantwortlich. Doch sie übernehmen keine Verantwortung für sich selbst. Sie neigen dazu, sich mehr Gedanken über die Gefühle anderer zu machen als über ihre eigenen, die Probleme anderer zu lösen anstatt sich ihrer eigenen anzunehmen, den Wünschen anderer Menschen nachzukommen und ihre eigenen zu ignorieren. Sie leben mit den Konsequenzen der Entscheidungen anderer und versäumen es, eigene Entschlüsse zu fällen. Häufig nehmen sie die Meinung anderer sehr viel ernster als ihre eigene und fördern die Entwicklung der Fertigkeiten und Fähigkeiten anderer, versäumen dabei aber die Förderung und Ausbildung ihrer eigenen. Kurz gesagt, sie übernehmen die Verantwortung für den Erfolg, das Wohlergehen und das Glück anderer, übernehmen aber für sich selbst diese Verantwortung nicht.

Wie wir bereits gesagt haben, sind diese Menschen häufig der Meinung, daß ein solches Verhalten richtig und notwendig, vielleicht sogar ihre Pflicht als Christ ist. Aber ungeachtet ihrer Motivation enden sie schließlich alle in demselben unglücklichen Zustand: frustriert, wütend und voller Groll.

Übereifrige Fürsorge scheint nach außen ein Liebesdienst zu sein. Aber das ist es nicht. Denn schließlich entsteht daraus, was Melody Beattie ein »Dreieck des Hasses« nennt. Menschen retten andere auf die falsche Weise. Später werden sie wütend auf diejenigen, die sie gerettet haben, weil sie Dinge getan haben, die sie eigentlich nicht tun wollten. Sie fühlen sich benutzt und verfallen in Selbstmitleid. Dieses Verhaltensmuster nährt den Selbsthaß und bringt negative Gefühle anderen Menschen gegenüber hervor.[7]

Bill: Jahrelang warf ich Lynne vor, sie würde mich nicht unterstützen. Nicht, daß sie mir nicht auf praktische Weise half; im Gegenteil, sie bot mir unablässig ihre Hilfe an. Aber in ihrer Haltung mir gegenüber lag etwas Unfreundliches. Sie behauptete, mich zu lieben, doch häufig spürte ich ihre Mißbilligung, ihre Abneigung. Es hatte den Anschein, als sei sie die meiste Zeit böse auf mich.

Erst jetzt wird mir klar, daß das tatsächlich so war. Sie bemühte sich darum, es nicht zu sein, weil sie wirklich der Überzeugung war, Gott zu gefallen, indem sie mir diente. Aber sie ging zu weit, gab zuviel von sich selbst auf: ihre Bedürfnisse, ihre Wünsche, ihre Vorlieben. Sie hatte mir gestattet, ihre Grenzen zu überschreiten, und es war unausweichlich, daß sie zornig wurde. Obwohl sie versuchte, die Wut fortzubeten, blieb sie.

Obwohl sie versuchte, sie zu begraben, sickerte sie immer wieder durch die Schichten ihrer guten Absichten hindurch und vergiftete unsere Beziehung. Und schließlich kam es zum großen Knall.

Der Blick für die eigenen Bedürfnisse

Viele Beziehungen werden von der Wut über überschrittene Grenzen vergiftet. Viele Menschen ärgern sich über die Tatsache, daß ihre Eltern, ihr Kind oder Partner immer seinen Willen bekommt. Sie ärgern sich darüber, daß sie ständig das Gefühl haben, andere retten zu müssen. Sie empfinden Groll darüber, daß sie niemals die Zeit oder die Freiheit haben, ihr eigenes Leben zu führen. Aber das kann sich ändern. Es gibt einen Weg, den Zorn zu überwinden.

Dieser Weg wird dann beschritten, wenn die Menschen beginnen, wieder für sich selbst zu sorgen. Sie fordern die Verantwortung für ihr Leben, für ihr Glück und für ihre Zukunft zurück. Sie vertreten ihre eigene Sache. Sie hören auf, ihren Blick auf das zu richten, was jemand anderes für sie getan hat und beginnen darüber nachzudenken, was sie für sich selbst tun müssen. Sie fangen an, sich als Erwachsene zu verhalten, und treffen Entscheidungen, mit denen sie leben können. Sie erlauben sich den Luxus eigener Gefühle. Sie beginnen zu tun, was sie tun wollen. Sie gestehen ihre Bedürfnisse ein und bitten andere, wenn es angemessen ist, um Hilfe, diese Bedürfnisse zu befriedigen. Sie nennen sich nicht mehr Opfer – und verhalten sich auch nicht mehr wie Opfer.

Viele dieser Menschen waren zu irgendeinem Zeitpunkt ihres Lebens auch tatsächlich Opfer: Opfer des Mißbrauchs, der Vernachlässigung, des Verlassenseins, des Alkoholismus oder einer anderen Situation, in der sie nicht in der Lage waren, sich selbst zu schützen. Doch viele Leute machen sich auch weiterhin zum Opfer, indem sie anderen Menschen gestatten, sie auszunutzen. Zum Heilungsprozeß gehört es, sich die eigene Schuld an der Situation einzugestehen.[8] Wenn jemand selbst dazu beigetragen hat, daß er in die Situation gekommen ist, in der er steckt, so folgt daraus, daß er auch die Macht habt, diese Situation zu ändern.

Dr. Henry Cloud sagt:

»*Als Erwachsener haben Sie die Wahl. Übernehmen Sie die Verantwortung für sich und halten Sie daran fest. Wenn Sie etwas geben, entscheiden Sie vorher, ob Sie es auch wirklich geben wollen; hören Sie auf, so zu tun, als ob andere Sie dazu veranlassen. Wenn Ihre Arbeit Ihnen nicht gefällt, suchen Sie sich etwas anderes. Wenn ein Freund Sie kritisiert, übernehmen Sie die Verantwortung dafür, daß Sie sich mit ihm getroffen haben. Sie sind verantwortlich für Ihre Entscheidungen. Sie können Ihr Leben verändern, indem Sie sich nicht mehr zum Opfer machen lassen.*«[9]

Zum Heilungsprozeß gehört auch, daß Opfer denen vergeben, durch die sie verletzt, beleidigt oder ausgenutzt worden sind. Die meisten Menschen, die zum Opfer geworden sind, haben es mit der Vergebung probiert – immer wieder. Doch jedesmal, wenn die Wut und der Groll zurückkehren, wird ihnen klar, daß ihr Versuch fehlgeschlagen ist. Offensichtlich haben sie es nicht ernst genug gemeint; und nun kommen zu ihren anderen Problemen auch noch die Schuldgefühle hinzu. Häufig ist jedoch der eigentliche Grund dafür, daß es mit der Vergebung nicht klappt, der, daß sie dem anderen auch weiterhin gestatten, sie zu verletzen oder auszunutzen. Erst wenn sie beginnen, selbst die Verantwortung für ihr Leben zu übernehmen, und unter der Last der Probleme eines anderen Menschen hervorkriechen, können sie wirklich vergeben. Melody Beattie sagt: »Vergebung kommt zur rechten Zeit, wenn wir uns bemühen, für uns selbst zu sorgen ... Wenn wir unsere Angelegenheiten selbst in die Hand nehmen, werden wir verstehen, was wir vergeben müssen und wann der richtige Zeitpunkt dazu gekommen ist.«[10]

Wenn wir beginnen, uns wie Erwachsene zu verhalten, und die Verantwortung für unser Leben übernehmen, zwingen wir andere, sich ebenfalls wie Erwachsene zu verhalten und sich den Konsequenzen ihres Handelns zu stellen. Das ist besser für uns, und im Endeffekt ist es auch für sie besser.

Lynne: Ich sehe jetzt, daß Bill nur so lange im Krisenzustand leben konnte, weil ich es ihm »ermöglichte«. Indem ich meine Zeit und Energie investierte, die Scherben seines hektischen Lebens zusammenzuklauben, ermöglichte ich es ihm, diesen ungesunden Zustand beizubehalten. Er konnte neunzig Prozent seiner Energie in seine Arbeit investieren und kam trotzdem in ein ordentliches Haus zurück, weil ich es in Ordnung hielt. Er konnte eine sehr enge Beziehung zu den Kindern aufbauen, weil ich auf dem laufenden über sie war und ihm sagte, wenn eines von ihnen ein bestimmtes Bedürfnis hatte oder sich vernachlässigt fühlte. Er konnte eine Reise nach der anderen planen, weil ich mich überschlug, um seine Sachen fertig zu haben, und die Stellung hielt, während er fort war. Ich wollte all das nicht tun, aber ich tat es trotzdem.

Für mich und für ihn wäre es besser gewesen, wenn ich schon vor Jahren damit aufgehört hätte – oder besser noch, gar nicht erst damit angefangen hätte. Dann wäre ich unterwegs nicht verlorengegangen, und vielleicht hätte Bill sich dann nicht so viel aufgebürdet.

Man kann nicht lieben, was nicht da ist

Einige Menschen gehen unterwegs verloren, weil sie ein sehr niedriges Selbstwertgefühl haben. Andere verlieren ihr Selbstwertgefühl unterwegs. Jahrelang behandeln sie andere, als seien sie wichtiger als sie selbst, und schließlich beginnen sie sogar, an die eigene Minderwertigkeit zu glauben.

Lynne: Ich merkte schon lange, daß mein Selbstwertgefühl immer mehr abnahm. Doch ich konnte nicht verstehen, woraus das resultierte. Ich war in einer sehr liebevollen Familie aufgewachsen. Noch immer ermutigen und loben mich meine Eltern sehr. Sie haben mich immer bestätigt und mir gesagt, ich könnte alles schaffen, was ich wollte. Als Teenager und junger Erwachsener war ich positiv, fröhlich und glücklich.

Warum also, fragte ich mich oft, fühle ich mich jetzt so sehr als Versager? Warum mag ich mich nicht mehr?

Ich erkenne jetzt, daß ich in den ersten Jahren meiner Ehe so viel fortgegeben habe, daß nur noch wenig für mich übrig geblieben ist. Da war kaum noch etwas, das ich lieben konnte.

Das kam nicht nur daher, daß ich zuviel Verantwortung für Bills Leben übernahm. Ich war auch damit beschäftigt, allen anderen zu gefallen. Das ist bei Christen in Führungspositionen keine Seltenheit. Sie wissen, daß die Menschen auf sie sehen, und sie wollen niemand vor den Kopf stoßen, darum gehen sie auf Nummer sicher. Sie achten darauf, wie sie sich kleiden und welchen Wagen sie fahren. Sie passen auf, was sie sagen und wem sie es sagen. Sie planen sehr sorgfältig, wie sie ihre Zeit verbringen und wofür sie ihr Geld ausgeben. Sie bemühen sich nach Kräften, auf alle Bitten einzugehen und alle Forderungen zu erfüllen. Schon bald sind sie kaum noch mehr als das Abbild der Erwartung anderer. Sie wissen nicht mehr, was sie wollen oder wer sie sind. Sie haben ihre Individualität verloren, und ihnen gefällt nicht, was übriggeblieben ist.

Luft kann man nicht umarmen

Niemand hat einen Vorteil davon, wenn ein anderer unterwegs verlorengeht.

Wer verlorengeht, verliert. Er oder sie fühlt sich schließlich wie ein Opfer und erduldet eine unglückliche Existenz.

Auch Gott verliert, sogar wenn dieser Mensch »um seinetwillen« verlorengeht. Denn wir können uns Gott nur wirklich schenken, wenn wir eine Persönlichkeit haben, die wir ihm geben können. Wir können ihm nur mit ganzem Herzen dienen, wenn wir ihm freudig dienen. Wir können ihn nur aufrichtig lieben, wenn wir ihn mit dankbarem, von Frieden erfülltem Herzen lieben. Wenn wir mit unserem Leben unglücklich sind, werden wir vermutlich auch unglücklich mit Gott sein. Wenn wir uns als Opfer fühlen, werden wir vermutlich bis zu einem gewissen Grad Gott die Schuld dafür geben.

Und auch der Partner verliert, auch wenn er der Empfänger der heldenhaften Wohltaten ist und auch wenn er immer wieder gerettet worden ist. Er verliert, weil er schließlich nur noch mit einer leeren Hülle verheiratet ist. Er liebt nur noch eine Fata Morgana. Und es ist schwierig, eine Fata Morgana zu lieben. Luft kann man nicht umarmen.

Lieben bedeutet nicht, daß wir unsere eigene Persönlichkeit in der Persönlichkeit eines anderen verlieren. Wir müssen uns nicht selbst aufgeben, um eine erfolgreiche Ehe zu führen. Das Ziel einer gesunden Ehe für beide Partner ist, ihre Individualität zu erhalten und ihre einzigartigen und wertvollen Beiträge zu dieser Beziehung zu leisten. Wir hatten dieses Ziel aus den Augen verloren, und wir beide haben dafür bezahlt. Aber jetzt nicht mehr.

Lynne: Meinen Kindern Todd und Shauna gegenüber bin ich sehr offen gewesen in bezug auf die Reise, auf der ich mich seit kurzem befinde. Wenn sie mir Mut machen wollen, sagen sie: »Lebe, Mom, lebe!«
Und das tue ich.

Dadurch, daß ich gelernt habe, nein zu sagen, hat sich mein Lebensstil radikal verändert. Ich bitte Bill um mehr Hilfe zu Hause und bekomme eine begeisterte, bereitwillige Reaktion. Ich reise weniger, und das gefällt mir sehr viel besser. Ich habe mich der übertriebenen Erwartungen entledigt, die von anderen Leuten an mich gestellt wurden, und meinen Kreis enger Freunde verkleinert. Ich »genieße die Natur« – gehe im Wald spazieren, fahre Feldwege entlang, fotografiere wildwachsende Blumen –, weil es mir Freude macht. Ich verbringe mehr Zeit mit meiner Familie. Und ich nehme mir die Zeit zu schreiben.

Und es gefällt mir! Ich erlebe ein Maß an Glück, wie ich es seit Jahren nicht mehr gekannt habe. Meine Magenschmerzen sind verschwunden, und ich schlafe auch wieder besser. Ich fühle mich produktiv und erfüllt. Ich erlebe eine großartige Zeit mit meinen Kindern. Meine Beziehung zu Gott ist enger als je zuvor.

Und meine Ehe? Ich brauche bloß zu sagen, daß es nur einen Menschen gibt, der noch glücklicher über diese Veränderungen ist als ich: Bill.

Zeit der Ernte

Das Leben im Krisenzustand und falsche Fürsorge haben jahrelang unsere Ehe beeinträchtigt. In vielen Bereichen haben wir hart gearbeitet und große Fortschritte erzielt. Doch die ganze Zeit über floß dieser unterirdische Strom der Spannung und des Verletztseins im lehmigen Boden unserer Beziehung. Wir blicken zurück und denken: Wenn wir es doch nur gewußt hätten. Wenn wir nur begriffen hätten, was wir taten. Wenn wir nur früher Veränderungen vorgenommen hätten.

Aber wir blicken auch in die Zukunft. Und wenn wir das tun, dann platzen wir beinahe vor Hoffnung. Wir haben das Gefühl, als würden wir in ein neues Zeitalter eintreten. Wir haben den Preis der Selbstentdeckung bezahlt; und jetzt werden wir die Früchte ernten. Wir wissen, daß wir immer noch sündigen und manchmal auch den anderen verletzen und zwischen den Extremen schwanken werden. Aber auf sehr dramatische Weise sind wir jetzt andere Menschen als vorher. Wir beide leben konsequenter mit dem, was Gott uns auf den Weg gegeben hat. Wir haben unsere Achillesferse und unsere schadenden Verhaltensweisen erkannt, und wir haben Veränderungen vorgenommen. Wir sind jetzt glücklichere und gesündere Individuen, und das macht uns frei, auch liebevollere Partner zu sein.

An dem Tag, an dem wir dies geschrieben haben, saßen wir in einem sonnendurchfluteten Café und haben einander gedankt für die Fortschritte, für das Bemühen und Erdulden. Wir beide wissen viel über das Erdulden. Es meint, inmitten einer Krise nicht aufzugeben und demütig genug zu sein, um Hilfe zu bitten. Es bedeutet, weiterzumachen, auch wenn man kein Licht am Ende des Tunnels sieht, und durchzuhalten, wenn man eigentlich gar nicht möchte. Auf den wenigen, noch verbleibenden Seiten dieses Buches möchten wir ein paar Prinzipien weitergeben, die uns in schwierigen Zeiten dabei geholfen haben zu erdulden.

Anmerkungen

1 **Melody Beattie**, *Codependent No More.* San Francisco. Harper & Row Publishers. 1987. S. 78.
2 Ebd., S. 79.
3 Ebd., S. 84.
4 Ebd., S. 87.
5 Ebd., S. 86.
6 **Dr. Henry Cloud**, *When Your World Makes No Sense.* Nashville. Thomas Nelson Publishers. 1990. S. 105.
7 **Beattie**, *Codependent No More.* S. 81.
8 Ebd., S. 80.
9 **Cloud**, *When Your World Makes No Sense.* S. 177.
10 **Beattie**, *Codependent No More.* S. 198.

Kapitel 13

Zusammen durch dick und dünn

Nur wenige Ehen, die so schwierig sind wie unsere, überleben. Je mehr wir über unsere Ehe nachdenken, desto mehr staunen wir, daß sie überhaupt noch besteht. Liebe und Respekt hatten uns zueinander geführt, und am 18. Mai 1974 legten wir unsere Hände ineinander und gelobten, zusammen durchs Leben zu gehen. Doch noch vor unserem ersten Hochzeitstag hatten unser unterschiedlicher familiärer Hintergrund und unser unterschiedliches Temperament begonnen, uns auseinanderzureißen. Unsere armseligen Fertigkeiten bei der Konfliktlösung zerrten noch heftiger an unseren ineinandergelegten Händen. Wir klammerten uns aneinander fest, doch als die Romantik in unserer Ehe zu sterben begann, lösten sich unsere Hände beinahe voneinander. Das Leben im Krisenzustand und ein falsches Fürsorgedenken erschwerten es uns noch weiter, aneinander festzuhalten. Wir würgten an der Galle der verborgenen Feindseligkeiten und wollten den anderen nicht mehr festhalten. Wir befanden uns mit einem Mal in schmerzlichen Sackgassen und fragten uns, ob es sich überhaupt lohnte, weiterzumachen.

Aber wir hielten an unserer Ehe fest. Wir blieben zusammen, als das Leben uns auseinanderzureißen drohte, und wir führen nun eine stabile, gesunde Ehe, die mit jedem Tag besser wird.

Aber warum haben wir da festhalten können, wo so viele andere loslassen? War es unsere Stärke? Unsere Willenskraft? Konnten wir unsere Zähne besser zusammenbeißen als alle anderen? Oder gab es andere Faktoren, die uns die Kraft gaben und uns daran hinderten, zu früh aufzugeben? Vor einiger Zeit stellten wir uns bei unserem Donnerstagmorgenfrühstück diese Fragen. Wir wollen dieses Buch mit den Antworten beschließen, die wir auf sie gefunden haben.

Ein lebensverändernder Unterschied

Die erste Antwort, die wir beide gaben, führt uns zurück zum Anfang dieses Buches. Wir wiederholen uns nur ungern, aber wir können die Wahrheit nicht ignorieren. Mehr als alles andere hat uns geholfen, daß wir an unserem christlichen Glauben festhielten. Wir suchten nach der Wahrheit und nach Führung in der Bibel. Wir lernten Bibelverse auswendig, die uns Mut machten, freundlich, liebevoll, aufrichtig und geduldig zu sein. Wir beteten um Hilfe. Wir baten Gott, uns Erkenntnis, Verständnis und kreative Ideen zu geben. Immer wieder fragten wir uns: »Was möchte Gott jetzt von uns? Wie würde Jesus mit einer solchen Situation umgehen? Welche Haltung würde er einnehmen? Welche Worte würde er sagen?« Wir bemühten uns nach Kräften, Gott zu gehorchen, und wenn uns das nicht gelang, baten wir ihn um Vergebung. Oft wollten wir diese Dinge nicht tun. Manchmal wünschten wir beide, wir wären keine Christen. Wir wünschten, es wäre uns egal, ob wir Gott gefallen oder nicht. Wir wünschten, wir könnten hartherzig sein, ohne daß es uns leid täte. Wir wünschten, wir könnten Türen zuknallen, ohne es später zu bereuen. Unserem Partner den Rücken zukehren, ohne Gott flüstern zu hören: »Tu das nicht. Es wird dir leid tun. Du hast zuviel zu verlieren.« Manchmal hätten wir alles dafür gegeben, nicht das Richtige tun zu müssen.

Aber indem wir uns Gott unterordneten, wenn auch zeitweise nur halbherzig und unglücklich, blieb unser Herz weich. Wir wurden dadurch nicht vollkommen – absolut nicht –, aber es machte uns flexibel und demütig. Das hielt uns in der richtigen Spur. Es bewirkte, daß wir an unserer Ehe arbeiteten.

Wenn Ihr Glaube nur oberflächlich ist, möchten wir Sie auffordern, ihn zu vertiefen. Lassen Sie durch ihn Ihr Leben verändern. Lesen Sie in der Bibel. Beten Sie. Gehorchen Sie Gott. Beobachten Sie, was das in Ihrer Ehe bewirken kann.

Wenn Sie kein Christ sind, beschäftigen Sie sich bitte offen mit der Lehre des Christentums. Jesus Christus ist gestorben, um uns alle von der Tyrannei der Sünde zu befreien und uns mit Gott und miteinander zu versöhnen.

Wenn Sie Christ sind, Ihr Partner aber nicht, dann stellen Sie bitte Ihr geistliches Wachstum an die erste Stelle. Sie können Ihren Partner nicht verändern, aber Sie können sich verändern. Sie können sich in höherem Maß auf die Kraft Gottes verlassen und stärker, liebevoller und reifer werden. Dann können Sie aufrichtig beten, daß auch Ihr Partner sich eines Tages Gott anvertraut.

Was können wir lernen?

Wir beide stimmten auch darin überein, daß die Möglichkeiten der Selbsthilfe, die in der heutigen Zeit in großer Anzahl vorhanden sind, unsere Durchhaltekraft sehr gestärkt haben. Wir besuchten Seminare, Workshops und Konferenzen zum Thema Ehe. Wir hörten uns Vorträge über die Ehe an und lasen Ehebücher.

Oh, wir lasen sehr viele Bücher! Wir lasen zusammen und jeder für sich. Wir lasen im Urlaub und abends im Bett. Wir lasen Bücher von Theologen, Psychologen und Eheberatern. Wir lasen über Temperamente und persönliches Wachstum, über Arbeitsbesessenheit, Konfliktlösung, Sex und Streßmanagement, über Entspannung, Kindererziehung und über den Umgang mit Geld. Wir probierten jede gute Idee aus, die wir finden konnten, und das half uns enorm weiter.

Einige Leute geben auf, noch bevor sie ihr erstes Buch gelesen, den ersten Vortrag auf Kassette angehört oder das erste Seminar besucht haben. Das ist eine Tragödie. Wir sind selbst schuld, wenn wir es versäumen, die hervorragenden Hilfsmittel zu nutzen, die uns zur Verfügung stehen.

Sehr weitergeholfen hat uns auch, daß wir einer Gemeinde angehören, in der Ehe und Familie einen hohen Stellenwert haben. Wenn das in Ihrer Gemeinde nicht so ist, sollten Sie sich vielleicht nach einer anderen umsehen.

Öffnen Sie Ihre Ehe anderen Menschen

Eine der klügsten Entscheidungen, die wir getroffen haben, war die, unsere Ehe der Beobachtung durch enge Freunde zu öffnen. Wir hatten immer jemanden, gewöhnlich ein Ehepaar, mit dem wir über unsere Beziehung sprechen konnten, dem wir sagen konnten: »Gestern abend hatten wir einen schrecklichen Streit, und wir sind noch sehr verletzt.« Oder: »Wir stecken fest und brauchen Hilfe.« Oder: »Wir sind entmutigt. Wir haben so hart gearbeitet und kommen nicht weiter.«

Manchmal brauchten wir nur einfach einen sicheren Ort, wo wir Dampf ablassen konnten, damit wir uns beruhigen und konstruktiv miteinander reden konnten. Dann wieder brauchten wir Rat von Menschen, die uns beide kannten und liebten. Wir brauchten Freunde, die uns Beifall klatschten, uns anfeuerten und uns sagten: »Wir mögen euch beide, und wir wissen, ihr könnt es schaffen. Ihr habt so viel in diese Ehe investiert. Versucht es weiter. Es wird sich auszahlen.«

Daß wir das Leben im Krisenzustand und die falsche Fürsorge in Angriff nahmen, war einer der größten Erfolge in unserem Leben. Wir waren sehr dankbar für das liebevolle Ehepaar, das uns auf dieser manchmal schmerzlichen, manchmal auch sehr erfreulichen Reise begleitet hat. Oft brauchten wir die Perspektive eines Beobachters. Oft haben die beiden uns geholfen, den Dschungel unserer Erkenntnisse zu ordnen und unsere Gedanken in Worte zu fassen. Sie freuten sich, wenn wir Fortschritte machten, und waren traurig, wenn das nicht der Fall war. Sie nahmen sich unserer Kinder an, wenn wir Zeit für uns brauchten. Sie sahen sich mit uns zusammen irgendwelche Komödien an, wenn wir wieder einmal lachen mußten. Sie nahmen uns beiseite, wenn sie sahen, daß wir wieder in das alte Muster zurückfielen.

»Wie sieht es mit deiner Terminplanung aus, Bill? Hast du sie unter Kontrolle?«

»Sorgst du auch für dein Wohl, Lynne? Bist du ehrlich gegenüber deinen Wünschen?«

In den früheren Generationen war es nicht üblich, so offen zu sein, schon gar nicht in bezug auf die Ehe. »Uns geht es gut«, würden Menschen dieser Generationen sagen. »Einfach gut.« Wir entschieden uns für einen anderen Weg: Wir waren offen und gaben einigen vertrauenswürdigen Freunden Einblick in unsere Beziehung. Unserer Meinung nach war es eine kluge Entscheidung, und wir möchten Ihnen Mut machen, dasselbe zu tun.

Wenn Sie und Ihr Partner keine so engen Freunde haben, so versuchen Sie doch, eine solche Freundschaft aufzubauen. Sie könnten sich einem Ehepaarkreis in Ihrer Gemeinde anschließen oder ein paar Ehepaare zum Abendessen einladen. Wenn Sie ein Paar entdecken, mit dem sie gern zusammen sind, treffen Sie sich noch einmal mit ihnen. Wenn es auch bei den anderen »funkt«, haben Sie eine gute Grundlage, auf der Sie aufbauen können. Wenn das nicht der Fall ist, können Sie es mit einem anderen Paar versuchen. Eine solche Freundschaft entsteht nicht über Nacht. Sie werden viel Zeit und Kraft investieren müssen. Aber es könnte das Beste sein, das Sie für Ihre Ehe tun.

Erinnere dich, als ...

Sehr geholfen hat es uns, Aktivitäten zu finden, die uns von unseren Differenzen ablenkten und uns eine Ruhepause von unseren Kämpfen boten. Wir stellten zum Beispiel fest, daß wir beide gern zusammen lange Strecken im Auto zurücklegen. So unterschiedlich wir auch sind, wenn wir in dem begrenzten Raum eines Autos zusammenhocken, scheinen wir uns gut zu verstehen. Vielleicht ist der Grund der, daß wir gezwungen sind, uns in derselben Geschwindigkeit fortzubewegen. Vielleicht auch, weil wir keinem Druck von außen ausgesetzt sind. Was immer auch der Grund sein mag, wir beide jedenfalls werden ungewöhnlich fröhlich und offen, und unsere Gespräche wandern in interessante Seitenstraßen und nehmen unerwartete Umleitungen. Wir beide lieben es, durch ländliche Städte zu fahren und hausgemachtes Essen zu genießen. Wir haben dann immer das Gefühl, daß wir unseren Verpflichtungen ein oder zwei Meilen voraus und für das reale Leben nicht greifbar sind.

Auch beim Segeln geht es uns so, in noch höherem Maße. Wir besitzen kein eigenes Boot, doch großzügige Freunde stellen uns ihr Boot häufig zur Verfügung. Wir verbringen immer eine wundervolle Zeit auf See. Wir setzen die Segel, legen unseren Kurs fest und fühlen uns wie im Paradies. Kurze Zeit nach einem besonders schönen Ausflug traten wir in eine der schlimmsten Phasen unserer Ehe ein. Uns beiden war nach Aufgeben zumute, doch wir erinnerten uns immer wieder daran, wie gut wir auf diesem Segeltörn miteinander ausgekommen waren. Wir erinnerten uns an das Lachen und die Romantik, und diese Erinnerung trieb uns in die Zukunft. Wir erinnerten uns an das Glück, das wir erlebt hatten, und motivierten uns gegenseitig, es wiederzufinden.

Urlaub, Ausflüge, Erholung und Spaß sind manchmal entscheidend dafür, ob man durchhält oder aufgibt. Sich angenehme Erinnerungen zu schaffen, braucht nicht immer viel Geld zu kosten, doch das Ergebnis kann von unschätzbarem Wert sein.

Schmerzliche Wirklichkeit

Pastoren und ihre Frauen müssen mehr als genug traurige Geschichten hören. Die Leute schütten ihnen ihr Herz am Telefon, in Briefen und seelsorgerischen Gesprächen aus. So traurig wir über diese Tragödien waren, sie zu hören, hat uns weitergeholfen, weil wir dadurch einen Blick für die Realität bekamen.

Einige Leute halten eine Scheidung für einen leichten Ausweg, doch durch die Erfahrungen anderer Paare haben wir gelernt, daß Ehepartner und ihre Kinder einen hohen Preis bezahlen müssen, wenn die Ehe fehlschlägt. Die Leute, die sich für die Scheidung entscheiden, tauschen ungewollt einen Packen Probleme gegen einen anderen Packen Probleme aus. Doch die Probleme nach der Scheidung sind häufig sehr viel schwerer zu lösen, als die Schwierigkeiten während der Ehe zu meistern gewesen wären. Ein Scheidungsanwalt sagte uns, daß die meisten Paare, mit denen er zu tun hat, sich wünschten, sie hätten dieselbe Energie in die Erhaltung ihrer Ehe investiert, die sie später gebraucht haben, um die Scheidung zu verarbeiten.

In einer schwierigen Ehe durchzuhalten, kann sehr schmerzlich sein, aber in der Regel ist es nicht so schmerzhaft wie das Aufgeben. Jedesmal wenn wir es satt hatten, dachten wir an die Geschichten, die wir gehört, an die Zerstörung, die wir mitangesehen hatten, und wir fanden die Kraft, noch ein wenig länger durchzuhalten und es erneut miteinander zu versuchen.

Wie man um Hilfe ruft

Probleme, Konflikte und Differenzen können zum Scheidungsgericht führen, doch das muß nicht so sein, wenn die Paare lernen, konstruktiv Hilfe zu suchen.

Eine Bekannte, die Ehebruch begangen hat, sagte uns: »Mir ging es schlecht, und ich war der Meinung, ich hätte keine Wahl. Ich wußte nicht, wie ich um Hilfe rufen sollte. Und schließlich konnte ich es nicht mehr ertragen ... darum tat ich etwas Dummes.« Weil sie eine führende Position in unserer Gemeinde bekleidete, hatte sie Angst, ihren Freunden von ihren Eheproblemen zu erzählen. Sie fürchtete sich vor dem Gerede der Leute, wenn sie eine Eheberatung aufsuchen würde. Darum tat sie so lange Zeit gar nichts, bis sie nicht mehr länger durchhalten konnte und Hilfe im Bett eines anderen Mannes suchte.

Anstatt derart zu verzweifeln, daß wir Ehebruch begingen, fortliefen oder etwas anderes, sehr Zerstörerisches taten, fanden wir legitime Wege, nach Hilfe zu rufen: Wir schütteten Gott unser Herz aus und baten ihn um seine Hilfe. Wir waren ehrlich zueinander und sagten uns, wie verzweifelt wir manchmal waren, sprachen auch schwierige Dinge aus wie zum Beispiel: »Ich entferne mich von dir. Ich werde von anderen in Versuchung geführt. Wir müssen etwas dagegen unternehmen.« Wir nahmen wieder die Bücher zur Hand. Wir sprachen mit Freunden. Und noch einmal: Wir erlebten mit, was andere Menschen durchmachten, und das machte uns entschlossener als je zuvor, alles dafür zu tun, um nicht in der Verzweiflung zu versinken.

Für einige Paare ist die Eheberatung der beste Weg, nach Hilfe zu rufen. Es macht uns traurig zu sehen, daß so viele Leute mit Eheproblemen zögern, professionelle Hilfe zu suchen. Wir sind der festen Überzeugung, daß viele Paare, die sich einander entfremdet haben, die Verabredung mit dem Scheidungsanwalt hätten vermeiden können, wenn sie früh genug zu einem Eheberater gegangen wären.

Anderen Paaren hilft vielleicht eine zeitweilige Trennung weiter. Wir schlagen die Trennung nicht als eine Alternative zur Ehe vor, sondern als eine Alternative zur Scheidung. Wir kennen Männer und Frauen, die durch ihre Ehekonflikte so frustriert und verletzt waren, daß sie ihrer Ehe entfliehen wollten. Nach einer Trennungsphase unter der Anleitung eines guten Eheberaters waren sie jedoch in der Lage, sich mit ihrem Partner wieder zu versöhnen und ihre Beziehung neu aufzubauen. Eine Zeit der persönlichen Heilung macht die Ehepartner häufig fähig, sich der Herausforderung der Ehe später mit neuer Energie und Weisheit zu stellen.

Eine Trennung ist wahrscheinlich unumgänglich, wenn irgendeine Form des körperlichen Mißbrauchs in der Ehe vorkommt. Immer wieder wird in der Bibel die Heiligkeit und Unauflösbarkeit der Ehe betont, und dieses Buch soll Ehepaaren helfen, zusammenzubleiben. Aber sehr redegewandt betont die Bibel auch immer wieder den Wert des Individuums, verurteilt Gewalt und ruft die Christen auf, den Unterdrückten, Geschädigten oder Mißbrauchten freundlich und mit Mitleid zu begegnen. In diesem Geist des christlichen Mitgefühls sollten wir Menschen, die mißbraucht werden, ermutigen, ihrer Situation für eine bestimmte Zeit zu entfliehen und um Hilfe zu rufen, so laut sie können.

Nennen Sie es Hingabe

Für uns war es ganz wichtig zu lernen, nicht sofort in Panik zu geraten, sobald eine neue Krise am Horizont erschien.

Wenn wir gut miteinander auskommen, haben wir Verbindung zueinander. Wenn wir miteinander verbunden sind, genießen wir das Zusammensein mit dem anderen, wir reden miteinander und sind fröhlich. Wir berühren einander ganz natürlich und liebevoll und ermutigen einander. Wir feiern die Einzigartigkeit des anderen, wir dienen einander freudig, und wir necken uns gegenseitig spielerisch. Die Verbindung zueinander ist das Ziel der Ehe; sie ist das Einssein, von dem die Bibel spricht. Es ist schön, wir sind glücklich und fröhlich miteinander.

Aber vor langer Zeit haben wir festgestellt, daß die Verbindung zwischen uns nur zu leicht unterbrochen werden kann. Sünde, Temperamentsunterschiede, Erschöpfung, Druck von außen, die Anforderungen des Lebens – jeder dieser Faktoren kann uns zu einer Umgangsform bringen, die weder schön und fröhlich noch spaßig ist.

Zu Beginn unserer Ehe gerieten wir in Panik, wenn unsere Verbindung unterbrochen wurde. Wir dachten, jede Abweichung von dem vollkommenen Einssein würde die Katastrophe bedeuten. Wir waren verzweifelt. Scheidung war der einzige Ausweg. Wir konnten sofort beginnen, die Möbel und das Silber zwischen uns aufzuteilen. Es gab keine Hoffnung und keine Umkehr mehr. Wir hatten das Gefühl, in einem reißenden Strom gefangen zu sein und auf einen tödlichen Aufprall auf ein Felsenriff zuzusteuern. Doch wir schaffen es immer wieder, den Aufprall – gerade noch rechtzeitig – zu verhindern, doch das verringerte nicht unsere Angst vor der Unterbrechung unserer Verbundenheit.

Dann, eines Abends, während eines sehr intensiven Gesprächs über die damalige Unterbrechung unserer Verbindung, wurde uns klar: Weil wir beide an unserem Eheversprechen festhielten, weil wir beide den Geist der Versöhnung hatten und weil wir beide bereit waren, an die Konfliktlösung zu gehen, brauchten wir über unsere unterbrochene Verbindung nicht in Panik zu geraten. Wir brauchten nicht von der Annahme auszugehen, daß unsere Ehe zerbrochen war. Wir konnten die Möbel stehen lassen und mußten das Silber nicht aufteilen. Wir würden nirgendwohin gehen. Wir fühlten uns aneinander gebunden.

Das hat uns sehr viel bedeutet. Wir hörten auf, jede unterbrochene Verbindung als den Vorläufer einer Katastrophe zu betrachten. Wenn die Verbindung einmal unterbrochen war, begannen wir, uns besonders intensiv an unser Eheversprechen zu erinnern. Anstatt auf das Negative zu sehen, erinnerten wir uns an das Positive: Trotz der Schwierigkeiten, vor denen wir standen, hatten wir uns aneinander gebunden, und diese Verpflichtung würde uns helfen, unsere unterbrochene Verbindung wiederherzustellen und zum Einssein zurückzufinden.

Da wir unvollkommene Menschen in einer unvollkommenen Ehe sind, verlieren wir in bestimmten Abständen die Verbindung zueinander. Und das Leben in einer hektischen Welt bedeutet, daß wir uns nicht immer sofort zusammensetzen können, um herauszufinden, was los ist. Manchmal vergehen einige Tage, bevor wir die eigentlichen Probleme ansprechen können. In dieser Zeit hilft uns die Erinnerung an unser Eheversprechen. Während dieser unangenehmen Stunden des Wartens erinnern wir uns immer wieder daran. Ja, es gibt ein Problem. Ja, es ist vielleicht ein sehr ernstes Problem. Aber deswegen brauchen wir uns nicht gleich Bankrott zu erklären. Wir werden nichts Destruktives oder Dummes tun. Wir werden eifrig füreinander beten, wir werden uns gegenseitig höflich und respektvoll behandeln, und wir werden unsere Verbindung wiederherstellen.

Eine solche Phase, in der man an seinem Versprechen festhalten muß, ist nicht das Ziel einer Ehe oder das, wovon Paare vor der Ehe träumen. Darin liegt keine Romantik. Aber sie ist eine viel bessere Alternative als die Verzweiflung. Sie ist im wesentlichen eine Bestätigung der Hoffnung. Sie ist die Weigerung aufzugeben. Sie ist die erweiterte Perspektive des Lebens, die disziplinierte Bereitschaft, über das Problem hinauszusehen und uns auf die Realität unserer zukünftigen, wiederhergestellten Verbindung zu konzentrieren.

Als wir zweiundzwanzig waren, überzeugten uns die Liebe und ein überschäumender Optimismus, daß wir mehr als bereit waren, ein ideales Ehepaar zu werden. Unserer Meinung nach waren wir in der Lage, uns zu binden. Mit zweiunddreißig hatte uns die Wirklichkeit immer wieder eingeholt. Auseinandersetzungen und Enttäuschungen hatten zu Zorn und Wut geführt. Wir hatten die Nase voll. Wir hatten eine Stinkwut aufeinander und wollten nicht mehr miteinander verbunden sein.

Nun stehen wir vor der Schwelle eines weiteren Jahrzehnts. Wir sind längst nicht mehr so idealistisch wie mit zweiundzwanzig, doch sehr viel glücklicher als mit zweiunddreißig. Wir haben Kämpfe ausgefochten, Hürden genommen, Lektionen gelernt und durchgehalten. Und nun können wir zuversichtlich und nicht mehr so naiv wie noch vor Jahren sagen: Wir sind tatsächlich so weit, miteinander verbunden zu sein.

Diskussionsleitfaden

Der amerikanische Titel dieses Buches, *Fit To Be Tied*, kann mit zwei Bedeutungen übersetzt werden: einerseits »eine Stinkwut haben«, andererseits »die Reife besitzen, miteinander verbunden zu sein«. Die eine Bedeutung hat mit Zorn und Disharmonie zu tun, die andere mit Übereinstimmung und Intimität. Obwohl beide Bedeutungen beinahe parallel in einer Ehe am Werk sein können, wird entscheidend zum Gelingen einer Ehe beitragen, für welche Art des »Fitseins« man sich entscheidet. Auch wenn ein hohes Maß an Bemühen und die Bereitschaft, auf selbstsüchtige Wünsche zu verzichten, erforderlich sind, können Sie sich bewußt dafür entscheiden, eine gute Ehe zu führen.

Doch die richtigen Entscheidungen zu treffen, zumindest die Art von Entscheidungen, die Sie Tag für Tag, Minute für Minute treffen, erfordert Hingabe. Und die Voraussetzung dafür sind Ehrlichkeit und harte Arbeit.

Das vorliegende Buch richtet sich an zwei Zielgruppen: Für diejenigen, die eine Ehe in Betracht ziehen, soll es eine Vorbereitung sein. Ehepaaren dagegen wird es hoffentlich Material zum Nachdenken liefern. Das Ziel ist jedoch dasselbe: Entdeckung und Veränderung. Das Konzept dieses Diskussionsleitfadens ist auf diese beiden Zielgruppen abgestimmt: auf Paare vor der Ehe (unter der Überschrift »Vorbereitung«) und auf bereits verheiratete Paare (unter der Überschrift »Reflexion«). Die inhaltliche Ausrichtung einiger bestimmter Fragen zum ersten Teil des Buches variiert abhängig von der Zielgruppe, andere Fragen wiederum sind allgemein zu verwenden.

Der Diskussionsleitfaden kann zwar auch Paaren helfen, die für sich allein diese Fragen durchgehen wollen; wir sind jedoch der Meinung, daß es effektiver ist, sie in einer kleinen Gruppe zu besprechen. Voraussetzung für Wachstum – entweder auf eine Ehe hin oder innerhalb der Ehe – ist nicht nur der Wunsch zu wachsen, sondern vor allem sind es die notwendigen Kräfte der Verantwortlichkeit, Disziplin und Authentizität. Wir brauchen die Ermutigung, Liebe und Meinung anderer, denen wir vertrauen.

Bevor wir beginnen, noch einige Tips zum Gebrauch des Diskussionsleitfadens:

- *Vorbereitung.* Die Fragen sind dem Inhalt der Kapitel dieses Buches entnommen. Wenn Sie sich nicht mit den Inhalten vertraut machen, wird Ihre Diskussion vermutlich ein wenig gestelzt und unecht werden.
- *Überlassenen Sie sich der Führung des Heiligen Geistes.* Achten Sie auf die Ausgewogenheit von Struktur und Spontaneität. Fühlen Sie sich nicht gezwungen, jede Frage zu beantworten oder jede Aufgabe zu erledigen. Aufgrund der unterschiedlichen Zusammensetzung der Gruppe werden einige Fragen auf sehr starkes Interesse stoßen; andere dagegen werden nur ein müdes Gähnen hervorrufen.
- *Bestimmen Sie einen Leiter (innerhalb einer Gruppe).* Gute Gespräche entstehen nur selten »von selbst«. Ein Leiter (vorzugsweise einer mit der Gabe der Führung und Unterscheidung) sollte die Verantwortung für die Diskussion übernehmen und darauf achten, daß die Beiträge relevant sind und alle sich am Gespräch beteiligen.
- *Stellen Sie viele ehrliche Fragen.* Akzeptieren Sie nicht etwas, nur weil es in diesem Buch steht. Seien Sie offen. Wenn Sie eine Frage haben, stellen Sie sie – auch wenn Sie die Befürchtung haben, dadurch »unwissend« oder »ungeistlich« zu erscheinen. Wenn es Ihnen schwerfällt, Fragen zu formulieren, stellen Sie kurze Fragen wie:»Was meinst du damit?«, »Kannst du ein Beispiel dafür geben?« oder »Diese Aussage verstehe ich nicht ganz. Kannst du sie mir erklären?« Denken Sie daran, der Weg zu Verständnis und Wachstum beginnt in der Regel mit einer Frage.
- *Übernehmen Sie Verantwortung.* Zusätzlich zu den Diskussionen und Aktivitäten innerhalb der Gruppe möchte der Leiter vielleicht

jeder Person einen »Vertrauenspartner« zuteilen. Eine Kleinstgruppe aus zwei Personen, die regelmäßig über Fortschritte berichten, ist häufig der beste Weg, die Kluft zwischen dem Wollen und dem tatsächlichen Tun zu überbrücken.

EINFÜHRUNG
Eine Achterbahn-Romanze

Vorbereitung
1. Wie sah Ihre erste Verabredung aus und wie Ihre letzte? Hat sich, abgesehen von der Aktivität oder dem Ort, irgend etwas geändert – eine Einstellung, eine Empfindung? Warum oder warum nicht?
2. Nehmen Sie sich fünf Minuten Zeit, um ohne Hilfe eines Wörterbuches das Wort »Verliebtheit« zu definieren. Lesen Sie jede Definition laut vor.

Reflexion
1. Erinnern Sie sich noch an Ihre erste Verabredung? Beschreiben Sie sie der Gruppe; gehen Sie dabei auch auf die besonderen Gefühle oder Empfindungen ein, die Sie dabei gehabt haben.
2. Das erste Ehejahr ist häufig ein Schwanken zwischen Extremen: extreme Konflikte oder extremes Glück. Falls Sie sich so weit zurückerinnern können, beschreiben Sie Ihr erstes Ehejahr. Inwiefern haben sich die Dinge seither geändert?

Allgemein
3. Die Autoren sind der Meinung, Konflikte in der Ehe würden häufig dadurch entstehen, daß die Bereiche der Übereinstimmung und der Gegensätzlichkeit nicht richtig verstanden werden. Lassen Sie jedes Mitglied der Gruppe drei Bereiche von Übereinstimmungen und drei Bereiche von Gegensätzlichkeiten aufschreiben. Lassen Sie zusätzlich jedes Gruppenmitglied darüber nachdenken, warum diese Bereiche zu Intimität oder Disharmonie in der Ehe führen. Schließen Sie eine Gruppendiskussion an.

4. Teilen Sie die Gruppen nach Ehepaaren. Lassen Sie jeden Partner seine beiden größten Stärken und Schwächen aufschreiben. Vergleichen Sie die Notizen. Gibt es Übereinstimmungen oder Unterschiede? Was sagt dies möglicherweise aus?
5. Die Autoren erlebten Augenblicke, die ihrer Meinung nach beispielhaft für die Höhen und Tiefen ihrer Ehe stehen. Können Sie Augenblicke in Ihrer Beziehung nennen, die für die Höhen und Tiefen stehen? Was haben diese Schwankungen Sie gelehrt?

KAPITEL 1
Der Mythos der Ehe

Vorbereitung

1. Nach Meinung der Autoren gehen viele Menschen eine Ehe ein, um der Einsamkeit zu entkommen. Fühlen Sie sich im Augenblick sehr einsam? Wie einsam würden Sie ohne Ihren Freund oder Ihre Freundin sein? Könnten Sie ihn oder sie aufgeben, wenn es nötig wäre? Warum können die Autoren, die ja verheiratet sind, alleinstehenden Menschen raten, nicht zu heiraten, um der Einsamkeit zu entgehen? Ist nicht die Kameradschaft an sich schon wertvoll?
2. Unsere Kultur wird von Ehepaaren dominiert. »Familienwerte« werden zum Thema politischer Veranstaltungen. Singles werden in einem solchen Kontext häufig vergessen oder ignoriert. Haben Sie sich jemals ausgeschlossen gefühlt? Wie verarbeiten Sie solche Gefühle des Ausgeschlossenseins oder des »Andersseins«?
3. Was gefällt Ihnen am Singledasein am besten? Was würde eine Ehe daran ändern?

Reflexion

1. Klingt nicht das ganze Gerede davon, »Christus den ersten Platz im Leben einzuräumen«, fürchterlich fromm? Ist das in Wirklichkeit nicht sehr viel schwieriger, als es klingt? Was passiert, wenn Ihr Partner sich vor dem Geschirrspülen drückt, um Golf zu spielen? Oder sich ins Schlafzimmer zurückzieht, anstatt sich mit Ihnen über Ihren

Tag im Büro zu unterhalten? Fällt es Ihnen schwer, in der alltäglichen Realität der Enttäuschungen und der Geschäftigkeit Christus den ersten Platz einzuräumen?
2. Fühlen Sie sich auch in Ihrer Ehe manchmal einsam? Fühlen Sie sich weniger einsam als zu der Zeit, als Sie noch alleinstehend waren?
3. Welche Einstellung haben Sie zu Singles? Halten Sie sie für »normal«? Haben Sie und Ihr Partner viele alleinstehende Freunde? Warum oder warum nicht?

Allgemein
4. Der Autor führt Matthäus, Kapitel 11, Vers 28 als Beleg dafür an, daß wir unseren Wert und Frieden in Jesus Christus suchen sollen, nicht in einem Partner. Lassen Sie diesen Vers laut vorlesen. Wie viele von uns haben diese Art von Ruhe erfahren? Ist das überhaupt möglich? Warum oder warum nicht?
5. Die Autoren sagen, daß wir von unserem Partner oder zukünftigen Partner häufig erwarten, daß er unsere inneren Verletzungen heilt. Erwarten Sie bewußt oder unbewußt von Ihrem Partner Heilung? Antworten Sie konkret.
6. Beschreibt die Bibel Jesus nicht als den großen Arzt? Reicht es nicht aus, sein Leben ihm unterzuordnen, egal, wie zerbrochen Ihre persönliche Geschichte auch sein mag? Reicht es nicht aus, daß zwei zerbrochene Menschen, wenn sie heiraten wollen, Jesus treu nachfolgen?

Aufgabe: Lassen Sie an einem Tag in der Woche während Ihrer Stillen Zeit mit Gott das letzte Jahr an sich vorüberziehen. Versuchen Sie herauszufinden, welches Ihre fünf Prioritäten waren. Wie viele davon haben Ihrer Meinung nach mit dem Bedürfnis nach Intimität zu tun? Wo versuchen Sie, dieses Bedürfnis nach Intimität zu befriedigen? Wenn Ihre Prioritäten nicht das Bedürfnis nach Intimität widerspiegeln, warum ist das so? Schreiben Sie Ihre Gefühle auf. Sprechen Sie zu Beginn der folgenden Sitzung darüber, wenn Sie möchten.

KAPITEL 2
Unliebsame Voraussetzungen einer Ehe

Gehen Sie auf die Aufgabe der vergangenen Woche ein. Der Leiter fragt nach einem Feedback bezüglich des Problems der Intimität.

Vorbereitung
1. Gibt es ein Merkmal in der Persönlichkeit Ihres Partners, das besonders hervorsticht? Wenn Freunde fragen, wie er oder sie ist, was fällt Ihnen als erstes ein? Könnten Sie sich vorstellen, daß aus dieser Stärke einmal eine Schwäche wird? Könnte diese ausgeprägte Charaktereigenschaft Sie dazu bringen, bestimmte, weniger ausgeprägte Schwächen zu übersehen?

Aufgabe: Die Autoren behaupten mehrere Male, die körperlichen Aspekte einer Freundschaft könnten eine ganze Beziehung bestimmen. Das süchtigmachende Glück kann Paare häufig dazu bringen, wichtigere Aspekte der Beziehung zu ignorieren: Kommunikationsfähigkeit, die Identifizierung möglicher Bereiche von Übereinstimmung und Gegensätzlichkeit, Charaktereigenschaften und so weiter. Enthalten Sie sich eine Woche lang (bis zur nächsten Sitzung) allen körperlichen Kontakts. Setzen Sie sich dann hin und überdenken Sie, was Ihnen in dieser Zeit aufgegangen ist. Sprechen Sie in der Gruppe darüber, wenn Sie möchten.

Reflexion
1. Beschreiben Sie, inwiefern sich der körperliche Aspekt Ihres Zusammenlebens seit der Zeit Ihres Kennenlernens bis heute verändert hat. Würden Sie sagen, er hat sich verbessert, verschlechtert oder ist nur anders geworden?

Aufgabe: Zeichnen Sie zwei Bilder (es ist egal, ob Sie künstlerisch veranlagt sind oder nicht) von Ihrem Partner – das eine, so wie Sie ihn vor Ihrer Ehe gesehen haben, das andere, wie Sie ihn jetzt sehen. Zeichnen Sie Pfeile zu den verschiedenen Körperteilen und beschreiben Sie seine unterschiedlichen Eigenschaften (ein Pfeil zum Beispiel zum Auge, der besagt: »Er sucht immer nach dem Guten in anderen«). Versuchen Sie, Ihren Partner so einzufangen, wie Sie ihn in der Zeit vor der Ehe und jetzt sehen. Vergleichen Sie die beiden Bilder. Hat sich Ihr Bild von Ihrem Partner verändert? Ist diese Veränderung nur in Ihren Gedanken oder tatsächlich vorhanden? Besprechen Sie dies mit Ihrem Partner und/oder in der Gruppe, wenn Sie möchten.

Allgemein
2. Eines Ihrer Kinder kommt zu Ihnen und eröffnet Ihnen, es plane, einen nichtgläubigen Partner zu heiraten. Wie würden Sie mit einer solchen Situation umgehen?
3. Als Christen ist der Glaube an Jesus Christus unser größter Schatz. In der Theorie soll dies ein wichtiger verbindender Faktor in unserer Ehe (oder Freundschaft) sein. Ist das bei Ihnen der Fall? Oder halten der Druck und die Vergnügungen des Alltags Sie davon ab – allein und zusammen –, das zu suchen, was letztendlich zählt?
4. Schildern Sie der Gruppe eine Situation, in der das Leben schwierig war und einer der Partner Kraft von Gott bekommen hat. Berichten Sie auch von einer Situation, in der dies bei Ihnen nicht der Fall war. Was hat jeden von Ihnen veranlaßt, so unterschiedlich auf eine Krisensituation zu reagieren?
5. Wir leben in einer Zeit, in der das »Sofort« in den Stand eines Götzen erhoben worden ist. Unsere Kultur spricht sich für schnelle Entscheidungen aus, für sofortige Befriedigung, und sie erhebt den Schein über die Realität. Inwiefern beeinflußt ein solcher Druck eine Freundschafts- oder Ehebeziehung?

KAPITEL 3

Charaktereigenschaften, Telefonrechnungen und die richtige »Chemie«

Rückblick: Ist jemand bereit, der Gruppe die Ergebnisse auf die Frage mitzuteilen, inwieweit die körperlichen Aspekte eine Beziehung beeinflussen (*Vorbereitung*) oder etwas zu den beiden Zeichnungen zu sagen (*Reflexion*)?

Vorbereitung

1. Die Autoren schlagen vor, die Zeit vor der Ehe zur intensiven Entdeckung zu nutzen. Sie sind der Meinung, daß dies die Zeit ist, schwierige Fragen zu stellen. Aber wie können Sie verhindern, daß Ihre Freundschaft zu einer Gerichtsverhandlung wird? Fallen Ihnen kreative Wege ein, Antworten auf schwierige Fragen zu erhalten, ohne als Staatsanwalt aufzutreten?
2. Niemand ist immun gegen Charakterschwächen. Wir alle müssen mit bestimmten Dingen fertig werden. Sind Sie der Meinung, daß die Autoren zuviel Wert auf die Fragen zu Charaktereigenschaften gelegt haben?

Reflexion

1. Welche Art von »Charakterüberraschungen« – gute oder schlechte – haben Sie an Ihrem Partner festgestellt, seit Sie verheiratet sind? Ist Ihnen aufgefallen, daß bestimmte Stärken manchmal auch Schwächen sind? Haben Sie diese vor der Ehe erkannt? Warum oder warum nicht?
2. Wann war Ihr Partner das letzte Mal romantisch ... oder hat es zumindest versucht? Wie hat sich das entwickelt?

Allgemein

3. Lassen Sie jedes Mitglied der Gruppe aufschreiben, wie er oder sie Romantik definiert (entweder durch eine Wortdefinition oder die Beschreibung eines schönen Abends). Die Zettel sollten an den Leiter gegeben werden. Er liest jeden Zettel vor und läßt die Gruppe raten, wer ihn geschrieben hat.
4. Was respektieren Sie an Ihrem Partner (oder zukünftigen Partner) am meisten? Hat sich das seit der Zeit, als Sie ihn kennengelernt haben, geändert?
5. Die Autoren behaupten, daß wir alle kommunikativen Fertigkeiten erlernen müssen. Hier zählt nicht die Quantität, sondern die Qualität

der Kommunikation. Können Sie bestätigen, daß bestimmte Trends in der Kommunikation unserer Kultur festzustellen sind – zur Wahrheit hin oder eher ausweichend? Welche Trends können Sie in Ihrer eigenen Kommunikation erkennen? Was ist mit Ihrem Partner (oder zukünftigen Partner)?

Aufgabe: Charaktertiefe, so meinen die Autoren, zeigt sich in dem, wie sie es nennen, »Vitalitätsquotienten«. Einfach ausgedrückt ist dies die Fähigkeit, das Leben frisch und aufregend zu gestalten und neue Dinge auszuprobieren. Viele von uns sind aus den verschiedensten Gründen in einen bestimmten Trott verfallen. Nehmen Sie sich in dieser Woche einmal Zeit und entwickeln Sie einen »Abwechslungskalender«. Tragen Sie in jede der folgenden (oder in von Ihnen neuerstellte) Kategorien ein Ziel für das kommende Jahr ein. Zum Beispiel: Erholung – Bergsteigen. Seien Sie kreativ und wagemutig (natürlich im Rahmen des Gesetzes). Haben Sie keine Angst vor Risiken oder Herausforderungen.

Verabredung ...

Erholung ...

Bildung ...

Sex (wo angemessen) ...

Beziehung ...

Geistliches Leben ...

Sprechen Sie mit Ihrem Partner, zukünftigen Partner oder der Gruppe darüber. Lassen Sie zu, daß jemand Rechenschaft von Ihnen verlangt hinsichtlich des Ausprobierens dieser Dinge. Sie werden nicht enttäuscht sein.

KAPITEL 4
Zeit: der Härtetest

Rückblick: Sprechen Sie über die Ergebnisse des »Abwechslungskalenders«. Besprechen Sie, wie Sie sich in Zukunft gegenseitig überprüfen können.

Vorbereitung

1. Was halten Ihre Eltern von Ihrem Freund? Gibt es Bedenken? Wenn ja, haben Sie über diese Bedenken gesprochen oder tun Sie sie einfach als irrelevant ab?
2. Wenn Sie verlobt sind oder sich verloben wollen, welche Verlobungszeit halten Sie für angemessen? Hat dieses Buch Sie veranlaßt, darüber nachzudenken, ob das lang genug ist? Wenn die Verlobungszeit weniger als ein Jahr dauern soll, warum ist es Ihnen so wichtig, derart schnell zu heiraten?
3. Falls dieses Buch Bedenken in Ihnen geweckt hat, ob Sie und Ihr Partner wirklich zusammenpassen, haben Sie miteinander darüber gesprochen? Wenn Sie davon überzeugt worden sind, daß diese Beziehung nicht richtig ist, sind Sie bereit, auf Dauer mit Ihrem Partner zu brechen? (Ein Rat für den Leiter: Diese Frage sollte nicht laut beantwortet werden. Sie könnten aber die Zweifelnden ermutigen, mit Ihnen oder einem anderen vertrauenswürdigen Freund allein zu sprechen).

Aufgabe: Gehen Sie zu einem Freund – demjenigen, dem Sie am meisten vertrauen – und fragen Sie ihn oder sie ganz offen, was er oder sie von Ihrer Beziehung zu Ihrem Partner hält. Gehen Sie ins Detail: Welches sind deine Bedenken, deine Vorbehalte, was denkst du, wie wir im Härtetest der Zeit miteinander umgehen werden? Erzählen Sie Ihrem Partner und/oder der Gruppe von der Unterhaltung, wenn Sie möchten.

Reflexion

1. Wie lange waren Sie miteinander befreundet? Wenn Sie es noch einmal zu tun hätten, würden Sie sich für eine kürzere oder längere Zeit entscheiden? Warum?
2. Was hielten Ihre Eltern von Ihrem Partner, als Sie miteinander befreundet waren? Was denken sie jetzt von ihm? Hat sich viel verändert? Wenn ja, warum? Waren – und sind – die Bedenken Ihrer Eltern berechtigt, damals und jetzt?
3. Was haben Sie über den Unterschied zwischen Verliebtheit und Liebe gelernt? Führen Sie konkrete Beispiele an, wenn möglich.

Aufgabe: Denken Sie an Ihre erste Verabredung. Versuchen Sie sich zu erinnern und dieses Ereignis noch einmal zu erleben. Wenn es nicht möglich ist, an denselben Ort zu fahren, so bemühen Sie sich darum, so viele Einzelheiten wie möglich zu rekonstruieren. Sprechen Sie miteinander darüber, was Sie damals empfunden haben und jetzt empfinden. Berichten Sie der Gruppe, was Sie gelernt oder festgestellt haben.

Allgemein

4. Unsere Reaktion auf Autorität und Verantwortlichkeit hat einen großen Einfluß auf die Gestaltung unserer Beziehungen. Betrachten Sie sich selbst als einen Einzelkämpfer/Rebell oder eher als einen Menschen, der anderen gefallen möchte? Wie helfen diese Charakteristika Ihnen im Umgang mit Menschen, oder wie behindern sie Sie, vor allem im Umgang mit den Menschen, die Ihnen besonders nah stehen?

5. Berichten Sie von einer Zeit, einem Ereignis oder einem Zwischenfall, wo die geistliche Integrität Ihres Partners (oder zukünftigen Partners) sichtbar wurde.

KAPITEL 5
Der familiäre Hintergrund

Rückblick auf das Gespräch mit dem engen Freund oder die Wiederholung der ersten Verabredung.

Allgemein

1. Jeder sollte einmal beschreiben, wie sein Vater mit einem Konflikt umgegangen ist, und mindestens ein konkretes Beispiel nennen. Geben Sie diese Zettel dem Leiter. Er soll sie laut vorlesen. Die anderen raten, wessen Vater beschrieben wurde.

2. Benennen Sie mindestens ein Persönlichkeitsmerkmal, das auf Ihren familiären Hintergrund zurückgeführt werden kann und in dem Sie sich von Ihrem Partner unterscheiden. Inwiefern ist dies zu einem Problem in Ihrer Ehe geworden, und wie gehen Sie damit um?

3. Beschreiben Sie eine Eigenschaft eines Elternteils, die Sie gern übernehmen, eine andere, die Sie vermeiden möchten.
4. Der Leiter schreibt fünf Worte auf ein Stück Papier: Arbeit, Erholung, Geld, Politik und Religion. Sprechen Sie in der Gruppe darüber, wie die Eltern mit jedem der Themen umgegangen sind.
5. Beschreiben Sie Ihr schönstes Kindheitserlebnis. Warum ist es Ihnen als etwas Besonderes in Erinnerung geblieben?
6. Erzählen Sie von einem Zwischenfall oder einer Verhaltensweise auf Seiten Ihrer Eltern, die Sie tief verletzt hat. Wäre es vermeidbar gewesen? Haben Sie sich davon erholt? Wie? Wie wollen Sie verhindern, daß Sie den Fehler bei Ihren Kindern wiederholen?

Aufgabe: Gehen Sie zu Ihren Schwiegereltern (oder den Eltern Ihres Freundes, Ihrer Freundin) und versuchen Sie, etwas über ihn oder sie herauszufinden, das Sie bisher noch nicht gewußt haben. Berichten Sie der Gruppe davon.

KAPITEL 6
Unterschiedliches Temperament

Rückblick: Was haben die Gruppenmitglieder bei den Schwiegereltern oder zukünftigen Schwiegereltern herausgefunden?

1. Die Autoren sind der Meinung, die erweiterte Version des Myers-Briggs-Persönlichkeitstests könnte Ehepaaren helfen, sich und den Partner besser zu verstehen. Sie benennen sechs Kategorien von entgegengesetzten Verhaltensweisen. Diese sind:
   - introvertiert/extrovertiert
   - sensitiv/intuitiv
   - vernunftbetont/gefühlsbetont
   - strukturiert/spontan
   - initiativ/reagierend
   - aufgabenorientiert/beziehungsorientiert

Der Leiter sollte die Beschreibungen dieser Kategorien aus dem Buch vorlesen und jeden Teilnehmer der Gruppe auffordern, sich und den Partner durch zwei Zahlen für jede Kategorie auf einer Skala von eins bis zehn auf einem Zettel einzuschätzen, wobei eins »schwach« und zehn »extrem« bedeutet. Die eine Nummer steht für die eigene Selbsteinschätzung, die zweite für die Einschätzung des Partners. Das sieht dann etwa folgendermaßen aus:

ich	**Partner**
7 introvertiert	3 extrovertiert
3 intuitiv	7 intuitiv
9 gefühlsbetont	6 vernunftbetont

Wenn die Beschreibungen jeder Kategorie vorgelesen und die Einschätzungen abgegeben worden sind, sollte jedes Paar vor der Gruppe die Ergebnisse bewerten: Wie lassen sich die Selbsteinschätzungen mit der Einschätzung des Partners vereinbaren? Wie zeigen sich die Unterschiede im täglichen Leben, z. B. beim Umgang mit Konflikten, persönlichen Gewohnheiten und kommunikativen Fertigkeiten? Inwiefern kann das Wissen um die unterschiedlichen Persönlichkeitsmerkmale einem Paar helfen, besser miteinander auszukommen?

2. Sind Sie der Meinung, daß Persönlichkeitstests wie der vorliegende Gefahren in sich bergen? Besteht die Möglichkeit, jemanden in eine zu sehr vereinfachte Kategorie zu stecken, die nicht notwendigerweise der Persönlichkeit dieses Menschen entspricht?

Aufgabe: Ermutigen Sie Ihren Partner – basierend auf dem Verständnis des Myers-Briggs-Persönlichkeitstests – durch eine einfache Geste, mehr er selbst zu sein. Kaufen Sie Ihrem introvertierten Mann zum Beispiel ein Buch; planen Sie für Ihre Freundin, die mehr von durchgeplanten Verabredungen hält, ein besonderes Ereignis. Und während Sie dies tun, achten Sie darauf, daß Ihr Partner weiß, daß Sie ihn so mögen, wie er ist.

KAPITEL 7
Vorbereitung auf Konflikte

Rückblick: Was haben Sie dadurch gelernt, daß Sie Ihren Partner in dem, was er ist, bestätigt und ihm gezeigt haben, daß Sie ihn tatsächlich verstehen?

1. Die Autoren zählen eine Reihe von unangemessenen Methoden der Konfliktlösung auf. Der Gruppenleiter sollte die Definitionen aus dem Buch vorlesen:
   - Eisige Kälte
   - Laß die Kugeln fliegen
   - Laß mich hier heraus
   - Ich weiß nicht, was passiert ist

   Ermutigen Sie eine offene Diskussion über die Art der Konfliktlösung, die jeder Teilnehmer praktiziert. Lenken Sie das Gespräch dann auf Maßnahmen, wie solche Verhaltensmuster wirksam vermieden werden können.

2. Die Autoren verwenden den recht vagen Ausdruck »Geist der Versöhnung«, um eine ganz wichtige Haltung zu beschreiben. Was bedeutet dieser Ausdruck Ihrer Meinung nach? Haben Sie diesen Geist der Versöhnung und wie können Sie ihn weiter ausbauen?

3. Wer möchte, kann über den letzten Streit sprechen. Wurde der Konflikt gelöst? Wie? Hätte der Schaden begrenzt werden können? Würden Sie auf einen ähnlichen Streit in der Zukunft anders reagieren?

4. Denken Sie an eine Beziehung in Ihrer Vergangenheit, die auseinandergegangen ist. Warum? War keine Versöhnung möglich?

5. Wie haben Ihre Eltern Konflikte gelöst? Gehen Sie anders mit Konflikten um?

Aufgabe: Falls Sie vor der nächsten Sitzung einen Streit haben, nehmen Sie sich vor, fünf Minuten zu unterbrechen und zu beten, egal, wie aufgebracht Sie auch sind.

KAPITEL 8

Friedensgespräche

Rückblick: Was ist passiert, als Sie sich die Zeit genommen haben, während eines Streites zu beten?

1. Gibt es einen immer wieder kehrenden Konflikt, den Sie nicht lösen können, wieviel Mühe Sie sich auch geben? Haben Sie Ihre Lösungsansätze einmal geändert? Wie werden Sie in der Zukunft damit umgehen?
2. Die Autoren benennen mehrere falsche Wege, Friedensgespräche zu führen. Dazu gehören:
   - Seitenhiebe zu verteilen
   - Die Worte »nie« und »immer« zu gebrauchen
   - Andeutungen zu machen, anstatt offen zu sprechen.

   Jeder Gruppenteilnehmer soll sich zu erinnern versuchen, wann er oder sie das letzte Mal zu solchen Mitteln gegriffen hat, und dann der Gruppe davon berichten. Was waren die Ergebnisse?
3. Erzählen Sie, wann das Gebet bei der Konfliktlösung das letzte Mal eine Wende herbeigeführt hat.
4. Wann haben Sie das letzte Mal gesagt: »Es tut mir leid«? Wann hätten Sie es sagen sollen und haben es nicht getan?
5. Die Autoren sind der Meinung, es erfordere sehr viel mehr Mut, gegen den Stolz als gegeneinander zu kämpfen. Sind Sie auch dieser Meinung? Warum ist das so?

Aufgabe: Lesen Sie die Seiten 146-154 noch einmal, auf denen davon gesprochen wird, wie Friedensgespräche am sinnvollsten geführt werden, und machen Sie sich ausführlich Notizen. Setzen Sie einen Termin in der kommenden Woche fest, an dem Sie diese Methode anwenden, um mindestens einen Konflikt zu lösen (das Ehepaar sollte sich vor der Sitzung über den zu lösenden Konflikt einig sein).

KAPITEL 9
Wo ist die Romantik geblieben?

Rückblick: Jedes Ehepaar, das den Wunsch hat, kann der Gruppe von seinen »Friedensgesprächen« erzählen. Welche neuen Erkenntnisse hat das gebracht?

1. Berichten Sie von einer Erfahrung, bei der eine romantische Situation unerwartet unterbrochen wurde.
2. Benennen Sie eine Person, die mehr als zehn Jahre verheiratet ist und immer noch ihren Partner romantisch umwirbt. Nennen Sie Beispiele.
3. Die Autoren zählen mehrere Gründe dafür auf, daß die Romantik langsam aus einer Ehe entweicht: der Reiz des Neuen verfliegt, Erschöpfung, Selbstzufriedenheit, vermehrte Pflichten usw. Welcher Faktor ist in Ihrer Beziehung dafür verantwortlich, daß die Romantik verschwunden ist?
4. Überlegen Sie, wie Sie die vergangenen vierundzwanzig Stunden verbracht haben. Sprechen Sie darüber, für was Sie die Zeit genutzt haben und welches Ihre Prioritäten waren. Wie kommt die Romantik dabei weg?
5. Die Gruppe soll ein *Brainstorming* machen und Ideen für kreative Verabredungen sammeln. Der Gruppenleiter schreibt die guten Ideen auf verschiedene Zettel und legt sie in eine Schale. Jeder Teilnehmer soll sich einen Zettel herausnehmen und jedes Paar eine Verabredung nach den Ideen auf dem Zettel gestalten.
6. Warum sind Sie so beschäftigt? Welche zugrundeliegenden Wertvorstellungen treiben Sie an? Ist die Arbeit für Sie eine Flucht?
7. Stellen Sie fest, daß Sie nette Dinge für Ihren Partner tun in der Hoffnung, oder vielleicht auch mit der geheimen Forderung, daß er dasselbe für Sie tut? Was geschieht, wenn eine Veränderung nur deshalb vorgenommen wird, damit der andere sich ebenfalls ändert?

Aufgabe: Lassen Sie sich auf eine der »kreativen Verabredungen« ein.

KAPITEL 10
Ein Streichholz für die Flamme der Ehe

Rückblick: Was sind die Ergebnisse der »kreativen Verabredungen«?

1. Spielen Sie »Beiß in den Apfel«. Die Regeln sind folgende: Nehmen Sie einen mit Wasser gefüllten Eimer und legen Sie einen Apfel hinein. Aufgabe der Teilnehmer ist es, den Apfel nur mit den Zähnen zu greifen, ohne dabei Hände oder andere Körperteile zu Hilfe zu nehmen. Wem es gelingt, kommt in die nächste Runde, wem nicht, scheidet aus. Der Zweck des Ganzen? Sie sollen lachen.
2. Wieviel Lachen gibt es in Ihrem Leben? Genügend? Warum oder warum nicht?
3. Halten Sie es für möglich, die Funken einer Ehe wieder anzufachen? Ist dadurch nicht eine Enttäuschung für ein Ehepaar vorprogrammiert? Ist es realistisch, dieselben »Gefühle« zu erwarten, die man in der Zeit der Freundschaft erlebt hat?
4. Wie oft sprechen Sie über Sex? Fällt es Ihnen schwer, darüber zu sprechen? Empfinden Sie Sex als eine Verpflichtung, ein Vergnügen oder eine Art zu kommunizieren?
5. Die Autoren sind der Meinung, daß die Paare einen Weg suchen sollten, »Vergnügen zu planen«. Klingt das nicht ein wenig absurd? Ist Spaß nicht eine spontane Angelegenheit? Sind Sie der Meinung, die Ursache dafür, daß die meisten von uns nicht genügend Spaß haben, liege darin, daß wir nicht genügend Freizeit haben, um vergnügliche Aktivitäten zu finden?

Aufgabe: Setzen Sie sich als Ehepaar zusammen und sprechen Sie über Ihr Sexualleben. Versuchen Sie, sich auf einen Weg zu einigen, in diesem Bereich zu experimentieren.

KAPITEL 11
Ein Leben im Krisenzustand

1. Inwiefern hängt das Selbstwertgefühl mit dem Leben im Krisenzustand zusammen? Gibt es ungelöste Probleme, die uns zu einem hektischen Leben treiben?
2. Welche Art von Situationen bereiten Ihnen den größten emotionalen Streß? Welche Situationen belasten Sie emotional? Stehen diese Situationen in irgendeiner Weise in Zusammenhang mit Ihrem Persönlichkeitstyp, wie im Kapitel 6 definiert?
3. Wie reagieren Sie auf emotionale Erschöpfung? Suchen Sie schnelle Lösungen, und versuchen Sie, sich emotional wieder sofort zu stärken? Was sind die Langzeitkosten solcher Reaktionen?
4. Wann haben Sie das letzte Mal Ruhe und Stille erlebt? Gehören diese Faktoren regelmäßig zu Ihrem Leben dazu?
5. Der Autor war in der einzigartigen Position, daß er seine berufliche Situation ändern konnte. Sind Sie auch in dieser glücklichen Lage? Was können Sie tun, um Ihrem Leben ein wenig Hektik zu nehmen?

Aufgabe: Tun Sie gemeinsam etwas Verrücktes und Unproduktives.

KAPITEL 12
Unterwegs verlorengegangen

Rückblick: Haben Sie etwas Verrücktes und Unproduktives getan? Hatte das positive Ergebnisse?

1. Sehen Sie sich zusammen mit Ihrem Partner die »Tagesschau« an. Erkennen Sie in den Beiträgen eine »Opfer-Mentalität«. Wie viele der Beiträge drehen sich um persönliche »Rechte« oder »Forderungen«? Wie häufig wird das Pronomen »ich« gebraucht? Üben Sie Kritik an der Kultur, basierend auf Ihren Beobachtungen in den Nachrichten.

2. Die Autorin berichtet, daß sie und ihre Familie den Ehemann und Vater wegen seiner »übermäßigen Hingabe an seine Arbeit und seinen Dienst« verloren hat. Stört Sie in diesem Zusammenhang der Gebrauch des Wortes »Dienst«? Wird dadurch nicht angedeutet, daß die Erziehung von Kindern kein Dienst ist?

3. Nehmen Sie sich ein paar Minuten Zeit, um die Aktivitäten des vergangenen Monats zu analysieren. Wieviel Prozent Ihrer Zeit haben Sie grob geschätzt auf »fürsorgende« Aktivitäten verwendet? Halten Sie das für zuviel oder zuwenig? Was können Sie ändern, falls Ihnen dies notwendig erscheint?

4. Wann haben Sie das letzte Mal »nein« gesagt, um Ihre fürsorgenden Pflichten einzuschränken?

5. Wie können Sie als Empfänger »fürsorglichen Handelns« den fürsorglichen Menschen ermutigen, ein wenig ausgewogener zu handeln? Ist es nicht schwierig, weil Sie sich so oft auf diese »Liebesdienste« verlassen?

6. Der Autor ist der Meinung, daß »Grenzen« zwischen den Ehepartnern errichtet werden müssen, damit die Gesundheit des Paares erhalten bleibt. In der Bibel steht jedoch, daß die beiden »ein Fleisch« werden sollen. Die Autoren sprechen von »persönlicher Bevollmächtigung«. In der Bibel steht, daß man sein Leben verlieren soll, damit man es gewinnt. Wie lösen Sie die Spannung zwischen diesen beiden anscheinend so widersprüchlichen Aussagen?

KAPITEL 13
Zusammen durch dick und dünn

1. Was ist Ihnen beim Lesen dieses Buches am meisten aufgefallen? Welcher Bereich in Ihrem Leben braucht Ihrer Meinung nach die größte Aufmerksamkeit? Wie kann dieses Buch Ihrer Meinung nach eine dauerhafte Veränderung bewirken?

2. Verwenden Sie vielleicht mehr Zeit und Energie darauf, Ihren Partner zu verändern als sich selbst? Nehmen Sie sich eine Minute Zeit, bevor Sie antworten.

3. Wie stellen Sie sich Ihren Traumurlaub vor oder zumindest den Urlaub, der sich noch innerhalb des Preisrahmens bewegt, den Sie sich gesteckt haben? Was hält Sie davon ab, diesen Urlaub mit Ihrem Partner zu verleben?

Aufgabe 1: Veränderung geschieht nicht in einem luftleeren Raum. Die meisten Experten stimmen darin überein, daß das Gefühl der Sicherheit – das Gefühl, ungeachtet der Umstände füreinander dazusein – sehr wichtig für eine Veränderung ist. Suchen Sie einen Weg, Ihrem Partner zu zeigen, daß Sie Ihr Leben lang für ihn da sind.

Aufgabe 2: Jeder von Ihnen sollte drei konkrete Bereiche benennen, in denen Ihre Beziehung sich verändern soll. Suchen Sie sich ein Paar, mit dem Sie über diese gewünschten Veränderungen sprechen und das Sie in den folgenden Monaten nach Ihren Fortschritten fragt.

Von der Lebenskunst, Zeit für das Gebet zu haben

Allzu oft finden wir in der Hektik des Alltags nicht die Ruhe, um Gott in der Stille zu suchen. Auch Bill Hybels erging es so. Offen und ehrlich erzählt er, wie Gott ihm seinen Mangel an Glauben und seine Unbeständigkeit vor Augen führte und ihn dann beten lehrte.

Wenn auch Sie sich nach der Gegenwart Gottes in Ihrem Leben sehnen und lernen möchten, zur Ruhe zu kommen, um ihm nahe zu sein, dann wird Ihnen dieses lebensnahe Buch eine große Hilfe sein.

Bill Hybels
Aufbruch zur Stille
Paperback, 176 Seiten
Bestell-Nr. 657 248

Wie ist Gott wirklich?
Entdecken Sie ihn neu!

Suchen Sie nach Gott? Nach einem Gott, der in Ihrem Leben wirklich etwas bewegt? Oder sind Sie von dem Gott, den Sie kennen, enttäuscht? Dieses Buch handelt von dem Gott, den Sie suchen. Von dem Gott, der wirklich existiert und dessen Wesen kein wohl gehütetes Geheimnis ist. Von dem Gott, der sich leidenschaftlich danach sehnt, Ihnen zu begegnen, der jeden Ihrer Gedanken und Wünsche kennt und Ihr Leben in seinen liebevollen Händen hält. Lassen Sie sich mit all Ihren Fragen, Verletzungen und Zweifeln auf dieses Buch ein. Sie werden es nicht bereuen …

Bill Hybels
Der Gott, den du suchst
Gebunden, 220 Seiten
Bestell-Nr. 657 165